周振甫編

嚴復思想述評

中華書局印行

黎序

曩梁啓超蔡元培均以嚴幾道先生，爲溝通中西學術思想，以瀹啓民智，煥發新猷之第一人，不謂渡海以來，文獻淪喪，先生迻譯之天演論等八種，已難盡備，其他小詩短札，號爲皆精美者，更無論矣。又聞先生盡以海軍學術有關之譯著，付門人伍光建爲之整理，伍氏下世已久，又安保其不蕩爲飄風野馬乎？玉璽於先生爲海軍後進，不忍坐視先生遺文散佚殆盡，頗欲蒐集翻印行世，顧殫求海內外，所獲殊尠，私心輒用耿耿。適於香港中文大學曾克耑教授處，假得先生評點老子、莊子與王臨川詩。老子爲精刊本，莊子及臨川詩從未刊行，皆所謂孤本也。喜慰之餘，亟付海道測量局印刷廠影印，以大其傳。嗣復檢視海軍軍官學校圖書館，獲周振甫著之嚴復思想述評都十五萬餘言。此籍擷取先生譯著原文至爲富贍，即不盡讀先生全書，已可據以略窺先生之學術思想，與乎治世安民之偉抱，嘉惠後學，匪淺鮮也。嘗欲於此間各大圖書館，更覓餘冊，或自坊間蒐購，均不可得，亦云僅矣。爰付原出版之中華華書局重版印行，書局主人請序於余，爲述重版顚末如此。中華民國五十三年清和月黎玉璽識

自序

梁任公先生說：「西洋留學生與本國思想界發生關係者嚴復其首也。」〔一〕蔡孑民先生也說：「五十年來（指同治十一年西曆一八七二年以後的五十年）介紹西洋哲學的，要推侯官嚴復為第一。」〔二〕嚴幾道先生的翻譯工作，不但把他所專門的戰術礮臺建築等學掩沒了，也把他自己的學術思想掩沒了。就哲學講：他不但是介紹西方以經驗做基礎的實證論，並且把實證論所認為不可知的、神學的部份加以解決了。他不但介紹西方的演化論，並且對赫胥黎的物競天擇說加以合理的補充，又融會赫胥黎斯賓塞二家的議論而各採其所長。〔三〕像這種修正補充是不是合於眞理，那是另外一個問題，但卽此可知他並不是僅僅做介紹思想工作而自己沒有思想的人。

至於講到中國近百年來的思想，那末不但嚴先生是第一個動搖中國的舊思想，介紹西方的新思想的人，並且也是中西文化批判的前驅者。他對於中西文化的得失都能够講出一個所以然來。他對於中國的一切：不論是政治的、經濟的、學術的、宗教的都有獨特的見解。他對於中國的救亡圖強都有具體的方案。所以就近百年來中國的思想界來看，他不但是一位很重要的人物，並且也是一位劃時代的人物。在他以前，中國人祇知道「彼之所精，不外象數形下之末；彼之所務，不越功利之間。」[四]所以張之洞一班人要提倡「中學爲體，西學爲用」了。自從他介紹西洋學術思想和發表論文以後，於是人們才知道西洋不但政治制度不遜於我國，就是我國所自矜的精神文明比起西洋來也並不能夠相勝。他大聲疾呼地打破中西體用論：「有牛之體，則有負重之用；有馬之體，則有致遠之用。未聞以牛爲體，以馬爲用者也。故中學有中學之體用，西學有西學之體用。」[五]這是多麼有力量的話呀！當時的一班維新黨雖主張變法，但還不敢否定中國的文化。祇有他勇敢地認西洋的一切勝於中國，主張中國的一切非改從西洋不可的全盤西化論。

我們看中國自清末到民國以來的思想界的遷流和社會的轉變，有許多地方都和嚴先生思想的變動相合。不過嚴先生總是跑前了幾步，這是使人回想起來感到很可痛心。現在試舉犖犖大端來說：

在光緒二十一年西元一八九五年，嚴先生已在報章上發表文章，介紹西方文化。他認西方文化的本根祇是「於學術則黜僞而崇眞，於刑政則屈私以為公而已。」於是他一方面努力介紹科學方法——邏輯，一方面提倡民主立憲的民治主義。但這些似乎除了少數人以外，得不到大多數人的擁護。一直要到了民國八年陳獨秀胡適之兩位先生起來提倡新文化運動，再請出塞先生（科學）和德先生（民治）時，才被人家熱烈的歡迎。同樣，像中西文化的批判，全盤西化的論調，嚴先生早已在光緒二十一年以後逐漸提出，但一定要到民國八年的五四運動時才被普徧地接受。

到了光緒二十六年西元一九〇〇年庚子事變以後，他看到中國國民程度的不適於共和，中國文化的不應當完全否定，於是他不再主張民主立憲了。但這種議論更不為人所注意。一直到了民國以後，政治上弄得紊亂極了，於是乎有梁漱溟先生在村治上發表中國民族精神不合於西洋政治制度的議論。梁先生認為中國民族的「知足」「不爭」不適於民主，西方人對於選舉的狂熱，又和中國民族精神不合。這些話嚴先生都早已說過了。不過嚴先生認為民治雖不適宜於中國，但中國可以漸漸走到民治的路上去。先訓練好民衆自治的能力，再來實行民治。對於中國的舊文化他主張加以批判的接受。

這些都和民國十六年北伐以後國民黨所標榜的政策完全一樣。

到了光緒二十八年西元一九〇二年，他一方面主張保持中國的文化，一方面主張接受西方的文化，不過這兩者都要以適宜於當前的中國為限度。他說：

> 變法之難，在去其舊染矣，而能別擇其故所善者保而存之。方其洶洶，往往俱去。不知是乃經百王所創垂，累葉所淘汰，設其去之，則其民之特色亡，而所謂新者從以不固。獨別擇之功，非曖姝囿習者之所能任耳。必將闊視遠想，統新故而視其通，苞中外而計其全，而後得之。

到了民國二十四年才有同樣見解的中國本位文化建設論發表出來。王栻張蔭麟兩位先生的嚴幾道裏說：

> 這簡直是預先替現今的中國本位文化建設論者說話了但嚴復的智慧和忠實，使他不致如後世淺學妄人之所為，拿一個空題目來大吹大擂，以迎逢思想界的惡勢力。

過嚴先生對於中西文化的別擇是有具體的標準，並不是一個空題目。

同時他對於古今中外的一切，提出了一個選擇的標準。他認「今吾國之所最患者，非愚乎？非貧乎？非弱乎？則徑而言之：凡事之可以愈此愚、療此貧起此弱者，將竭力盡氣皸手繭足以求之。惟求之爲得，不暇問其中若西也，不必計其新若故也。」所以凡足以致我國的愚、貧、弱的，「雖出於父祖之親，君師之嚴，猶將棄之」反之，「雖出於夷狄禽獸，猶將師之。」因爲「神州之陸沈誠可哀，而四萬萬之淪胥甚可痛也」〔三〕這樣，爲了要挽救民族的危機，祇要在復興民族的大目標下，都得結成一個聯合戰線。這不就似現在一般人在高呼的聯合戰線論嗎？又嚴先生在當時，早已喊出各人應該放棄小己的自由，來謀國羣的自由，這豈不又似現在聯合戰線中的論調嗎？

在民國三年他發表了一篇民約平議，主要的意思是反對自由平等，反對取決多數的制度。同時他又主張專制。到了最近蔣廷黻先生在大公報的國慶特刊發表了一篇中國近代化的問題。他說：

無論在那一國，羣衆是守舊的，創造是少數人的事業。在辛亥年，如果全國對國體問題有個總投票的機會，民衆十之八九是要皇帝的。現在的民衆如有全權決定要不要修汽車路，大多數會投票決定不要汽車路。數年之前，如蘇聯民衆能自由選擇集耕或分耕，百分之九十是要維持分耕的。這不是嚴先生的反對取決多數、反對自由平等的鐵板注脚嗎？因此蔣廷黻先生對於近代化的結論，認爲：

> 政權愈集中的國家，其推行近代化的成績愈好。沒有大彼得的橫暴——不懂專制——舊馬斯哥的守舊勢力是不能打倒的。戰後列寧和斯塔林的偉業實在就是大彼得的事業的繼進，共產黨在俄國的專制、恐怖、橫暴可說到極度了。以俄國民衆的愚蠢及昔日領袖階級的自私，非用極大的暴力，蘇聯的革命是不能成功的。

這不但贊成專制，就是再進一步的恐怖、橫暴，祇要在使國家近代化的大目標下都應該的。這比起嚴先生的主張專制是更進一步了。

以上所列舉的數種思想，它對於中國的爲禍爲福是另一問題。在這裏所要引述的，目的就在說明嚴先生的思想在中國占着一個多麼重要的位置，嚴先生的思想大部份總是跑在前面的。

嚴先生不但在上列的思想上是跑在前面，就是對於現實環境的懸斷也都比一般人跑在前面。在日俄之戰的時候，中國有棄海從陸的議論，主張專力陸軍而放棄海軍。他就非常嘆息說，要是眞的棄海從陸，中國將終古爲雌伏而不能與人爭一旦之命。（見本書頁四八。）到了晚近的國恥史，不都證明了這話的眞確嗎？

在同時，他對於中國的教育不注意於技術人材的造就，認爲此弊必見於十年以後（頁一一二。）這不是說明近代的中國，一方面在鬧着職業問題的恐慌，一方面需要技術人員還不得不乞靈於外國嗎？

在光緒二十五年西元一八九九年時，他已看到西方資本主義的繁榮不是眞正的繁榮，他已看到生產過剩的病國，他已看到各國爭競市場的激烈了（頁二四一。）果然到了後來的歐戰爆發，再後來的世界不景氣，才把一般人信仰資本主義的迷夢打破，才認識生產過剩是一個怎樣嚴重的問題。

在民國三年歐戰開始爆發時他說：

今之德皇，殆如往史之項羽，即勝鉅鹿，即燒咸陽，終之無救於垓下。德皇即殘比利

時，卽長驅入巴黎，恐終亦無補於危敗也。（學衡六期與熊純如書札節鈔五）

他又說德國的不支，甚且或成內潰。這些話到後來不多證實了嗎？在當歐戰初起時，不但中國人大都認德國必勝，就是日本也是這樣，所以和德國締結密約。從這點看來，嚴先生料事的明斷也可知了。

再看他對於民國以後分崩離析的政局，認爲軍閥的割據是無能爲，使有政黨出來爲一切之治，則中國還有所依賴。在又十二期第三十二裏他說：

夫國亂如此，北系經一番酣豢之後，既成暮氣而無能爲。（自注：彼輩當此之世，所統軍隊乃身家性命所託，而任其腐敗不可用。如彼浙江一閧，朱瑞卽無地容身。此曹尙不足稱强盜，直羊豕雞狗而已。）則使有政黨焉，以其魄力盤踞把持，出而爲一切之治，誅鋤異己，號令出於一門。人曰此暴民專制也，而吾則曰猶有賴焉。

這不是後來國民黨的掃除軍閥，成統一的一黨專政的先見嗎？

但他對於中國的一黨專政也並不樂觀，他又說：

假令一旦異己者亡，而彼族之中，又乖離分張，芽孼萌動，而爭雄長矣。

這不是有鐵的事實來證明嗎？

像這樣的先見，怪不得他的弟子熊純如要推爲至誠前知。他自己也說：

當一事初起，使僕稍諳其中情況，輒有以決其將來。即如直皖之事，當上月之杪，僕謂段曹徐吳相爲仇敵，各爲名義固矣。惟是兩方士卒，皆幽冀齊豫之人，雙驅對壘，本非仇讎。而且以鄉里而同袍澤有年，他日交綏，必有反戈不戰者。其後果有十五師某團開礮向天之事，遂起衝突，而成內潰。則僕又不幸而言中也。（又二十期第七十）

不過他的懸斷有時也不準確的。譬如他晚年時觀察俄國的革命，認爲：

其黨所絕對把持者，破壞資產之家，與爲均貧而已。殘虐暴厲，報中所言，令人不忍卒讀。方之德卒入比，所爲又有過矣！試思如此豺狼，豈有終容於光天化日之下者耶？此如中國明季政窳而有闖獻，斯俄之專制末流而結此果，眞兩間劫運之所假手！其不能成事，殆可斷言。

那種懸斷的不準確，就爲他祇看到資本主義國家的宣傳，不曾看到蘇聯革命的眞相。那末他的不能決其將來，自是必然的結果。

此外像他對於清廷僞立憲的認爲足以召亡，對洪憲帝制的認爲不可行，對復辟的斷爲無成，對黎元洪段祺瑞的執政認爲不足以救中國的危亂，幾是每言必中。倘然他的話能够左右國人，能够見諸行事，那末中國的受禍不是很大嗎？雖然他晚年的思想有許多不免陷於錯誤，但這種錯誤的來源，還不是因當時政治的極度紊亂所造成的嗎？他既有這樣的先見，所以常常慨嘆着國人的一定要「及之而後知，履之而後艱，」因此所亡失的也就不可計數了。我們在事後追想他的話語，誠然不免於「嘆息痛恨於前人之所爲，」那末對於他留下來的話語，有許多還好像是針對現在而說的，那能不加注意呢？何況他的思想又是跑在前面，那末他的思想的有待於加以系統的敍述和檢討，似乎可以不發生問題了。

現在不妨再來略說敍述的體例。這種說明，對於讀者或許有一些幫助，並且可以解釋我對於翦裁和分期敍述的一點意見。

第一，在材料方面我是力求其完備和徵信。因爲要求完備，所以不免於繁；因爲要求徵信，所以對於嚴先生的文章不免多數節取。這也因爲嚴先生的文章在現在不容易找得。要是不多數節取原文而僅加敍述，那末不足取信於人。同時又因我看到蔣竹莊先生的中國近三百年哲學史對於嚴先生思想的敍述僅僅節了一些天演論的譯文，不免使人感到太貧乏。所以我多節取原文，就想供給一般研究現代思想史的人，對於嚴先生的思想可以不必再務它求而資其挹取。同時又因嚴先生並不著書，他的思想都散在各雜文和翻譯的按語裏，要尋出它的體系，非費一番句稽的工夫不可。即就他的雜文說，或者是「論世變之亟，」或者是「原強，」在這些文章裏尋求他思想的體系，有時東見一鱗，西見一爪，也非加一番整齊排比的工夫不可。所以我這種多節原文的工作，就是對於一班藏有嚴先生文章的人也不無有些幫助的。何況嚴先生的文章，又因時代的關係而多數矛盾。不做一番整齊的工作，也很難了解他的矛盾的所以然。

第二我是想把嚴先生的實生活和思想打成一片。普通敍述思想家的思想，總是先約路數說他的生平，然後再講他的思想。把一個人的實生活和思想打成兩橛，讀起來往往看不出這兩者的有何聯繫。我現在企圖把這兩者打成一片，凡是足以影響他思想的實生活都羅列在前，也可以作產生他的思想的背境看社會環境足以影響他的生活和思想的，也連帶敘及。這樣從社會環境和他的實生活的變革裏可以看出他思想的變革來。

第三，凡是足以表現嚴先生人格方面的事情，我也不厭求詳地加以敘述。那因爲中國人思想的特色就是偏重行爲，和西方人的偏重智識的稍有不同。所以中國儒家思想都是着重在小己的修養，從小己的修養擴充到社會的改革。這種精神和斯賓塞的羣學很相合。所以中國人對於思想價值的評判，認言行不符，爲世大詬。那末我們要看嚴先生思想的價值，自不得不着眼於足以表現他的人格的行事。何況嚴先生又是非常崇拜斯賓塞的羣學的，那我們對於這點當然更不應放鬆了。

第四，着眼於嚴先生的思想的轉變。普通敘述思想家的書，大都是把一家的思想從性質上去分類敘述。什麼是本體論，什麼是人生論，什麼是方法論等。這樣的敘述，往往忽略了一家思想因時蛻變的痕跡。不知一個人的思想，因着實生活的轉變和年齡的增加而時有流轉，也好比一時代的思想的流轉一樣。所以不着眼於轉變上去看思想，就不能解釋思想的有所矛盾了。

此外，除了自序外，對於篇中所稱引到的先輩，都用梁任公淸代學術概論例，「於平生所極崇拜之先輩，與夫極尊敬之師友，皆直書其名，不用別號。從質家言，冀省讀者腦力而已。」再者，對於王瑗仲先生的供給我許多材料，使我得有所取資，實是很可感謝的。

末了使我記起了馮友蘭先生中國哲學史自序裏的幾句話。

> 此稿最後校改時，故都正在危急之中。身處其境，乃眞知古人銅駝荊棘之語之悲也。值此存亡絕續之交，吾人重思吾先哲之思想，其感覺當如人疾痛時之見父母也。吾先哲之思想，有不必無錯誤者，然「爲天地立心，爲生民立命，爲往聖繼絕學，爲萬世開太平，」乃吾一切先哲著書立說之宗旨。無論其派別爲何，而其言之字裏行間，皆有此精神之瀰漫，則善讀者可決而知也。「魂兮歸來哀江南，」是書能爲巫陽之下招歟？是所望也。

因爲這幾句話和我在寫這編時的環境和心境有些相同，所以就節了來做這篇序文的結束。

民國二十五年十月十八日寫於滬上東洋花園後的寓處

註(一) 見梁啓超清代學術概論

註(二) 見申報最近之五十年中蔡元培五十年來之中國哲學

註(三) 見本編第三篇第二章三期思想的哲學體系

註(四) 天演論嚴復自序

註(五) 見本編中西文化折衷論「折衷於民族的復興」

嚴復思想述評目次

第六章　政制的改革……一一三

第二篇　中西折衷時期……一九九

第三章　緩進的變法論……二二八

第三篇　反本復古時期……二五一

嚴復思想述評

第一篇　全盤西化時期

第一章　教育環境的轉變

福建省閩侯縣的陽崎鄉，靠着一條大江，左右迴抱着玉屏山李家山楞嚴山許多高地，中部都是平坦的田野，因此有一條河道自然地把這塊地方劃分做兩部份，稱做上崎下崎。在上崎的河邊上，一面是蒼翠的森林，一面是錯綜的田野，中間住着許多人家。那裏的人家祇有「嚴」「陳」兩族。[一]嚴復便在這樣的一個環境裏長成起來。

他生在鴉片戰爭後第六年，正當英人割據緬甸，西方的政治經濟開始侵入到遠東的時候。這時是清文宗咸豐三年，西曆一八五三年。[二]那時閩侯還是分為侯官和閩二縣，陽崎鄉是屬於侯官縣的，所以後來人都稱他做侯官人。

他本來名叫體乾，現在通稱他的名復號幾道是他做官時改的。他到晚年又號瘉壄老人。[三]他的家庭是世代讀書的，所以他七歲時就上學，到十一歲，他的父親嚴志範特地請了一位同鄉黃少岩到家來教讀。少岩是福建省裏一位有名的學者，他的研究學問，對於當時所推重的考據的漢學，和輕視的研究哲理的宋學都同樣著重。他的教授又很認眞。那時嚴家和人合租一屋，他們住在樓上，每逢夜間樓下演戲，黃少岩便要命嚴復去睡覺，等到演好了，再叫起來讀書。在這樣的督促下，嚴復對於中國的經書便樹立相當的根基，懂得對於每一部經書所以有不同的解釋的所謂家學。在課餘的時候，黃少岩喜歡給他講宋朝元朝明朝的學者的學問行誼，使一個十二三歲的小孩子能夠耳熟能詳。[四]

到了同治五年西曆一八六六年時，他祇有十四歲，就死了父親。於是他所受的中國學術也就此告一段落了。這年冬天，他的同鄉沈葆楨巡撫正在創辦福州造船廠。它附設的海軍學校求是堂藝局已開始招考「少年聰穎子弟。」當時的智力測驗是一篇作文，由沈葆楨親自命題閱卷，題目是「大孝終身慕父母論。」[五]那時嚴復正因家貧喪父，情況非常凄苦，在後來他題周養庵篝燈紡績圖詩裏曾說及當時的境況道：

我生十四齡，阿父即見背。家貧賸荚券，賻錢不充債。陟岡兄則無，同谷歌有妹。慈母於此時，十指作耕耒，上掩先人骼，下撫兒女大。富貴生死間，飽閱親知態。門戶支已難，往往遭無賴。五更寡婦哭，聞者隳心肺！

處在這樣一個環境中，對於這個題目自然特別言之有物，何況他的文字又受過嚴格的訓練呢？果然沈葆楨把他取列第一。那時他已改名宗光，字又陵了。〔六〕

次年春初，他便到了福州城南一所古老的定光寺——藝局的臨時校舍——和百多個少年一同開始學習西學了。藝局後來分兩部：一教造船的名「前學堂」，一教駛船的名「後學堂」。當時造船術首推法國，航海術首推英國，故前學堂授法文，後學堂授英文。嚴復入的是後學堂，在馬江口。校中的功課，除了英文外，有算術、幾何、代數、解析幾何、割錐、平三角、弧三角、代積微、動靜重學、水重學、電磁學、光學、音學、熱學、化學、地質學、天文學、航海術等，都是用英文教的，教員也都是外國人。其他還有策論，有孝經和聖諭廣訓，那便是當時的「黨義」了。這樣讀了五年，以最優等畢業，遂被派到建威練船練習，後來造船廠自己造成了揚武等五兵船，嚴復便被改派到揚武艦上了。〔七〕

揚武船長德勒塞(Commander Fracey)服務了三年要辭職回去時，臨別贈言給嚴復道：「君今日於海軍學術，已卒業矣。不佞即將西歸，彼此相處積年，臨別惘然，不能無一言爲贈。蓋學問一事，並不以卒業爲終點；學子雖已入世治事，此後自行求學之日方長。君如不自足自封，則新知無盡，望諸君共勉之，此不第海軍一業爲然也。」嚴復聽了這幾句話，非常感動。〔八〕

到了光緒三年二月西曆一八七七年，他被派到英國的抱士穆德(Portsmouth)大學院肄業，復轉入格林尼次(Greenwich)官學，考課都列最優等。中途又曾赴法游歷，後回校研究數理、算學、氣象、化學、格致、駕駛、鎔鍊槍砲和營壘等學問。他專門的雖是海軍駕駛，但他對於這門學業似並不感到熱烈的興味。他不像同伴，在留學期內，他始終不曾到軍艦實習過。〔九〕他的濃厚的興趣不知不覺走到研究西洋的政治制度和哲學的路上去了。這樣的留學時期僅僅有兩年零二三個月，但因他對西洋政制學術發生濃厚的興趣，所以在這短時期內已經深深地受到了西洋新思潮的影響了。那也因爲他對於各種基本科學都下過切實的苦功，那時西洋的學術一切都是建築在基本科學上的，那他自然很容易接受了。

註(一) 石遺室詩話卷五。燕京大學社會學界，林耀華嚴復社會思想、

註(二) 王蘧常嚴幾道年譜。

註(三) 嚴幾道年譜。

註(四) 陳寶琛清故資政大夫海軍協都統嚴君墓志銘及嚴復社會思想。

註(五) 大公報王栻張蔭麟嚴復。

註(六) 同上。

註(七) 船政奏議。

註(八) 嚴幾道年譜。

註(九) 王栻張蔭麟嚴復。

第二章　新思潮的影響

這時歐洲的新思潮正代表着哲學史上所謂十九世紀的哲學。我們倘把「文藝復興」認做當時學者對於「新宇宙」的發生濃厚興味，把後來的啓明時期當做對於人的自覺，就是對於「新人」發生濃厚的趣味，那末這時期的思潮可說是人們在他的物質環境中的探討發生興味。所以這時期思潮的特色是科學實驗的與實際生活所要求的一種精神。充滿着這種精神的思潮，大別有三派：一是實證論 (Positivism)，二是功利論 (Utilitarianism)，三是演化論 (Evulutionism)。

一　實證論

實證論的特色是認超越經驗事實以求眞實的是迷妄，認現象背後並沒有實在那種東西。牠的主要代表者是法國的孔德 (Auguste Comte 1798—1857)。孔德要想把各種科學改造社會。他認社會的進化有三個階段：第一是神學的，那時人們給神和精靈的觀念所統制。第二是玄學的，那時候思考支配一切，把一切現象歸本於各種不同的能力，有化力、生力的種種差別。第三是實證的，那是經驗支配一切，與事實相符的便是眞理。人所求的是事實的關係或公例，就是研究物和物間的種種關係。這顯然是科學實驗的精神，所以他在實證哲學系統（Cours de Philosophie Positive）裏要根據數學、天文學、物理學、化學和生物學種種科學所研究得到的公例，來創設社會科學了。

前乎孔德用「實證眼光」（Positive Point of View）來研究學問的有孟德斯鳩（Montesquieu 1689—1755）。他本着物質環境來研究對於社會生活的影響，他所撰的法意（L'esprit des Lois）內容幾包括全部社會科學。

較後於孔德的實證論者有穆勒約翰（John Stuart Mill 1806—1875）。他修改孔德的進化三階段說，改做第一是個人的或意志的，第二抽象的或本體的，第三現象的或實驗的。因爲著重實驗，於是對於實驗的方法便有精密的研究。實證論的精神既注重經驗，於是他對亞理士多德的演繹論理當然認爲不滿了。因演繹論理是認眞理是我們經驗範圍以外的東西，它是獨立存在的，所以可以憑我們的直覺或本能去推闡出來的。穆勒便是排斥這種方法，提倡憑着經驗的歸納法。這些都包含在他的有名的名學（System of

Logic) 裏。[1]

二　功利論

再就功利論來看，它的嚴密組織當首推邊沁 (Jeremy Bentham 1748—1832)。穆勒也是主張功利論之一。那因為功利論主張人類的苦樂，也和物理現象一樣要受普遍法則的支配；這和實證論的主張人生不能逃一般法則的支配是一樣的，所以功利論也可說是實證論的一種，那就無疑於穆勒的為功利論巨子了。功利論的特別標幟，那就是拿快樂為人生最高目的；不過這種快樂要限於「最大多數的最大幸福，」不是指損害了他人來求滿足的個人的快樂。

前乎邊沁的功利論有亞丹斯密 (Adam Smith)，在他的原富 (An Inquiry into the Nature and Canses of the Nations 全譯當作「國家財富性質等原因之探討。」) 裏主張個人主義，拿自然的法則來解釋人性，認人類有交易物品的天性，以人人皆知自私自利，於是最好的方法便因之產生出來，使大多數人都得到它的福利，至於一切國內外的商業他都主張放任，因為大利所在，必定雙方都得到益處，倘一方的利益要使它充類至盡，那末非使其他各方面的利益也普遍增高不可。至他對於一切價值的估定，都推本於用勞力，認財富就是勞力生產除去消費後的積儲。這是功利論的經濟學的見解。次之以功利觀念觀察事物的經濟學者有馬爾薩斯（Malthus Thomas Robert 1766—1834）嚴復在天演論趨異裏曾經敍及他的學說道：

英國計學家（今譯爲經濟學家）馬爾達（即馬爾薩斯）有言：萬類生生，各用幾何級數（原注：幾何級數者，級級皆用定數相乘也。謂設父生五子，則每子亦生五孫。）使滅亡之數不遠過於所存，則瞬息之間地球乃無隙地。人類孳乳較遲，然使衣食裁足，則二十五年其數自倍。不及千年，一男女所生，當徧大陸也。

那便是馬爾薩斯著名的人口論，所謂人類增加爲幾何級數，糧食增加爲算學級數，所以物產不足以供人口的需要了。

抛開悲觀派的馬爾薩斯不談，就其它諸人看：亞丹斯密認小己的圖謀樂利可以造成大衆的幸福，邊沁則以人類的行善根於利己，卽非直接利己亦必間接的利己心主持着。但穆勒卻是把主觀的道德情操加於自利的觀念上，把利己的目的安放在共同的公

利的下面，這便是兩者的差異點。[三]

三　演化論

講到當時候影響學術界最大的，也是影響嚴復最大的，便是演化論——即嚴復所譯的「天演論」——了。演化論最重要的學者，自然要推達爾文（Charles Darwin 1809—1882）斯賓塞（Spencer Herbert 1820—1903）和赫胥黎（Huxley 1825—1895）一班人了。嚴復在天演論察變裏敘述演化論的發展道：

「物競」「天擇」二義，發於英人達爾文。達著物種由來（Origin of Species）一書，以考論世間動植物類所以繁殊之故。先是言生理者，皆主異物分造之說，近今百年格物諸家，稍疑古說之不可通，如法人蘭麻克（De Lamorck 1774—1829）爵弗來（Geoffroy 1772—1844），德人方拔（Von Buck 1774—1853）萬俾爾（Karl Ernst Von Beer 1792—1876），英人威理士（Wallace）格蘭特（Grand）斯賓塞爾倭恩（Sir Richard 1804—1892）赫胥黎皆生學名家，先後間出。目治手營，窮探審論，知有生之物，始於同，終於異。造物立其一本，以大力運之，而萬類之所以底於如是者，咸其自己而已，無所謂創造者也。然其說未大行也，至咸豐九年（一八五九）達氏書出，衆論翕然，自玆厥後，歐美二洲治生學者，大抵宗達氏；而卝事日闢，掘地開山，多得古禽獸遺蛻，其種已滅，爲今所無；於是蟲魚禽互獸人之間，銜接遞演之物，日以漸密，而達氏之言乃愈有徵。故赫胥黎謂古者以大地爲靜居天中，而日月星辰拱繞周流，以地爲主。自歌白尼（Nikolans Copernicus 1473—1543）出，乃知地本行星，系日而運。古者以人類爲首出庶物，肖天而生，與萬物絕異。自達爾文出，知人爲天演中一境，且演且進，來者方將，而教宗摶土之說必不可信。蓋自有歌白尼而後天學明，亦自有達爾文而後生理確也。

達爾文的根本思想便是萬物出於一本，由一本積漸變遷變成今日的萬殊，打破歷古相傳物種不變的說數。因爲過去的學者都認爲物種是不變的，譬如一粒橡子，漸漸生芽發根，不久變成小橡樹了，不久變成大橡樹了，但變來變去總是一株橡樹，不會變成別的東西。達爾文的物種由來便是證明物種的變，並且說明變的道理。這種學說便是給與當時的宗教裏上帝創造人類萬物說一個重大的打擊。

達爾文的物種繁變的原則，包括着五項公例：

第一是物競(Struggle for Existence)，第二是濫費自然(Prodigality of Nature)。物競又譯做生存競爭，和濫費自然一義有密切的關聯。達爾文總釋二義道：「生物的增加率極速，故生存競爭乃勢所不能免的。」這是本於人口論的學說而來的。嚴復在天演論趨異裏，對於這點也有所敍述：

生子最稀，莫逾於象，往者達爾文嘗計其數矣。法以牝牡一雙，三十歲而生子，至九十而止。中間經數（卽平均數，）各生六子，壽各百年。如是以往，至七百四十許年，當得見象一千九百萬也。又赫胥黎云：大地出水之陸，約為方迷盧（卽英里，合我國2.794里）者五十一兆。今設其寒溫相若，肥磽又相若，而草木所資之地漿、日熱、炭、養、亞摩尼亞莫不相同。如是而設有一樹，及年長成，年出五十子，此為植物出子甚少之數。但群子隨風而颺，枚枚得活，各占地皮一方英尺，亦為不疏；如是計之，得九年之後，偏地皆此種樹，而尙不足五百三十一萬三千二百六十六垓方英尺。此非臆造之言，有名數可稽，綜如下式者也。（按表列第一年為五〇，第二年為五〇的自乘得二五〇〇，如此遞相推算以迄於九年，用來說明地面的不夠分配。）夫草木之蕃滋，以數計之則如此；而地上各種植物以實事考之又如彼，則此之所謂五十子者至多不過百一二存而已。且其獨存衆亡之故，雖有聖者莫能知也。然必有其所以然之理，此達氏所謂物競者也。競而獨存，其故雖不可知，然可微擬而論之也。設當數子同入一區之時，其中有一焉，其抽乙獨早；雖早半日數時之頃，已足以盡收膏液令餘子不復長成，而此抽乙獨早之故，或辭枝較先，或苞膜較薄，皆足致然。設以膜薄而早抽，則他日其子又有膜薄者因以競勝，如此則歷久之餘，此膜薄者傳爲種矣。此達氏所謂天擇者也。

第三是變異（Variation），第四是適者生存（Survival of the fittest），第五是遺傳（Heredity）。變異就是嚴復所說的：假設有一顆種子因膜薄而早發芽，因早發芽而得以生存，那末他日它的種子又有膜薄者因以競勝，這樣長此下去，它的種子就會變成膜薄的了。這就是要適應環境的變異。因了這種變異，使它適宜於所處的環境，長此生存下去，這便是所謂適者生存。生存的適者便把它所以生存的優點遺傳下去，使種子一代一代的改進健全起來，這就是把變異傳給後代的遺傳了。

還五點的精義其實已包括在嚴復所創立的「物競」「天擇」兩語中了。濫費自然和生存競爭就是物競；變異、適者生存和遺傳就是天擇，這在嚴復上面的一段文裏已經講得很明白，怪不得他要說翻譯的事「一名之立，旬月踟躕」了。

自從達爾文有了這種學術上的空前大發明後，於是斯賓塞便把這種理論應用到社會科學上去，組織成他的綜合哲學，拿演化論來解釋一切社會現象了。嚴復在天演論察變裏也曾說及他道：

斯賓塞爾者，與達爾文同時，亦本天演著天人會通論（按即綜合哲學）。舉天地人形氣心性動植之事而一貫之，其說尤為精闢宏富。其第一書開宗明義，集格致之大成以發明天演之旨（按即第一原理）。第二書以天演言生學（按即生物學）。第三書以天演言性靈（按即心理學）。第四書以天演言羣學（按即社會學）。最後第五書，乃考道德之本源，明政敎之條貫，而以保種進化之公例要術終焉（按即倫理學）。

嗚呼！歐洲自有生民以來，無此作也！

斯賓塞拿演化論的觀點來觀察社會進化，把它分做三個時期：第一個時期是積聚。譬如太陽系宇宙最初是星氣佈滿着，那種星氣充滿着熱力抵力，到後來牠的吸力漸漸加增，抵力漸漸銷減，便積聚成太陽和許多星球。這卽所謂「翕以聚質。」第二個時期是劃分。這許多積聚由單純、變做複雜，由渾雜變做劃一，由流動變做凝固。譬如太陽系由渾雜單純流動的星氣，漸漸變成複雜劃一凝固的星球。不過這樣一來，它本有的力便要漸漸、耗散。譬如太陽的熱度會漸漸降低，地球會漸漸縮小等等。這卽所謂「闢以散力。」但是力不可以盡散，盡散以後物也沒有了，那裏還有演化呢？所以第四是安定。那就是有了凝固的質以後，它的力就涵在質裏，給質所范住，這樣才保存一種均和。這卽所謂「質力雜糅，相劑爲變」了。不過這種均和是不能永久的，將來終要破壞而再循這三個時期進展的。關於這種演化論，嚴復在天演論廣義裏也有詳盡的敍述道：

斯賓塞爾之天演界說曰：「天演者：翕以聚質，闢以散力。方其用事也：物由純而之雜，由流而之凝，由渾而之劃。質力雜糅，相劑爲變者也。」又爲論數十萬言，以釋此界之例，其文繁衍奧博，不可猝譯；今就所憶者雜取而粗明之，不能細也。

其所謂翕以聚質者：卽如日局太始，乃爲星氣，名涅菩剌斯(Nebulas)，布濩六合。其質點本熱至大，其抵力亦多，過於吸力。繼乃由通吸力收攝成珠，太陽居中，八緯外繞，各各聚質，如今是也。所謂闢以散力者：質聚而爲熱、爲光、爲聲、爲動，未有不耗本力者；此所以今日不如古日之熱，地球則日縮，彗星則漸遲，八緯之周天皆日緩，久將迸入而與太陽合體。又地入流星軌中，則見隕石；然則居今之時，日局不徒散力，卽合質之事，亦方未艾也。餘如動植之長，國種之成，雖爲物懸殊，皆循此例矣。

所謂由純之雜者：萬物皆始於簡易，終於錯綜。日局始乃一氣，地球本爲流質，動植類胚胎萌芽，分官最簡，國種之始，無尊卑上下君子小人之分，亦無通力合作之事。其演彌淺，其質點彌純。至於深演之秋，官物大備，則事莫有同，而互相爲用焉。所謂由流之凝者，蓋流者非他，（原注：此流字兼飛質而言）由質點內力甚多，未散故耳。動植始皆柔滑，終乃堅強。草昧之民，類多遊牧。城邑土著，文治乃興，胥此理也。所謂由渾之劃者：渾者幠而不精之謂，劃則有定體而界域分明。蓋純而流者未嘗不渾，而雜而凝者又未必皆劃也。且專言由純之雜，由流之凝，而不言由渾之劃；則凡物之病且亂者，如劉柳元氣敗爲癰痔之說，將亦可名天演；此所以二者之外，必益以由渾之劃而後義完也。物至於劃，則由壯入老，進極而將退矣。人老則難以學新，治老則篤於守舊，皆此理也。

所謂質力雜糅相劑爲變者，亦天演最要之義，不可忽而漏之也。前言闢以散力矣，雖然，力不可以盡散，散盡則物死，而天演不可見矣。是故方其演也，必有內涵之力，以與其質相劑。力既定質，而質亦范力，質日異而力亦從而不同焉。故物之少也，多質點之力。何謂質點之力？如化學所謂愛力是已。及其壯也，則多物體之力，凡可見之動，皆此力爲之也。更取日局爲喩，方爲涅菩星氣之時，全局所有，幾皆點力。至於今則諸體之周天四遊，繞軸自轉，皆所謂體力之著者矣。人身之血，經肺而合養氣，食物入胃成漿，經肺成血，皆點力之事也。官與物塵相接，由涅伏（Nerve按即神經）以達腦成覺，即覺成思，因思起欲，由欲命動；自欲以前，亦皆點力之事。獨至肺張心激，胃迴胞轉，以及拜舞歌呼手足之事，則體力耳。點體二力，互爲其根，而有隱見之異，此所謂相劑爲變也。

天演之義，所苞如此。斯賓塞氏至推之農、商、工、兵、語言、文學之間，皆可以天演明其消息所以然之故，苟善悟者深思而自得之，亦一樂也。

斯賓塞除了分成進化的三階段外，還把思想分做「可知和不可知」兩部份。他認人類的知識起於分別，既有分別便有是非同異，所以可知的思想是相對的。此外像時間、空間、物體、動力等等現象也可以知道，所以可知的又是現象的。反轉來說：不是現象的那樣可以感覺，不是對待的那樣可以分別，那便是絕對的超人類知識的不可知了。前者是學問的事，後者是宗教的事：兩者各有範圍，各相調和。

本着這種演化的和可知不可知的精神，於是他的社會學便充滿着自由主義和不是激進的精神。既然一切的進步都循着天演，那末減少政治的干涉讓社會自然的發榮滋長便是最好，要用少數人的力做着激進運動像革命那種事是少有成功的。所以他的羣學肄言（The Study of Sociology）對於社會上種種問題，像學術、國族、政治、宗教和風俗等等，都加以嚴密的檢討，指出種種不合理的偏見和私見，都足以害事的。

自從斯賓塞拿演化論來研究社會，主張任着自然的演化，而少用政治的干涉以後；赫胥黎便起來力持人定勝天的學說來反對他。在天演論進化裏赫胥黎說：

今者欲治道之有功，非與天爭勝焉，固不可也。法天行者非也，而避天行者亦非。夫曰與天爭勝云者，非謂逆天拂性而為不祥不順者也。道在盡物之性，而知所以轉害而為利。夫自不知者言之，則以藐爾之人，乃欲與造物爭勝，欲取兩間之所有，馴擾駕馭之以爲吾利，其不自量力而可閔歟，孰逾此者！然溯太古以迄今茲，人治進程皆以此所勝之多寡爲殿最；百年來歐洲所以富强稱最者，其故非他，其所勝天行而控制萬物前民用者，方之五洲與夫前古各國，最多故耳。以已事測將來，吾勝天爲治之說，殆無以易也。赫胥黎對於社會進化旣持人定勝天說，對於知識也不像斯賓塞那樣把不可知的宗敎保存着，他根本是不相信宗敎的。不但宗敎，凡是一切沒有充份證據的知識他都不肯相信，把它存疑，所以他自稱是一個存疑主義（Agnosticism）者。〔三〕

這種充滿科學實驗的精神的思潮，對於一位科學根基很好的少年本是容易接受，何況嚴復對於東方文化的成見還沒有養成，又生在一個衰弱危亂的中國，正在熱烈地尋求中西文化的優劣和雙方强弱的因果來作借鏡呢？那末他的所以容易接受這種思想，也就可以明白了。

註（一） 申報最近之五十年張嘉森嚴氏復輸入之四大哲學家學說及西洋哲學界最近之變遷胡適五十年來之世界哲學和其他西洋哲學史哲學概論。

註（二） 同上。

註(三) 同上。

第三章　由軍界轉到思想界的經過

嚴復因為對於海軍方面的興趣淡薄，使他漸漸把注意力轉移到西方政治制度和哲學上去。當他在留學期間，曾遇到出使英國大臣郭嵩燾，和他討論中西學術政制的異同，往往窮日夜不休。[一]郭嵩燾因此非常推許他，這是他後來做政論的端倪。

光緒五年西曆一八七九年，他自英畢業歸國，即充馬江船政學堂教習。明年就蒙李鴻章調任為北洋水師學堂總教習（按即教務長。）到光緒十一年法越事變發生，李鴻章受了德國顧問德璀琳（Detring）的欺騙，急忙和法國訂立放棄安南藩屬的約。後來這事為人家所摘發，當時人並且疑心嚴復對於那張約的簽訂也有份那樣，他因此憤而自疏。[二]

他既在李鴻章那邊不能得志，又以海軍不為人所看重，不得已想借科舉這一條路參預到政治舞臺上去。因為那時的人最看重科舉，倘這條路走得通，那末便可以和當軸的人相周旋，設法漸漸轉移風氣了。因此他曾兩應福建鄉試（光緒十一年和十九年，）

兩應順天鄉試（光緒十四年和十五年，）但都失敗了[三]後來他有答鄭孝胥的解嘲詩說起當時不得已的心情道：

少日賤子賤，身世隨所遷。與官充水手，自審非其脚。不辭固金性，時時冶中躍。每逢高軒過，氣欲偃溟渤。譁然爲之下，肩聳足自躩。竊問客何操，洒爾勢旁魄？咸云：「科目人，轉瞬即臺閣；不者亦清流，師友動寥廓。」忽爾大動心，男兒宜此若。私擂媧皇墳，背人事鑽灼。更買國子生，秋場期有穫；誰知不量分，鉛刀無一割。

在這個時期中，李鴻章曾派他總辦水師學堂（光緒十六年，）但也不過「奉職而已，」「不務機要」的。他已鬱鬱不得志，又眼看在留學時代的日本同學，像伊藤博文等都早已用事圖強。那時的日本已漸漸擴張他們的國力，首先翦滅我國的藩屬琉球（光緒五年，）他看了自然非常不平，曾經對人說：「不三十年，藩屬且盡，環我如老牸牛耳！」[四]但聽的人都不肯去省察他的話，反怪他拿危言來聳動一班人的耳目。

自從琉球被翦，安南被割以後，到了光緒二十年西曆一八九四年又有甲午事變。日本藉口平朝鮮內亂，引兵襲據朝鮮王宮，遂引起雙方的戰爭，結果中國陸海軍皆敗，李鴻章所盡力經營的北洋海軍遂被毀滅。到了明年，割地賠款和日本議和。這一次的事變，使安靜的中國發生了極大的激動，每一個人都覺得以中國之大而敗於蕞爾的日本，它的樞機完全是繫在變法和不變法、維新和不維新的問題上。他對於這種嚴重的刺激，當然比一般人更深切，於是他覺得再也不能忍耐了，再也不能等待了，就在這時他開始在天津直報發表他的文章，漸漸從事於西洋學術的介紹工作了。

註（一）嚴幾道年譜。

註（二）嚴譜和陳墓志。

註（三）同上。

註（四）同上。

第四章　中西文化比較論

嚴復既然要想拿文字的力量來開風氣，那末當然一定要使人知我之所短和人之所長，然後可以談到維新變法。所以他在光緒二十一年西曆一八九五年所發表的文字，像論世變之亟原強救亡決論闢韓等等，對於中西文化都有所論列。後來他做翻譯工作時，也時時提到這個問題。不過他後來的思想，卻跟着中國的環境漸漸趨於折衷，所以在這裏所敍述的，祇限於他第一期主張全盤西化時候的思想，這個時期大約自光緒二十一年到二十五年西曆一八九五年到一八九九年。拿他的羣己權界論的譯述來做兩者的分劃。不過這種分劃是相對的，是取便說明的辦法。其實思想那樣東西是很難界劃，更其在轉變之間，前期和後期的思想像聯環那樣相互交鎖着。當思想由第一環進於第二環時，第一環的後半部已含有第二環的因素，第二環的前半部仍留着第一環的遺蛻，所以這種劃分不是嚴格的絕對的。就是對於中西文化的比較論，他到第二期的時候也有所發揮，足以補第一期所論的不足，祇要他的議論不偏於中西折衷論，也聯帶在這裏討論，不過在前後文裏約略注明他所撰述的年代以資區別而已。

一 進化觀念的差異

嚴復第一篇學術論文剖析中西文化的差異的，便是論世變之亟。他推論中西進化觀念的差異：中國人是崇拜古的一切而忽略現在，西方人是努力於現實的改進以求勝過從前。所以中國人認一治一亂是循環的，社會不是前進的；西方人認為既盛便不可以再衰，既治便不可以再亂，社會是前進的。他在原強上說：

嘗謂中西事理其最不同而斷乎不可合者：莫太於中之人好古而忽今，西之人力今以勝古。中之人以一治一亂，一盛一衰，為天行人事之自然；西之人以日進無疆，既盛不可復衰，既治不可復亂，為學術政治之極則。

因為中國人尊古，所以認古代的法制政教都是天經地義，後人祇要墨守成規就好了。因為西方人崇今，所以力求進步，要進步一定要打破過去的一切束縛，所以要主張自由。但自由而不平等，有的人自由的限度大，有的人自由的限度小，那就不是完美的自由，而是缺損的自由；所以他們又要求平等。中國人因為注重保守，所以不要破壞古代的一切，所以不感到自由的需要，因此對種種階級的存在也認爲當然而不感到平等的需要。西方人因爲自由平等而民權擴張，中國人因爲不需要自由平等而沒有民權。這就是因於進化觀念的不同，影響到政教上來了。這種議論見於嚴復的主客平議裏：

舊者曰：嗟夫！時至今日，世變亟矣！外侮深矣！而事之所以至此者：坐師不武，臣不力耳。而時務之士，乃病其政教。夫綱常名教，凡中國所恃以立國明民者，亙萬古而不變者也。屬今者之不振，正綱常名教之不張，張則格苗貢雉之盛，可復見於今日。是故謀國之要，在於反經，經正而庶民興，無餘事矣。吾聞守己者之可以存己矣，未聞毀己從人者之能存己也。

新者曰：有是哉！吾子之拘於所習也！今夫中與西之言治也，有其必不可同者存焉。中之言曰：今不若古，世日退也。西之言曰：古不及今，世日進也。惟中之以世爲日退，故事必循故，而常以愆妄爲憂。惟西之以世爲日進，故必變其已陳，而日以改良爲慮。夫以後人之智慮，日夜求有以勝於古人，是非抉前古之藩籬，無所拘攣，縱人人心力之所極者，不能至也，則自由尚焉。自由者，各盡其天賦之能事，而自承其功過者也。雖然，彼設等差而以隸相尊者，其自由必不全；故言自由，則不可以不明平等，平等而後有自主之權。合自主之權，於以治一羣之事者，謂之民主。天之立烝民，無生而貴者也；使一人而可以受億兆之奉也，則必如班彪王命之論而後可！顧如王命論者，近世文明之國所指爲大逆不道之言也。且以少數從多數者，泰西爲治之通義也。乃吾國舊之說不然，必使林總之衆，勞筋力，出賦稅，俯首聽命於一二人之繩軛；而後是一二人者，乃得恣其無等之欲，以刻剝天下，屈至多以從其至少，是則舊者所謂禮所謂秩序與紀綱也。則吾儕小人又安用此禮經爲？

從「今不若古」推論到中國的政教是替一二人刻剝天下的，這在當時是何等大膽的議論。

這一段主客平議裏的文字，嚴復雖以自己處在新舊折衷的立場上做平議，但這篇文字的撰述在光緒二十六年西曆一九〇〇年以後，因爲那篇文章開首說：「中國自甲午中東一役而情實露，自庚子內訌而情實愈益露。」可見這篇文章是作於光緒二十六年庚子義和團事件以後的，那時他的思想雖從全盤西化時期轉變到中西折衷時期，但這篇文章裏的「新者」的學說，頗能代表他前期的思想，所以也採在這裏。

二　政治思想的優劣

中西民族以進化觀念的不同，以致形成一弱一強一退一進的局面，雙方的勝敗優劣不要等到疆場的交鋒早已決定了。但這種不同的觀念又怎樣造成的呢？那就要推原到中西政敎的差異了。

中國的所爲政所爲敎者都是在求百姓的相安相養，都是在消滅他們的爭心，因此造成尊古保守的風氣。西方的政敎主於進步和各國競勝，因此要他們的百姓在德行智術體力各方面都求精進。要求百姓的精進，自要給他們以完具的自由，這就形成了兩者的差異觀了。在論世變之亟裏他說：

蓋我中國聖人之意，以爲吾非不知宇宙之無盡藏；而人心之靈，苟日開淪焉，其機巧智能，可以馴致於不測也。而吾獨置之而不以爲務者；蓋生民之道，期於相安相養而已。夫天地之物產有限，而生民之嗜欲無窮，孳乳浸多，鐫鑱日廣，此終不足之勢也。物不足則必爭，而爭者人道之大患也；故寧以止足爲敎，使各安於樸鄙顓蒙，耕鑿焉以事其長上。是故春秋大一統，一統者，平爭之大局也。秦之銷兵焚書，其作用蓋亦猶是。降而至於宋以來之制科，其防爭尤為深且遠。取人人尊信之書，使之反覆沈潛，而其道常在若遠若近有用無用之際；懸格為招矣，而上智有不必得之憂，下愚有或可得之慶，於是舉天下之聖智豪傑，至凡有思慮之倫吾頓八紘之網以收之。即或漏吞舟之魚，而已暴顋斷鰭，頹然老矣，尚何能為推波助瀾之事也哉！嗟乎！此眞聖人牢籠天下平爭泯亂之至術，而民力因之日窳，民智因之日衰。其究也，至不能與外國爭一旦之命，則又聖人計慮之所不及者也。雖然，使至於今，吾為吾治，而跨海之汽船不來，縮地之飛車不至，則神州之衆，老死不與異族相往來。富者常享其富，貧者常安其貧。明天澤之義，則冠履之分嚴；崇柔讓之教，則凌囂之氣泯。偏災雖繁，有補苴之術；萑苻雖夥，有勦絕之方。此縱難言郅治乎！亦用相安而已。

今之稱西人者，曰彼善會計而已，又曰彼擅機巧而已。不知吾今茲所見所聞，如汽機兵械之倫，皆其形下之粗迹；即所謂天算格致之最精，亦其能事之見端，而非命脈之所在。其命脈云何？苟扼要而談，不外於學術則黜僞而崇眞，於刑政則屈私以為公而已。

斯二者與中國理道初無異也，顧彼行之而常通，吾行之而常病者則自由與不自由異耳。夫自由一言，眞中國歷古聖賢之所深畏，而從未嘗立以爲教者也。彼西人之言曰：惟天生民，各具賦畀，得自由者乃爲全受。故人人各得自由，國國各得自由；第務令無相侵損而已。侵人自由者，斯爲逆天理，賊人道，其殺人傷人及盜蝕人財物，皆侵人自由之極致也。故侵人自由，雖國君不能，而其刑禁章條，要皆爲此設耳。

那末中國的「恕」和「絜矩，」主張自己所不願意的事情，不要加到人家身上去。一切待人接物，都拿這個標準來度量，不是和自由相同嗎？不差，恕和絜矩就待人接物這一點講雖和自由相同，但還是消極的。自由除了這個消極的作用外，還有我的前進的自由，那是積極的，離開了待人接物的。因了這個消極和積極的不同，便形成中西政教上的種種差異，所以論世變之亟接着說道：

中國理道與西法最相似者，曰恕曰絜矩。然謂之相似則可，謂之眞同則大不可也。何則？中國恕與絜矩，專以待人及物而言；而西人自由，則於及物之中，而實寓所以存我者也。自由既異，於是羣異叢然以生，粗舉一二言之則如中國最重三綱（按指君爲臣綱，父爲子綱，夫爲妻綱，）而西人首明平等。中國親親，而西人尙賢。中國以孝治天下，而西人以公治天下。中國尊主，而西人隆民。中國貴一道而同風，而西人喜黨居而州處。中國多忌諱，而西人衆譏評。其於財用也：中國重節流，而西人重開源；中國追淳樸，而西人求驩虞。其接物也：中國美謙屈，而西人務發舒；中國尙節文，而西人樂簡易。其於爲學也：中國誇多識，而西人尊新知。其於禍災也：中國委天數，而西人恃人力。若此之倫，舉有以與中國之理相抗以並存於兩間，而吾實未敢遽分其優拙也。

這裏的所謂「未敢遽分其優拙」並不是沒有優劣可分，實在因爲當時的人自大的心習尙重，嚴復不肯斥言罷了。我們再看他在原強一篇文章裏便忍不住要斥言了。他說：

至於今之西洋，則與是不可同日語矣（按指與蒙古民族滿洲民族等的爭競。）何則？彼西洋者，無法與法並用而皆有以勝我者也。自其自由平等以觀之：其捐忌諱，去煩苛，決壅蔽，人人得申其意，上下之勢不相懸隔；君不甚尊，民不甚賤，而聯若一體者，是無法之勝也。自其官、工、兵、商法制之明備而觀之，則人知其職，不督而辦，事至纖悉，莫不備舉，進退作息皆有常節，無間遠邇。朝令夕改，而人不以爲煩；則是以有法勝也。故凡其耕鑿、陶冶、織紝、牧畜，上而至於官府刑政，戰守轉輸，郵置交通之事，與凡所以和衆保民者，精密廣大，較吾中國之所有，倍蓰有加焉。其爲事也，一一皆本諸學術；其爲學術也，一一皆本於卽物實測，層累階級以造於至精至大之塗，故蔑一事焉可坐論而不足起行者也。苟求其故，則彼以自由爲體，以民主爲用，一洲之中，散爲七八，爭馳並進，以相磨礱，始於相忌，終於相成，各殫知慮；此既日異，彼亦月新，故若用法而不至受法之弊，此其所以爲可恃也。

這裏他就老實說出西方的有法無法都勝於我了。他把這種優勝歸功於實測累進的學術，自由民主的政體，這就是陳獨秀胡適之一班人在五四運動的時候所倡導的賽恩斯(Science 科學)和德謨克拉西(Democracy 民治主義)兩位先生了。對於這兩位先生，他在論世變之亟裏已說過：「其(指西人)命脈云何？苟扼要而談，不外於學術則黜僞而崇眞，於刑政則屈私以爲公而已。」

三　政治制度的優劣

專制和立憲——命官和選擧

中西因爲政治思想根本的差異，所以政治制度也顯然分出優劣來了。中國人因爲尊君崇古，所以政治制度也都拿君主來做中心，但君主不能一個人來辦理全國的政治，於是得借重禮教，分出許多等級來；這樣一切幫着君主辦理政治的人，差不多都做了君主的私人了。西方人因爲尊民崇今，所以政治制度也都拿民主來做中心，所以民衆也有權得選擧辦理政治的人。這是雙方政制的一個最大的差異。嚴復在法意第四卷第二章裏說：

> 蓋嘗論之：君主之爲治，西之與東同焉者也。顧其異者，東之君主以儒，西之君主以俠：以儒，故秩序之等明；以俠，故廉恥之風競。而其終也，國俗之剛柔判矣。

這就是說：中國以君爲主體，故要「秩序之等」來維持他的尊嚴；西方人以民爲主體，所以提倡自由平等，故「廉恥之風競」而近於「俠」了。這種差異，由於中國的政制是專制，西方的政制是立憲。因爲專制，所以遇到有仁德的君主，便得有禮敎的尊嚴和片面的法度來維持國家的安定；遇到暴君汚吏，便變成無法的專制了。至於立憲則政權推本於民，一切政制以民爲主，在上者雖爲君主，也不能濫用法定以外的權力。在法意第五卷第十六章裏他說：

> 孟氏此書所謂專制，苟自其名以求之，固無此國（按指標榜以專制爲政體；）而自其實，則一切之君主，微民權之旣伸，皆此物也。幸而戴仁君，則有道之立憲也（原注：此立憲但作有法度解，故不可與今世英德諸制混。）不幸而遇中主，皆可爲無道之專制。其專制也，君主之制，本可專也。其立憲也，君主之仁，樂有憲也。此不必其爲兩世也，雖一人之身，始於立憲，終於專制可耳，漢成唐玄非其例歟？其法典非無常也，國之人皆有常，而在彼獨可以無常也。夫立憲專制，旣惟其所欲矣，又何必斤斤然爲隨其分於有法無法也哉？若夫今世歐洲之立憲，憲非其君之所立也；其民旣立之，或君與民共立之，而君與民共守之者也。夫以民而與於憲，則憲之未立，其權必先立也。

這是說中國是有法或無法的專制，民是無權力過問政治的。西方是民有權力過問政制的立憲。在第十九章裏他又說：

> 中國之治制，運隆則爲有法之君主，道喪則爲專制之亂朝。故其中談治之策，經世

之文，皆當本君主之精神而觀之，而後知其言之至善。說以民主之義繩之則大謬矣。賈生之治安策，古之至言也，顧必用之君主之國而後有合，此尙論者之所宜知也。重名器，立法度，嚴等衰，分淑慝，而行之以恭儉不忍人之心，則其世爲昌期，其君爲明聖。三代以後，僅僅見之漢文帝光武唐太宗而已。若夫漢之武帝，魏之太祖，則專制之尤者也。

因了專制和立憲的不同，於是一切「談治之策」「經世之文」都完全差異了，一切政制也都不同了。粗舉大端來說：像行政人員的登用，因爲專制權操於君，所以一切以君上的意旨來定選擇的標準，來定考成的優劣。至於立憲既以民爲主體，那就行政人員也得由民推選，考成的優劣也得視民意爲依歸了。在社會通詮國制不同分第十四裏他說：

總之：中西政制有絕不同者：夫謂治人之人即治於人者之所推舉，此即求之於古聖之胸中，前賢之腦海，吾敢決其必無此議也。往者羅馬之盛，官吏出民推擇者大半。至於叔季，君士坦丁之後，必命於朝。其時之說，謂得官必富貴有勢力者之所賜，而後爲榮寵。若夫小民之所推擇，此爲傭丐領袖可耳，何足卲乎！使今以此語之吾國之人，吾知其必有合也。

這是說中國官吏之由於上之賜派，實出於政制的必然結果。在西方的治世，則官吏以民選爲多數，那也是民權擴張的徵驗。

君權和民權——政教的分合

中西因了有這種差異，所以在中國一切的事情都得由君主和他的屬下來辦理，他們認爲政權本來是他們的。在西方則政制的改設一定要得到民衆的同意，他們認政權本是屬於民衆的。在社會通詮國家之行政權分第十三裏他又說：

西人之言政也，以其柄爲本屬諸民，而政府所得而操之者，民予之也；且必因緣事會，而後成之。察其言外之意，若惟恐其權之太盛，將終不利於民也者，此西說也。中國之言政也，寸權尺柄，皆屬官家。其行政也，乃行其所固有者。假令取下民之日用，一切而整齊之，雖至纖悉，終無有人以國家爲不當問也，實且以爲能任其天職。其論現行政柄也，方且於之而見少，又曷嘗於之而見多。論者若曰：凡使吾之至於此極者，皆國家之勿事事致之耳！此中說也。

因此中國政教合一，西方使政教分開了。在同一章裏他又說：

蓋西國之王者，其事專於作君而已。而中國帝王，作君而外，兼以作師。夫彼事爲君，故所重在兵刑，而禮樂、宗教、營造、樹畜、工商乃至教育文字之事，皆可放任其民使自爲之。中國帝王下至守宰，皆以其身兼天地君親師之衆責，兵刑二者，不足以盡之也。於是乎有教民之政，而司徒之五品設矣；有鬼神郊禘之事，而秩宗之五祀修矣。有司空之營作，則道路梁杠，皆其事也；有虞衡之掌山澤，則草木禽獸，皆所咸若者也。卒之君上之責任無窮，而民之能事，無由以發達。使后而仁，其視民也猶兒子耳；使后而暴，其遇民也猶奴虜矣。爲兒子奴虜異，而其於國也，無尺寸之治柄，無絲毫應有必不可奪之權利則同。由此觀之：是中西政教之各立，蓋自炎黃堯舜以來，其爲道莫有同者。

這種「兒子」「奴虜」的政制的結果，便是使民衆喪失應有的權力，認政治不關他們的事。那末國家也不過是執政者的國家，兒子奴虜也自不知愛國，更不知捍衛國家了。至於西方的人民，他們所守的是自主的約法，他們所奉的官吏是自己推擇的人材，那末政治是他們自己的政治，國家是他們自己的國家。這樣，自然要力求政治的完美，國家的富強了。那末兩者的優劣不是顯然嗎？他在原強裏又說道：

蓋自秦以降，爲治雖有寬苛之異，而大抵皆以奴虜待吾民。雖有原省，原省此奴虜而已矣；雖有噢咻，噢咻此奴虜而已矣。夫上既以奴虜待民，則民亦以奴虜自待。夫奴虜之於主人，特形劫勢禁，無可如何已耳；非心悅誠服，有愛於其國與主而共保持之也。故使形勢可恃，國法尚行，則鼻靴勢面，胡天胡帝，揚其上於至高，抑其己於至卑，皆勸爲之。一旦形勢既去，法所不行，則獨知有利而已矣！共起而挻之，又其所也，復何怪乎！

且彼西洋所以能使其民，皆若有深私至愛於其國若主，而赴公戰如私仇者，則亦有道矣。法令始於下院，是民各奉其所自主之約，而非率上之制也。宰相以下，皆由一國所推擇，是官者民之所設以釐百工，而非徒以尊奉仰戴者也。撫我虐我，皆非所論者矣。出賦以庀工，無異自營其田宅；趨死以殺敵，無異自衞其室家。吾每聞英之人言英，法之人言法，以至各國之人言其生之國土，聞其名字，若吾曹聞父母之名，皆肫摯固結，若有無窮之愛也者，此其故何哉？無他，私之以爲己有而已矣。

中西的政制，對於君民的權力既形成這樣的差異，那末表現在政蹟上，便是中國的行仁政，像有時民間逢到水災旱災，便由在上者發下豁免納稅的詔令。西方則在上者不特沒有什麼仁政，並且所發下的詔令，往往向民間訴苦。前者正表現着百姓的無權，後者才顯得百姓的權力大了。嚴復在法意第十三卷第十五章裏說：

夫西方之君民，眞君民也，君與民皆有權者也。東方之君民，世隆則爲父子，世汚則爲主奴，君有權而民無權者也。皆有權，故其勢相擬而可爭；方爲詔令，其君方自邺之不暇，何能爲其抗己者計乎？至於東方，則其君處至尊無對不諍之地，民之苦樂殺生由之；使不之邺，其勢不能自邺也，故有蠲除之詔令焉。此東西治制之至異也。聞之西哲曰：西之言倫理也，先義而後仁，各有其所應得也。東之言倫理也，先仁而後義，一予之而後一得也。

一統和分治

中國的君主既處於至尊無對不諍的地位，那末自然利於一統而不利於分治。倘然國中分裂成許多國家，那君主便不是站在至尊無對不諍的地位，於是大家要爭一個至尊無對不諍的地位，戰爭便沒有已時了。中國的百姓既是兒子奴虜，那自然要祈禱統一，才有安定的生活好過。至於西方以民做主體，那末各因地理、風俗、習慣的不同而分成許多國度，要保存各個的自由平等而不屈服於別一個，那祇有各各獨立，利於分治而不利於一統了。這也是因爲君主制度的不同而造成了分合的差異，於是一統而日趨腐敗，分治而相互爭競，二者的優劣也顯然了。在法意第十卷第九章裏他又說：

復案：天下之事，有行之數千年，人心所視爲當然恆然而實非其至者，如吾國一統之規是已。夫九州十八行省，必治以一家，是寧不可以無然，而有善今之制者乎？吾嘗思之：蓋自公羊說興，而以謂春秋大一統，中庸同軌同文之盛，議禮考文之尊，於是乎有正統、偏安、割據之等差，而一王代興，非四訖同前，則以爲大憾。向使封建長存，兼幷不起，各君其國，各子其民，如歐洲然，則國以小而治易周，民以分而事相勝，而其中公法自立，不必爭戰無已時也。且就令爭戰無已，彊兵不成，諦以言之，其得果猶勝於一君之腐敗。嗚呼！知歐洲分治之所以興，則知中國一統之所以弱矣！

三權的分合

中西因一有民權一無民權的不同，於是表現在政制上，便是中國的立法司法行政三權合一，西方則三權分立。在法意第六卷第五章裏他說：

復案：從中國之道而言之，則鞫獄判決者，主上固有之權也。其置刑曹法司，特寄焉而已。故刑部奏當，必待制可；而秋審之犯，亦天子親勾決之：凡此皆與歐洲絕異而必不可同者也。今盎格魯國民，其法廷咸稱無上，示無所屈。其所判決，雖必依國律，而既定之後，王者一字不能易也。

立法司法行政三權合，於是一切的法制皆依行政者的私利而制定，失掉了法制的公正，於是「刑罰不中，則民無所措手足」了。至於三權分立，而立法的權力又以民的公利為本，那末刑獄都能得其平，一切有勢力的和沒有勢力的人都受共同信守的法律的保障所裁制，百姓也得享受平等自由的幸福了。在法意第十一卷第六章裏他說：

嗟乎！刑獄者，中西至不可同之一事也。猶憶不佞初遊歐時，嘗入法廷，觀其聽獄，歸邸數日，如有所失。嘗語湘陰郭先生（按即郭嵩燾），謂英國與諸歐之所以富強，公理日伸，其端在此一事。先生深以為然，見謂卓識。夫中國刑獄之平，至於虞廷之皋陶極矣，然皆以貴治賤；故仁可以為民父母，而暴亦可為之豺狼若夫公聽平觀，其被刑也，如其法而止，民終不可以是為天直以責其上，使雖欲不如是而不能也。是故天下雖極治，其刑罰終不能以必中，而僥倖之人或可與法相遁，此上下之所以交失，而民德之所以終古不蒸也。夫民德不蒸，雖有堯舜爲之君，其治亦苟且而已。何則？一治之餘，猶可以亂也。

賦稅的輕重

中西政治制度的差異表現於各方面的經濟政策的，像賦稅：中國以少取於民爲君上的仁德，不問這些取之於民者是否還諸於民。在西方則不尙賦稅的減少，祇要百姓能够負担，它的賦稅總會加重的這種加重的賦稅，大都用來爲民謀利。同時民衆也因爲國家的徵稅是量他們的力而定的，並且就拿來辦他們所無力辦的事，所以也不怕重稅。至於中國百姓既無力過問在上者所徵收的賦稅的用途，那種賦稅額又不是量他們的力量而定的，所以中國的賦稅，雖是比西方各國來得輕，但是百姓也不能無怨。在法意第十九卷第二十七章裏他說：

吾國之士大夫，於西人之治，既不識其所以然，又不悟其形制性情與吾國所有者之大異；故見其賦法之重，未有不詫以爲奇者。其不知者曰：此夷狄之厲政耳。其知者曰：惟其民之甚富，故任重賦而輕之若此。實則二說皆非；向使其治爲專制，抑稍進之而爲君主，但使國非公產，而民於其國無所可愛，雖比戶素封，其爲賦不能半今日也。彼惟人人視其國爲所私，不獨愛其國也，而尤重乎其所載之自由；故其保持之也，雖性命有所不恤，矧乎其身以外之財產耶！

又原富部戊篇二裏他說：

案國家之賦其民，非爲私也，亦以取之於民者，還爲其民而已。故賦無厚薄惟其宜。就令不征一錢，而徒任國事之廢弛，庶績之墮頹，民亦安用此儉國乎？且民非畏重賦也，薄而力所不勝，雖薄猶重也。故國之所急，在爲其民開利源而使之勝重賦。勝重賦奈何？曰：是不越賦出有餘一例已耳。

商政的求通和抑塞

這種經濟政策表現在商政方面的：是西人重開利源，中國重保守；開利源故於商極求其通，主保守故於商力主抑塞。開利源故於民生日用都主精美，主保守故於一切皆崇儉素了。在原富部戊篇二裏他又說：

中國近世士大夫，亦聞國之財賦原本於農之說矣。彼見各省荒地之多，游手之衆，則未嘗不大聲疾呼，以移民實地為救貧上策。此其議固然，顧吾獨恨其明於此而闇於彼，有見於果而無見於因也。夫地之荒也，必有其所以荒之故；民之貧也，必有其所以貧之由。不然，則求利之事，彼豈待勸而後知為之耶？惟其為而無利，故智盡能索，委而去耳。議者知務農矣，而又為閉關鎖國之說，又於一切電報鐵軌通商之事，皆深惡而痛絕之。不知使貨出於地而莫與為通，雖國家今籌甚鉅之款，以備牛車借子種置屋廬於民；民今為之，不二三稔，其委之而去又自若也。嗟乎！理財一道，通之一言足以蔽之矣。今之憂貧者，日求國富而惡為其通，此何異醫者日進塡補之劑而塞病人之二溲，如是而不殺人未之有也，烏在其能肥乎！

這是說中國商政不求「通」的弊病。在原富部甲篇八裏他又講及中國崇儉道：

案中土舊說，崇儉素，敎止足，故下民飲食，雖極菲薄，其心甘之而未嘗以為不足也，此誠古處然計學家（按即經濟學家）言：民食愈菲者，其國愈易饑。蓋藏雖裕，業作雖劇，無益也。歐洲諸國，如比利時，如蘇格蘭山邑，如愛爾蘭，其民皆極勤儉，不嫌菲食，以薯蕷為糧；然常被荒饑。法英之小民最奢，無遠慮，貧乏則家有之。而自宋元以來，其國未嘗患饑饉。

又部丁篇五裏說道：

> 愛爾蘭嘗大饑，則以其民平日專食薯蕷而有甚為災之故。凡民食儉陋，則其地易饑。故西人以民俗精治膳羞，廣羅鮭菜為禦荒上策；而以俗安儉素食不重味為非計。

這是說崇儉素的容易致災。因為儉素的人他們食用的都限於少數的東西，倘這少數的東西一朝缺乏，便釀成災荒了。祇有精治食品的人，那末他們所喫的一定種類很多，不專專於一二種東西，所以就是有幾種東西缺乏了，那在他們所食用的許多東西中僅占極少部份，自然不會發生災荒了。

軍政的精進和窳敗

再就軍政論：中國除了在國家分裂羣雄角逐的時候，軍人往往為人所輕視。因此整軍經武之道都沒有精密的研討，所以軍政日以窳敗。鄉黨自好之士都不肯投身軍界，何況其他，於是軍界的人才更形銷沈了。至於西方，則武人為國民所尊敬。更以戰爭影響於國家的強弱，所以於整軍經武尤考究不遺餘力。在法意第十九卷第二十七章他說：

若夫武人軍官，能執干戈以衛社稷，同仇敵愾，視死如歸；此非所謂「殺身成仁」「舍生取義，」男子最貴之業也耶？然而舉國恥之。以其恥之，故吾國惟無賴惡少而後當兵，而當兵之業遂若眞可恥者。以恥尙之失所，其國乃淪於至弱。

在救亡決論他更談到中國軍政的怎樣腐敗和西方軍政的所以優勝道：

今夫中國非無兵也，患在無將帥。中國將帥皆奴才也，患在不學而無術。若夫愛士之仁，報國之勇，雖非自棄於流品之外者之所能，然尙可望由於生質之美而得之。至於開闔變動，所謂爲將之略者，則非有事於學焉必不可。即如行軍必先知其地，知地必資圖繪，圖繪必審測量；如是，則所謂三角、幾何、推步諸學，不從事焉不可矣。火器致人，十里而外爲時一分，一機砲可發數百彈，此斷非徒袒奮呼迎頭痛擊者所能決死而幸勝也；於是則必講臺壘濠塹之事，其中相地設險，遮扼鉤連，又非不知地不知商功者所得與也。且爲將不知天時之大律，則暑寒風雨，將皆足以破軍。未聞遵生之要言，則疾疫傷亡，將皆足以損衆：二者皆紮營駐地息息相關者也。乃至不知曲線力學之理，則無以盡砲準來復之用。不知化學漲率之理，則無由審火棉火藥之宜。不講載力重學，又烏識橋梁營造？不講光、電、氣、水，又何能爲伏椿旱雷與通語探敵諸事也哉？抑更有進者：西洋凡爲將帥之人，必通知敵國之語言文字，苟非如此，任必不勝；此若與吾黨言之，愈將發狂不信者矣。若夫中國統領技倆，吾亦知之：不知道里而迷惑，則傳問驛站馬夫。欲探敵人之去來，則暫雇本地之無賴。尤可笑者：前某軍至大同，無船可渡，爭傳州縣辦差。近某軍紮新河，水嘯忽來，淹死兵丁數百。是於行軍相地，全所不知。夫用如是之將領，使之率兵向敵，吾國不亡，亦云幸矣，尙何必以和爲辱也哉！

我國的軍政人才既這樣不學無術，那末他們的所謂韜略是怎樣呢？他又接着說：

且夫兵之强弱，顧實事何如耳。又何必如某總兵所稱鋼頭鐵額如蚩尤，驅使虎豹如巨無霸。中國史傳之不足信久矣！演義流布，尤爲惑世誣民！中國武夫識字，所恃爲韜略者不逾此種，無怪今日營中多延奇門遁甲之家，冀實事不能，或迎此道制勝。哀哉！

再講到中國所練的新軍，名爲師行西法，實在卻師心自用，對於延聘來的敎習幾欲使他們「舍汝所學而從吾，」又那裏有成績呢？他在救亡決論裏又說：

曩者法越之事，北洋延慕德督數十人。洎條約既成，無所用之，乃分遣各營以爲敎習。彼見吾軍事多不可者，時議更張，各統領惡其害己也，羣然譟而逐之。上游籌所以慰安此數十人者，於是乎有武備學堂之設。既設之後，雖學生年有出入，尚未聞培成何才，更不聞如何器使。此則北洋練兵練將不用西法之明徵。夫盜西法之虛聲而沿中土之實弊，此行百里者所以半九十里也於乎！其亦可悲也已！

海權的重視和忽視

就是講到這種不澈底的整軍經武，也大都注意陸軍而不注意海軍。雖有像沈葆楨那樣有遠見的人起來造就海軍人才，也無如勢力的薄弱。李鴻章雖比較前進，然掣肘既多，加以自大的習氣使他不免自滿，所以嚴復在當時對於中國海軍的前途非常憂慮，他在法意第二十一卷第九章裏說：

> 往讀美人馬翰所著海權論諸書，其言海權所關於國之盛衰強弱者至重。古今未有能奮海權而其國不強大者。古希臘羅馬，皆海國也。希臘用蕞爾國，而能與強大波斯抗者以此。韓尼泊 (Hannibal) 引加達支之師，轉而入羅馬，勢如破竹矣，卒不能制羅馬死命者，坐羅馬有海軍而韓尼泊無之耳。至於後世，拿破崙竭十餘年之力以圖英，顧事

不成，終爲所困，亦以舟師先爲英人所獲故也中間若荷蘭，若波陀牙（按即葡萄牙，）若斯巴尼亞，方其遞爲强國，狎主齊盟，皆當海權極盛之時代。此實證諸歷史，可謂不遁之符者已。吾國開闢以來，國家擁一統無外之規，常置海權於度外，至於今其弊見矣。自與各國相見以來，失敗原因，莫不坐此。顧議者夢夢，尚持棄海從陸之談。嗟乎！使棄海而從陸，則中國終古爲雌。將以建國威，銷敵萌，與外人爭一旦之命者，可決然斷其無此事也。

在二十一章裏他又說：

英法禁俄不得以黑海艦隊出君士坦丁海門。而各國有事，海界皆所嚴畫者也。加以近世漁業盛行，此後海上之紛，當不亞於大陸。支那海軍單弱，庭戶漂搖，而當軸諸公，方注意陸軍，吾恐他日禍發所防之外也。

四　教育的爲仕和善羣

中西的教育也因鵠的不同而方法大異。中國所求的是「學優則仕，」在上者的所謂教育便是造就入仕的人才，在下者的所蘄嚮也以仕途爲歸宿。所以除爲仕的教育以外，其他一切凡民所以相生相養之道都可以不需教育。那末最高不過造就少數治理百姓相生相養之道的人才，至於一羣中相生相養之道的根本缺陷，便無由改進了。至於西方則教育的鵠的是善羣，要使他們的國家富強，一定要使每一個百姓都受到良好的教育，盡其人道完全的分量。凡是可以善羣之道，都是教育者所宜講究的。所以中國的教育僅僅造就少數御用的人才，而西方的教育卻可以富強他們的國家。在王介甫上仁宗皇帝言事書後嚴復曾加批語道：

> 執此篇之言，以勸今世諸文明國之所為，則其用意操術之異，衆矣。蓋此篇所謂陶冶人才者，凡以為國家之用而已，凡以為人主之所取任而已！而今世文明國之所謂不然。彼謂人道有宜完之分量；而人羣以相生養而存，非教無以合羣，非學無以為完全之量。是故教育者，欲人人知職分之所當為，性分之所固有已耳；非必拔植其躬以為人才，以為國家所官使而修政臨人也。顧就令為此，將其人不過為通功易事之一途，於以善其羣之相生相養已耳，未見其於餘民為獨重也。國誠不可以無士，而無農商工賈焉，亦未見其能國也。苟謂士之所謂禮樂刑政，方有事於數學；而農商工賈之業，凡所以善其

事者，有待於學。尤無窮也。然則一國之民既莫不待教矣，而養之，取之，任之者，又誰屬也？是故今文明國之於民也，教與養所同也；而取任之道，歸之衆舉，視功詔祿，無所謂饒之以財；器與名俱，無所謂約之以禮；而法之所施，上下平等，則裁之以法者，固不僅於士而後然也。然中國以專制爲人羣惟一無二之治體，其所以爲教化者，遂於今日文明之治無往而恰合。若此篇所云云，其於士也，正不異歐洲三百年前之所以待宗教之徒，其於人羣之進步，雖爲之綦久猶無功也。自庚子以來，中國廢科舉，立學校，而責人材於斯，大抵取法西國；然不知其本源之甚異而不同，故愈益爲之而弊輒見。嗚呼！可憂也矣！

中國當時的教育既不是在造就每一個人都有獨立的人格，完成每一個人做人應有的分量，所以一切的教育制度教育方法都完全不合了。

五　宗教影響治化的差異

中國的教育既限於少數士的階級，所以全國人知識程度的相差也很遠，宗教信仰也因而不同。有的人還在崇拜多神教，有的人在崇拜佛教，有的人在崇信孔子，因爲崇信的眞誠和信宗教一樣，所以也可說是孔教。——這裏的所謂宗教，在中國一方面是泛指各色各樣的教，在西洋一方面是專指景教。中國雖有孔教，但不是一般小民都能得到它的陶冶的。雖有佛教，但是它的末流祇是以替人懺悔做功德來賺錢，已成商業化了。所以中國的小民幾得不到德育的陶冶。比起西洋的有景教，拿德育來陶冶一班小民的，自覺彼善於此了。在法意第十九卷第十八章裏他說：

> 斯賓塞爾嘗論之矣，教者隨羣演之淺深爲高下，而常有以扶民性之偏。今假景教大行於此土，其能取吾人之缺點而補苴之，殆無疑義。且吾國小民之衆，往往自有生以來，未受一言之德育，一旦有人焉臨以帝天之神，時爲耳提而面命，使知人理之要，存於相愛而不欺，此於教化，豈曰小補。今夫不愧屋漏，誠其意而毋自欺者，中國大人之學也，而彼中篤信宗教之婦人孺子往往能之。則其說之無邪，可以見矣。

再就宗教的禁制一般人爲惡講：在中國則古代的對天盟誓既不可用，講作惡的人自身的報應或子孫的報應又未必有驗；也不及西方景教的講靈魂受罪的來得使人可怕使人崇信。在法意第八卷第十三章裏他又說道：

復案：宗教之於民重矣。中國於三代最隆，故師旅邦國之事，得以盟誓臨之，而社會之相維以固。自宋元以降，士大夫之談道愈精，而監觀有赫之情愈淺，而盟誓之用微矣。又中國之言天罰也，必就其身與子孫而徵之。而西國之言神譴也，不存於形體，而受以靈魂。夫天道浩渺難言，形體或緣無徵而不信，靈魂則以無盡而莫逃：此二者維持社會之功，所以又各異也。

中西宗教影響於兩方面風俗的最不同的，便是對怨仇所抱持的態度了。在中國怨仇之結往往歷世不解，為了對一個人的仇恨，不惜毀滅他的家庭，像東漢的蘇謙被李嵩按罪瘐死在獄裏，謙子不韋就殺死李嵩的妾和子，毀壞李嵩父親的墳墓。這種行為，卻能得一般人的稱許。但在西方，則對於仇怨，片言可釋。在法意第二十四卷第十七章裏他說：

復案：宗教為物，其關於陶鑄風俗者，常至深遠。觀東西二土之民，其於怨仇，可以見矣。西之宗教，重改過宥罪，曰此教徒之天職也。雖有至深之釁，使犯者聲言歉衷，以自謝於受者，則舊怨可以立捐。乃至張脈僨興，往往拔刃相向，或有為之解紛，則杯酒片辭，化仇讎而為石交者，尃恆有之，其受謝者不為弱懦，而度量恢廓為人所稱。脫既解矣，而猶以舊怨相繩，則其人必爲國人所不齒，此西國之俗也。至於吾俗，乃大不然。讐之既生，銜者次於骨髓，遷怒及其親戚，尋仇延乎子孫。卽有居間排難之家，以勢相臨，若不得已，雖曰解仇，察其隱微，固未嘗釋也。其居心如是，其揣人亦然。緼火常伏，其發也，特待時而已。故其民之相遇也，刻鷙感憤之情多，而豁達愷悌之風少也。嗚呼！此固宗敎使之然耳！夫春秋號經世，而齊桓滅紀，所不忘者，哀侯九世之讎，然而經大之矣。惟二俗之行，其於社會利害相遠，此不具論。吾所持者，特指東西國俗之殊與其致此之各有由而已。

對於這種宗敎之異，表顯在事實上的，便是中國人不惜乘人之危來圖報復，西方人卻往往相反。在法意第二十一卷第十七章裏他說：

> 復案：景敎最禁乘人危而爲己利。遇險忘己相援，尤相矜爲高行，不問同種與異族也。英國賓星多品，其最貴者曰維多利亞十字，已故君王后之所制也。臨敵衝鋒陷陣，著奇功瑰節，而後得之，然不多覯。獨平日冒險救人，本於仁心，事跡衆著，則往往得之。憶道光間，姚君石甫觀察台灣，有波陀牙船遭風入淡水港。當是時，貪攘之風甚盛，居民掠焚其舟，拘其衆。姚不加察，以獲醜入告，朝廷以異數酬庸。及廣州議和約，西人以此事幷案，

有煩言。使者琦善疏其事，與前奏絕異，奉旨逮問。張亨甫方家居，聞之，徒步七千里，入都謀營救，道死楊椒山祠。天下氣節之士，咸是石甫亨甫而訾琦善。

六　學術的眞僞

文字的適用和不適用

一切學術都靠語言文字來傳佈，來保存。但語言文字的創造不是爲了要保存或傳佈學術的，所以用來傳佈或保存學術，往往覺得不够。因爲語言文字因着歷史的演變，往往歧義紛繁，不足以做傳達學術的工具。關於這點，是中西所同的。不過西方人於每一種學術有了深刻的研究以後，都別鑄新詞，每一個新詞都有嚴格的界說；這樣，這種缺憾就可以彌補了。中國人沒有做過這種工夫，所以中國的語言文字用來傳佈或保存學術，往往會得殽亂了學術的眞相。在名學淺說第二十九節裏嚴復說：

故凡字名有二三義難以分明，而易爲用思談辯之累，事理因以糾棼者：此在名法諸家，謂之多岐之字。一國文字，雖彼善於此，然總以多岐之字爲多，十恆處其八九。欲尋定義無岐之字，除科哲諸學所新鑄名詞而外，殆不多覯。且往往其始雖屬單訓純一，自經無學人販用術異，而其義遂如遊騎無歸。而聽者以意各爲之解，岐義因以日出。此如今日之新名詞，如權利、義務、司法、自由等語，莫不皆然。

在第六十七節裏他講到研討名學時，對於我國固有的語言文字的不够用道：

且將見吾國之文字語言，以之事精審致知之科，非大加釐訂改良，有萬萬不可用者。卽如動物二字，此出周禮，與植物之名對峙。至於今且據以分科，似無錯誤矣，而孰知有大謬不然者。何以言之？緣不獨草木之中，有觸痒之木，有捕蠅之草，及一切異草詭卉，其能自動，幾無異於諸蟲。而此外尙有微細黴菌，其往來騰躍，亦無異小蟲焉。夫黴菌、小草木也，而能自動如此，然則動物之名，殆非有毛肉口竅者所得專用明矣。況其事不止此，今若取泥塡沙礫之極微，置之新降雨水之中，試用有力顯鏡窺之，將見盪泱往來，無殊孑孓；此亦自動之物，亦將以爲蟲乎？是知以諸蟲爲動物與以動物總諸蟲者，於名皆無有當。夫動植至大之名也，而其不可用如此；是以不佞常戒後生，欲治物理稍深之科，爲今之計，莫便於先治西文，於以通之，庶幾名正理從，於所思言不至棼亂。必俟既通者衆，還取吾國舊文而釐訂之，經數十年而後，或可用也。豈得已哉！

這樣，中國文字一定要借徑於西文，而後可收釐訂改良之功，那末兩者的優劣，也就不言而喻了。

學術的心成和實測

講到學術，在中國的未嘗不持之有故，言之成理，不過追根究柢，它的立脚點大都不可靠。譬如醫學裏的以五臟分屬五行，於是推衍出許多道理，像以肝屬火，就火再推出性熱等等。不知五臟分屬五行的立脚點已沒有根據，不過本於一種心成之說罷了；那末其他的推衍，當然也不可靠了。至於西方的學術，他們除了應用推衍的演繹法以外，還注重建立學說的根據的歸納法。一定要有許多確切不移的證據，才能建立一條定例，所以他們的學術，都可靠而不可動搖。在穆勒名學部乙第五節裏他說：

> 穆勒言成學程途，雖由實測而趨外籀（按即演繹法，）然不得以旣成外籀，遂與內籀（按卽歸納法）無涉。特例之所苞者廣，可執一以御其餘，此言可謂見極。西學之所以翔實，天函日啓，民智滋開，而一切皆歸於有用者，正以此耳。舊學之所以多無補者，其外籀非不爲也，爲之又未嘗不如法也（案如醫學中推衍五行之說是，）第其所本

者，大抵心成之說；持之似有故，言之似成理，媛姝者以古訓而嚴之，初何嘗取其公例，而一考其所推概者之誠妄乎？此學術之所以多誣，而國計民生之所以病也。中國九流之學，如堪輿，如醫藥，如星卜，若從其緒而觀之，莫不順序；第若窮其最初之所據，若五行干支之所分配，若九星吉凶之各有主，則雖極思，有不能言其所以然者矣。無他，其例之立，根於臆造，而非實測之所會通故也。

中國不但九流的學術不可靠，就是宋明以來的陸王之學也不可靠。它的所以不可靠，就是立脚點不由實測和西方的學術不同的緣故。在救亡決論裏他又說

夫陸王之學，質而言之，則直師心自用而已。自以為不出戶可以知天下，而天下事與其所謂知者，果相合否？不徑庭否？不復問也。自以為閉門造車，出而合轍，而門外之轍與其所造之車，果相合否？不齟齬否？又不察也。嚮壁虛造，順非而澤，持之似有故，言之若成理；其甚也，如驪山博士說瓜，不問瓜之有無，議論先行蜂起，秦王坑之，未為過也。蓋陸氏於孟子獨取良知不學，萬物皆備之言，而忘言性、求故，既竭目力之事，惟其自視太高，所以強物就我。後世學者，樂其徑易，便於惰窳傲慢之情，遂羣然趨之，莫之自反。其為禍

也始於學術，終於國家。故其於己也，則認地大民衆爲富強，而果富强否，未嘗驗也。其於人也，則神州而外皆夷狄，其果夷狄否，未嘗考也。抵死虛憍，未或稍屈；然而天下事所不可逃者，實而已矣，非虛詞飾說所得自欺，又非盛氣高言所可持劫也。迨及之而知，履之而艱，而天下之禍固無救矣。……

然而西學格致，則其道與是適相反：一理之明，一法之立，必驗之物事。物事而皆然，而後定之爲不易。其所驗也貴多，故博大；其收效也必恆，故悠久；其究極也，必道通爲一，左右逢源，故高明。方其治之也，成見必不可居，飾詞必不可用，不敢絲毫主張，不得稍行武斷，必勤、必耐、必公、必虛，而後有以造其至精之域，踐其至實之途；迨夫施之民生日用之間，則據理行術，操必然之券，責未然之效，先天不違，如土委地而已矣。

這又顯見中西爲學的不同了。對於良知說，他在穆勒名學部乙第五節裏又說：「心體爲白甘，而閱歷爲采和，無所謂良知者矣。」認一切德術智慧皆由積累得來，根本沒有所謂「不學而能」「不慮而知」這件事的。

研究書本和研究自然

其次中國的學術主於守故訓，西洋的學術主於崇新知。中國治學的途徑爲研究書本，西洋治學的途徑則以研究自然爲第一義，研究書本不過用來做研究自然時的參證和預備工夫。在原強篇裏他說道：

西洋晚近言學，則先物理而後文詞，重達用而薄藻飾。且其敎子弟也，尤必使自竭其耳目，自致其心思，貴自得而賤因，喜善疑而愼信。故其名數諸學，則藉以敎致思窮理之術。其力質諸學，則假以導觀物察變之方。而其本事，則筌蹄之於魚兔而已矣。故赫胥黎曰：「讀書得智，是第二手事。唯能以宇宙爲我簡編，名物爲我文字者，斯眞學耳。」此西洋敎民要術也。而回觀中國則何如？夫朱子以卽物窮理釋格物致知是也，至以讀書窮理言之，風斯杜下矣。且中土之學，必求古訓，古人之非既不能明，卽古人之是亦不知其所以是。記誦詞章既已誤，訓詁注疏又甚拘；江河日下，以至於今日之經義八股，則適足以破壞人才，復何民智之開之與有耶？以是爲學，又何怪制科人十九鵠突於人情物理，轉不若農、工、商、賈之有時而當也。今之嵩目時事者，每致歎於中國讀書人少，自我觀之，如是敎人，無寧學者少耳！

功利和道義的分合

在中國學術界有一種普遍的現象，便是諱言功利主義。從孟子特別注意義利之辨以來，學者都以道義做人道的極則，對於功利的倡導都認爲極不道德的事。但在西洋則正有人標榜功利主義，並且恰恰和中國相反，一切都拿功利來衡量，拿有功有利來做人道的極則，但結果卻和道義一一相合。在原富部甲篇八裏他說：

案民之所以爲仁若登，爲不仁若崩，而治化之所以難進者，分義利爲二者害之也。孟子曰：「亦有仁義而已矣，何必曰利！」董生曰：「正誼不謀利，明道不計功。」泰東西之舊敎，莫不分義利爲二塗，此其用意至美，然而於化於道皆淺，幾率天下禍仁義矣！自天演學興，而後非誼不利，非道無功之理，洞若觀火，而計學之論，爲之先聲焉。斯密之言，其一事耳。嘗謂天下有淺夫有昏子而無眞小人；何則？小人之見，不出乎利，然使其規長久眞實之利，則不與君子同術焉，固不可矣。人品之下，至於穿窬極矣，朝攫金而夕敗露，取後此凡所可得應享之利而易之，此而爲利，則何者爲害耶？故天演之道，不以淺夫昏子之利爲利矣，亦不以谿刻自敦濫施妄與者之義爲義，以其無所利也。庶幾義利合，民樂從善，而治化之進不遠歟！

學術的混析

中西學術的差異，還有混析二者。在西方，近代以來學術都從渾雜而分割。譬如哲學，在古代拿它來指「知識的獲得」和「永恆物的認識。」到了近代，一方面神學和哲學脫離而獨立，他方面各種特殊科學又和哲學分離，便是一例。但在中國，一切學術依然渾而未劃。在法意第十九卷第十七章裏他說：

往者湘鄉曾相國有言：古之學者，無所謂經世之術也，學禮焉而已。周禮一經，自體國經野以至酒漿、巫卜、蟲魚、天鳥，各有專官，察其纖悉。杜氏春秋釋例，歎邱明之發凡。仲尼之權衡萬變，大率秉周舊典，故曰周禮盡在魯矣。唐杜佑通典，言禮居其大半，得先王經世遺意。宋張子朱子益崇闡之。清代巨儒輩出，顧氏以扶植禮教為己任。江愼修纂禮書綱目，洪纖畢舉。而秦氏修五禮通考，自天文、地理、軍政、官制都萃其中，旁綜九流，細破無內。惜其食貨稍缺，嘗欲集鹽漕賦稅別為一編，附於秦書之後；非廣己於不可畔岸之城，先聖制禮之體，其無所不賅，固如是也。其為言如此。然則吾國之禮，所混同者，不僅宗教、法典、儀文、習俗而已，實且舉今所謂科學歷史者而彙綜之矣。禮之爲事，顧不大邪？

他又本儒者的紛爭，推究於學術、宗教的混而未分道：

中國趙宋以前之儒者，其所講者，固不外耳目踐履之近者也。其形上者，往往求之老佛之書。自宋之諸儒，始通二者之鄖，大明乎下學上達之情，而以謂性與天道，即見於可得聞之文章，則又痛闢乎二氏之無當。自陸王二子，主張良知，而永嘉經制之學，乃逐物破道，愈爲儒敎偏宗，非其所尚者矣。顧自今以西學眼藏觀之，則惟宗敎而後有如是之紛爭，至於學界，斷斷不宜有此。然則中國政家，不獨於禮法二者不知辨也，且舉宗敎、學術而混之矣。吾聞凡物之天演深者，其分殊繁，其別異晳，而淺者反是，此吾國之事，又可取爲其例之證者矣。

這是說學術是重在眞僞，宗敎是重在信仰。眞僞的辨別，可以拿各人的根據可靠不可靠來決定，是可靠的是眞的都是可信的，否則便不可信，這是很明白的事，用不到紛爭。至於宗敎是重在信仰，既然講信仰，當然不講理智、不辨眞僞，所以它的紛爭也無法解免了。中國的學術而也鬥起無法解免的紛爭夾，所以他要說中國是「舉宗敎學術而混之」了。

至於混劃之分，正顯得進化遲和進化早的分別，這在上「演化論」裏已討論過了。

七　風俗的差異

離心力和向心力

中西以政教的不同，影響於雙方風俗的差異的，嚴復叫它做「離心力」和「向心力。」有了向心力便構成了一個堅強的活躍的社會，失了向心力變成了離心力便成爲一個散漫的、沒有生氣的社會了。他在論中國之阻力與離心力裏說：

離心力者，由萬物極微合來，內具向心力，若失其互相吸引之性，而每點各相推移，可使本物失其形性而化爲烏有。然則離心力之情狀何如？其情狀之可見者：朝野乂安，除外侫之外，晏然無事。野無盜賊，卽偶有亦旋擒蒐盪平之。士林無橫議，布帛菽粟之談，遠近若一，卽有佻達，亦其小小。朝士彬彬，從容文貌，威儀繁縟，踰於古初聽天下之言，無疾言也；觀天下之色，無遽色也；察天下之行事，無輕舉妄動也。四百兆之人，遂如雲物之從風，夕陽之西下，熟視不見其變遷，踰時卽泯其蹤跡。其爲慘慄，無以復踰；究其本原，其細已甚。

這兩者的差異在什麼地方呢？向心力是每一個份子都有活躍的推進這個社會組織的力；因為是活躍，所以他的精力貫注到各方面去，不沾沾於名利之途；因為有推進社會的願力，所以有許多活力都用到這一條路上去，於是社會也就一天天進化了。至於中國的離心力，那是社會缺乏活力，一切的活力都被社會無形的束縛所壓住了。就是有推進社會的願力，也被社會上無形的束縛所消磨了。這兩者就顯得離心和向心的差異了。他又說：

嘗謂歐人之富強，由於歐人之學問與政治，當其聲、光、電、化、動、植之學之初發端時，不過一二人以其餘閒相討論耳。或著一爐一釜，凡得金石，舉加熱以察其變化。或揉貓皮，擦琥珀，放風箏，以玩其相吸。或以三角玻璃映日以觀其采色。或見水化汽時鼓動其器之蓋，而數其每時之動。其尤可笑者，或與禽獸同臥起以覘之。其始一童子之勞，鍥而不舍，積漸擴充，遂以貫天人之奧，究造化之原焉。以若所為，若行之中國，必羣目之曰獃子！天下之善政，自民權議院之大，以至洒掃臥起之細，當其初均一二人託諸空言，以為天理人心，必當如此，不避利害，不畏艱難，言之不已，其言漸著，從者漸多，而世事遂不能不隨空言而變，以若所爲，若移之中國，又必羣議之曰病狂！其非薄揶揄，不堪視聽。或微訶婉諷，或目笑不言；始事者本未有心得之眞，觀羣情如此，必自疑其所學之非，而因之棄去。故不必有刀鋸之威，放流之禍，僅用獸狂二字，已足沮喪天下古今人材之進境矣。

婚姻問題

其次是婚姻問題。中國因爲把婚姻認做延嗣續的重大問題，所以無後是不孝，多子是幸福。婚姻問題早煩家長的計慮，當事人往往做了被動，這和西人恰恰相反。所以結果是對子女不能全力教養，徒造成國家的過庶。嚴復在法意第二十三卷第十六章裏說：

歐洲有教之民，方其爲學不娶，方其執兵不娶。學成立業矣，非歲入逾二百鎊不娶。既娶之後，使家非至饒，則所生不願逾二子女，後且以術止之。蓋恐所生或多，則其力不足辦教育也。惟中國之事不然，使其家饒資財，婚嫁常不出十七八，人人以多子爲莫大之幸福，而無子爲天罰。雖然，子生之後，未嘗爲之辦教育，計深遠也，慈者不過多與財耳。夫以不教之子，受易得之財，往往揮霍紛紜，爲當身之大患。竊嘗怪西國有數百千年之貴族，而中國自宋元以降，則幾於無世家；身爲將相守宰，數世之後，降在皁隸者，蓋比比然，是可以思而得其故矣。

中國的婚姻問題還有一夫多妻制，這和西方又是不同的所在。在法意第十六卷第六章裏他又說：

> 中國多婦之制，其說原於周易，一陽二陰，由來舊矣。顧其制之果爲家門之福與否？男子五十以後，皆能言之。大抵如是之十家，其以爲苦境者殆九。而子姓以異母之故，貌合情離，甚或同室操戈，沿爲數世之患，而吾國他日大憂，將在過庶，姑勿論也。

民風的優劣

其次是中國民風的萎靡和西洋的尚武奮發又不同。在西洋是體育和智育德育並重的。至於中國呢？我們祇要一看服色就可知道了。在法意第十卷第十二章裏他說：

> 褒衣大袑，儒者之飾也；而五色奇服，固前代至今所不禁。而侍女添香，宮人執扇，唅雞舌，冠鵔鸃，皆先朝法制，廊廟猶且用之，況閭巷乎！國朝（指清）入關，言其衣冠，賢於前代遠矣；而編髮之制，猶或非之。近者州里無賴少年，爲覆額之髮，鬖鬖然以同於女子爲美，上不之強而自爲之，是尙有幾微之武德者乎？則謂之服妖可耳！

其次是中國民風所好尚的大概是低級的趣味，和西方的民風恰恰相反。這在演劇上也可以看出來的。在法意第二十五卷第二節裏他說：

顧入國而觀其劇之所彰癉，可以得其民之所謂德行者，爲何若也。吾民之言善也，常喜奇瑰而薄中庸，故其於劇亦然；每演忠孝節烈之事，常欲以過情出之，慘刻之意多而樂易之風寡。又其意以輕生爲大難，而以此爲人道之極軌；而不知其所歡忭贊歎者，皆野蠻之道德而非文明之道德也。是故斯民之好善雖同，而不學無化之好善，與學問開化者大有異。此則講新民之業者，所不可不知也。

其次是中西風俗的眞僞也不同，那祇要拿度量衡三者來看就得了。在原富部丁篇三裏他說：

中國度量衡三者之紛，自宋代而已然。故蘇明允言東家之尺，而較之西家則若十指然。此其煩耗心力，費時滋弊，分則見少，積則至多，所以沮遏生財之機已爲大害矣！而售欺長僞，叢弊啓奸，所以爲民德風俗之禍者尤鉅。我不意中國號爲文明者四千餘年，而於民生最急之端，壞亂至於此極！

這種不好的風俗的造成，當然也由於理財的人不能切實來做整頓的工作，而民間的對於切身問題不能自己起來糾正，也不可說非風俗的敗壞了。

八　中西文化差異的根原

地理的一統和破碎

綜上面所說看起來，「中西文化無論在各方面都有顯著的不同，這種不同的根原是在什麼地方呢？嚴復說一是由於環境。因為雙方所處的環境不同，所以對於文化的一切也都成異樣了。中國的地理利於一統，一統則一切爭競的事在上者都以為不利，而民的聰明才力，無所發舒，故無進化可言。歐洲的地理利於列國分治，分治則相互爭競，爭競則民的才力日進，故不自知的日趨進化了。在他的擬上皇帝萬言書裏說：

臣聞建國立羣之道，一統無外之世，則以久安長治為要圖；分民分土地醜德齊之世，則以富國強民為切計，此不易之理也。顧富強之盛，必待民之智勇而後可幾；而民之智勇，又必待有所爭競磨礱而後日進，此又不易之理也。歐洲國土，當我殷周之間，希臘最盛，文物政治，皆彬彬矣。希臘中衰，乃有羅馬，——羅馬者，漢之所稱大秦者也。——庶幾一統矣。繼而政理放紛，民俗抵冒，上下爭利，背公營私。當此之時，峨特日耳曼諸種起而乘之。蓋自是歐洲散爲十餘國焉，各立君長，種族相矜，互相砥礪，以勝爲榮，以負爲辱；蓋其所爭不僅軍旅疆場之間而止，自農工商至於文詞學問，一名一藝之微，莫不如此。此所以始於相忌，終於相成，日就月將，至於近今百年，其富强之效，遂有非餘洲所可及者。雖曰人事，抑亦其地勢之華離破碎使之然也。

至我中國：則北起龍庭天山，西緣蔥嶺輪臺之限，而東南界海，中間數萬里之地，帶山礪河，渾整綿亙，其地勢利爲合而不利爲分。故當先秦魏晉六朝五代之秋，雖暫爲據亂，而其治終歸於一統。統既一矣，於此之時，有王者起，爲之內修綱維而齊以法制，外收藩屬而優以羈縻，則所以禦四夷而撫百姓，求所謂長治久安者，事已具矣。夫聖人之治理不同，而其求措天下於至安而不復危者，心一而已。聖人之意，以謂天下已治已安矣，吾爲之彌綸至纖悉焉，俾後世子孫謹守吾法，而有以相生養相保持，永永樂利，不可復亂，則治道至於如是，是亦足矣，吾安所用富强爲哉！是故其垂謨著誡，則尙率由而重改作，貴述古而薄謀新。其言理財也，則崇本而抑末，務節流而不急開源，戒進取，敦止足，要在使民無凍餒而有以剩豐歉供租稅而已。其言武備也，則取詰奸宄，備非常，示安不忘危之義，外之無與爲絜長度大之勁敵，則無事於日講攻守之方，使之益精益密也。內之與民休息，去養兵轉餉之煩苛，則無由蓄大支之勁旅也。且聖人非不知智勇之民之可貴也，然以爲無益於治安而或害吾治；由是凡其作民厲學之政，大抵皆去異尙同而旌其諄良謹愨者，所謂豪俠健果重然諾立節概之風，則皆懲其末流而黜之矣。夫如是，數傳之後，天下靡靡馴伏，易安而難危，亂萌無由起，而聖人求所以措置天下之方，於是乎大得，此其意亦非必欲愚黔首，利天下，私子孫也，以爲安民長久之道，莫若此耳！

社會的宗法和軍國

第二是由於社會進化的階段不同。中國的社會還不曾脫離宗法，這和西方的社會已進入軍國的完全不同因進化的一遲一速，所以中國的文化一切也都呈落後的現象了。在社會通詮的序言裏他說：

異哉吾中國之社會也，夫天下之羣衆矣，夷考其進化之階級，莫不始於圖騰，繼以宗法，而成於國家。方其爲圖騰也，其民漁獵；至於宗法，其民耕稼；而二者之間，其相嬗而轉變者以遊牧，最後由宗法以進於國家，而二者間，其相受而蛻化者以封建。方其封建，民業大抵猶耕稼也；獨至國家，而後兵農工商四者之民備具，而其羣相生相養之事乃極盛，而大和強立，蕃衍而不可以剋滅；此其為序之信，若天之四時，若人身之童少壯老，期有遲速，而不可或少紊者也。

吾嘗考歐洲之世變，希臘羅馬之時尚矣！至其他民族，所於今號極盛者，其趾封建，略當中國唐宋間，及其去之也，若法若英，皆僅僅前今一二百年而已，何進之銳耶？乃還觀吾中國之歷史，本諸可信之載籍，由唐虞以迄於周，中間二千餘年，皆封建之時代，而所謂宗法亦於此時最備。其聖人，宗法社會之聖人也；其制度典籍，宗法社會之制度典籍也。物窮則必變，商君始皇李斯起，而郡縣封域，阡陌土田，燔詩書，坑儒士；其為法欲國主而外，無咫尺之勢，此雖霸朝之事，侵奪民權，而跡其所為，非將轉宗法之故以為軍國社會者歟？乃由秦以至於今，又二千餘歲矣；君此土者不一家，其中之一治一亂常自若，獨至於今，籀其政法，審其風俗，與其秀傑之民所言議思惟者，則猶然一宗法之民而已矣！然則此一期之天演，其延緣不去，存於此土者，蓋四千數百載而有餘也。嗟乎！歐亞之地雖異名，其實一洲而已。殊類異化並生其中，苟溯之邃古之初，又同種也。乃世變之遷流，在彼則始遲而終驟，在此則始驟而終遲。固知天演之事，以萬期爲須臾。然而二者相差之致，又不能爲無因之果，而文不能不爲吾輩今日之利害，亦已明矣。此不佞迻譯是編，所爲數番擲管太息繞室疾走者也。

中西文化的差異，都可以歸結到這兩點：地理的一統和華離破碎，社會的凝滯於宗法和進展到軍國。因爲列國紛爭，不得不相互競勝，競勝則不得不謀改進，一改進就是對舊的一切的破壞，於是社會由宗法進展到軍國，思想也是尊今賤古，貴新知而薄舊聞了。中國因爲利一統，一統則需安定不尙爭競，故宗法社會也延緣而不可去，一切都是尊古賤今了：這就是兩者進化觀念差異的根原。這樣推原到中西的政治思想，一在求社會的相安相養，故重分等差而貴服從；一在求社會的進步，故貴平等而重自由，不是和進化觀念的所以差異是一樣嗎？於是表現在政治上的：一是以君爲主體，一是以民爲主體。一政教合一，一政教分。一是三權分立，一是三權混而不分。於是一專制而一立憲。於是賦稅、軍政、教育、宗教和風俗等等都跟着分出差異來了。

儒教的束縛

不過在那篇敍文裏嚴復不是又說「然而二者相差之致，又不能爲無因之果。」照這樣說來，社會之所以凝滯於宗法而不進，又自有它的原因在。那末這個原因是什麼呢？在法意第八卷第二十一章裏他說：

老氏莊周，其薄唐虞，毀三代，於一是儒者之言，皆鞅鞅懷不足者，豈無故哉！老之言曰：「失道而後德失德而後仁失仁而後義，失義而後禮，禮者忠信之薄而亂之首也。」始吾嘗憮然憮然，不知其旨之所歸，乃今洞然若觀火矣，禮者誠忠信之薄而亂之首也。雖然，禮者既如此矣，藉今更爲之轉語曰：失禮而後刑，則不知於治之效又何若也。民主者以德者也，君主者以禮者也，專制者以刑者也；禮故重名器，榮榮寵，刑故行督責，主恐怖也。嗟乎！三代以降，上之君相，下之師儒，所欲爲天地立心，生民立命，且爲萬世開太平者，亦云衆矣；顧由其術，則四千餘年僅成此一治一亂之局而牛步未進，然則老莊之所訾謷者，固未可厚非；而西人言治之編，所以燭漫漫長夜者，未必非自他之有耀也。

在這裏他說中國所以「牛步未進，」是由於「儒者之言」的束縛政教。因爲儒家的學說是宗法社會的產物，本來中國社會因儒家的學說而使宗法的組織綿密，可是過此以後，儒家學說就來束縛社會使它「牛步未進」了。可見中國政教的所以不進是由於宗法，而宗法的所以不進是由於政教學術的束縛，兩者互為因果，造成不進的局面。

至於儒家的禮教所以足以障礙社會進步的，就因它本身有缺點。照社會的進化來看，最完美的大同世界一切都是合理化，沒有不平不公的地方。次一步的就需要提倡道德來補救社會的不合理，來求達到公平的路上去。再次一點的才是講階級講威儀的禮教，因為單靠道德已是不能維持社會的安定了，所以說：「禮者忠信之薄而亂之首」了。在社會通詮的國家之議制權分第十二裏他又說：

周孔者，宗法社會之聖人也，其經義法言，所漸漬於民者最久，其入於人心者亦最深。

也是在說學術的所以束縛社會使它不進的緣故。

第五章 變法論

嚴復既認中國的一切，上自政敎，下訖風俗；遠溯周孔之聖，近數宋明諸賢，沒有一事是足以趕得上西洋的。一切的政敎學術既是爲民爲國而設立，那當然也要爲民爲國而唾棄。中國的一切既然都要不得，那祇有全盤西化了。他在主客平議裏曾說：

政敎立所以爲民，非民生所以爲政敎也。使循古勿變而可馴致於強乎，則吾輩何必取高皇帝之法度而紛更之？誠情見勢屈，知非更始不爲功，則芻靈輜塗，固無取再凝之眯，此雖管葛生今，其爲術不外是也。如曰是莘莘者皆先聖所貽留也，宜守死而勿去，是則以國與民殉乎政敎，顧國亡民散之後，政敎亦無所託以爲存。智者所圖，固若是乎？

那末祇要爲民爲國，雖先聖之貽留應該拋棄的也不得不拋棄了。這段話他雖託之於當時激進者之口，但頗足代表他初期對變法的熱情。我們祇要看他的關韓裏說：

是故君也、臣也刑也、兵也，皆緣衞民之事而後有也，而民之所以有待於衞者，以其有強梗欺奪患害也。其有強梗欺奪患害也者，化未進而民未盡善也。是故君也者，與天下之不善而同存，不與天下之善而對待也。

那末要是社會而至於進步，雖當時人所認爲神聖不可侵犯的君主制度尙且要拋棄，更何有於聖人的法度呢！

一 運會的認識

變法的標準是什麼？那就要算運會的認識了。運會就是人世間一切政治、學術、宗敎、風俗等等所交織成的一種遷流，這種遷流因着時間的進展而有種種變動。這種變動的起來就預告社會上的法度已經不能安定社會了，那時能夠認淸這種變動而變法的便是能夠自強而不爲所淘汰了。他在論世變之亟裏說：

於乎！觀於今日之世變，蓋自秦以來，未有若斯之亟也。夫世之變也，莫知其所由然，強而名之曰運會，運會既成，雖聖人無所爲力。蓋聖人亦運會中之一物，既爲其中之一物，謂能取運會而轉移之，無是理也。彼聖人者，特知運會之所由趨而逆覩其流極。唯知其所由趨，故後天而奉天時；唯逆覩其流極，故先天而天不違，於是裁成輔相而置天下於至安。後人從而觀其成功，遂若聖人眞能轉移運會也者，而不知聖人之初無有事也。

那末怎樣去認識運會呢？就當前的環境說，自然在討究西洋的所以富強和中國的所以貧弱了。但這種討究一定要掃除自大的客氣和自私的心理，才能够有所認識。在論世變之亟裏他又說：

中國幅員之廣遠，文治之休明，度越前古。遊其宇者，自以爲横目冒⿰齒彡之倫莫我貴也。乃一旦有數萬里外之荒服島夷，鳥言夔面，飄然戾止，叩關求通；所請不得，遂爾突我海疆，虜我官宰，甚而至焚燬宮闕，震驚乘輿，當是之時，所不食其肉而寢其皮者，力不足耳！謂有人焉，忸怩俔俔，低首下心，講其事而咨其術，此非病狂無恥之民不爲者也。然至於今之時，則大異矣。何以言之？蓋謀國之方，莫善於轉禍而爲福；而人臣之罪，莫太於苟利而自私。夫士生今日，不覩西洋富強之效者，無目者也；謂不講富強而中國自可以安，謂不用西洋之術而富強自可致，謂用西洋之術無俟於通達時務之眞人材，皆非狂易失心之人不爲此！然則印纍綬若之徒，其必矯尾厲角，而與天地之機爲難者，其用心蓋可見矣。故其端起於士大夫之怙私，而其禍可至於亡國滅種！

爲什麼「與天地之機爲難」就有亡國滅種的禍患呢？那因爲運會的造成就是一種時

代潮流，這種時代潮流不是任何權力能够抵抗的，要遏塞它，結果祇釀成更大的潰決。在論世變之亟裏他又說：

道咸以降，不得已而運有廿三口之開。此郭侍郎所謂天地氣機，一發不可復遏，士大夫自怙其私，求抑遏天地已發之機，未有能勝者也。自蒙觀之，夫豈獨不能勝之而已，蓋未有不反其禍者也。惟其遏之愈深，故其禍之發也愈烈。不見夫激水乎？其抑之不下，則其激也不高。不見夫火藥乎？其塞之也不嚴，則其震也不迅。三十年來禍患頻仍，何莫非此欲遏其機者階之厲乎！且其禍不止此，究吾黨之所爲，蓋不至於滅四千年之文物，而馴致於瓦解土崩，一渙而不可復收不止也！

二　道法的辨別

時代潮流雖然有不斷的演變，但在這演變的中間也自有不變者在。一定要認清孰爲當因時變革，孰爲歷世不變，才能對於變法知所藉手。這種變不變的差異，在嚴復便稱之爲道法的差異。什麼叫做道呢？他在闢韓裏說：「道之大原出於天。」「老之道，其勝孔子與否？抑無所異焉？吾不足以定之。至其自然，則雖孔子無以易。」那末所謂道者就是順乎自然的意思。法之所以要變，也是須順自然，順自然這一種「道」是不變的。倘然要說得具體一點，那在他的擬上皇帝萬言書裏說：

> 天下有萬世不變之道，而無百年不變之法。蓋道者有國有民所莫能外，自皇古以至今日，由中國以訖五洲，但使有羣，則莫不有其相爲生養相爲保持之事；既有其相生養相保持之事，則仁義忠信公平廉恥之實，必行於其間，否則其羣立衰，種亦寖滅。至於法則不然，蓋古之聖賢人，相一時之宜，本不變之道，制爲可變之法，以利其羣之相生養相保持而已。是以質文代變，自三代而已然；即有神聖祖宗明諭切戒，所以期其子孫世守者，意亦曰使內之民焉，外之敵國焉，常無異於今，則吾之法制固可以措天下於至安而歷久無弊；必不曰情異事遷，世變方亟，所立之法，揆諸事理不可復通，猶責子孫令謹守其法以至危亡也明矣。

這裏說人羣有相生養相保持之事，而產生出仁義忠信公平廉恥這幾種根本原則來，這些就是所謂道。因爲有了人羣，自然有相生養相保持的事情發生，有了相生養相保持的事情，自然有仁義忠信公平等等的基本原則產生，這就是解釋道是順着自然產生的。因爲道是順着自然產生的，所以爲組織人羣必需的要素，沒有不平不公的情事。至於法既制定於少數人，自未必能達到至公至平的境地。所以他又說：

> 且夫王者之大事，莫大於法祖而敬天矣。敬天則當察天意之所趨，法祖則當體貽謀之所重。天之意於何察？察之於億兆而可知；祖宗之貽謀於何體？體之於一己而可悟。

「敬天」就是尊重民意。民意所在，就是道的表現。因爲從相生養相保持中所產生的一切，原就是民意的自然要求。至於「法祖」就是體之於一己而制法，當時祖宗的制法既是體之於一己，那末在世移時異的現代，自然更使人感到變革的需要了。

三　體用一致和藝政的本末

中國因國弱民貧而需要變法圖強，這是當時大多數民衆的共同要求。但是所謂變法，到底是變一部份呢還是變全部？在變法進行時當以何者爲本何者爲末呢？這就有分岐的意見了。

中國自鴉片戰爭以後，國人震於西洋的船堅炮利，漸漸產生一種「中學爲體西學爲用」的論調。這種論調很快的被當時的士大夫所接受了。他們認爲西洋人所長不過在船炮等等形下的東西，至於政教學術還得讓中國獨步，所以祇要採取他們工藝的粗跡來補救我國的不足，就可以恢復過去的光榮和尊嚴了。

到了嚴復那時，「中學爲體西學爲用」之說依舊盤據在一般人的胸中，那末就是要變法也祇變水師陸軍等等好了。西學既是工藝的事，形下的粗跡，那末比起中學來，自然中學是主而西學是輔了。倘然這種學說能够成立，變法的呼聲豈不是多事嗎？況且體用兩字含有輕重的意思，西學的所以爲用，因爲它是工藝，是末而非本；中學的所以爲體，因爲它重政教，是本而非末。所以當時論西學的人又有西政本而西藝末的論調。故嚴復立論，建「體用一致」來破體用打成兩橛中西分出主輔的錯誤，又立「藝本政末」來矯正政本藝末的偏見。他在與外交報主人論教育書裏說：

> 善乎金匱裘可桴孝廉之言曰：體用者，卽一物而言之也。有牛之體則有負重之用，有馬之體則有致遠之用，未聞以牛爲體以馬爲用者也。中西學之異也，如其種人之面目然，不可強謂似也。故中學有中學之體用，西學有西學之體用，分之則兩立，合之則兩亡。議者必欲合之而以爲一物，且一體而一用之，斯其文義違舛，固已名之不可言矣，烏

望言之而可行乎！

其曰政本而藝末也，滋所謂顚倒錯亂者矣。且其所謂藝者，非指科學乎？名數質力四者，皆科學也，其公例通理，經緯萬端，而西政之善者，本斯而起。故赫胥黎氏有言：「西國之政，尚未能悉準科學而出之也；使其能之，其致治且不止此。」中國之政所以日形其絀，不足爭存者，亦坐不本科學而與公例通理違行故耳。是故以科學爲藝，則西藝實西政之本。設謂藝非科學，則政藝二者，乃並出於科學，若左右手，然未聞左右之相爲本末也。且西藝又何可末乎？無論天文地質之奧殫，略舉偏端，則醫藥通乎治功，農草所以相養，下洎舟車兵冶，一一皆富強之實資。邇者中國亦嘗儀襲而取之矣，而其所以無效者，正坐爲之政者，於其藝學一無所通，不通而欲執其本，此國財之所以糜而民生之所以病也。

若夫言主中學而以西學輔所不足者，驟而聆之，亦若大中至正之說矣；措之於事，又不然也。往者中國有武備而無火器，嘗取火器以輔所不足者矣；有城市而無警察，亦將取警察以輔所不足者矣。顧使由今之道，無變今之俗，是輒所不足者，果得之而遂足乎？有火器者遂能戰乎？有警察者遂能理乎？此其效驗，當人人所能逆推而無假深論者矣。一國之政教學術其如具官之物體歟？有其元首脊腹而後有其公府四肢，有其質幹根荄而後有其支葉華實，使所取以輔者與所主者絕不同物，將無異取驥之四蹏以附牛之項領，從而責千里焉固不可得，而田隴之功又以廢也。

辨明白了這數點，才可以講到全盤西化，所以變法一定要從根本變起而支節之改革爲無當了。故他又說：

輓近世言變法者大抵不揣其本而欲支節爲之，及其無功，輒自詫怪。不知方其造謀，其無成之理固已具矣，尙何待及之而後知乎！

四　變法的自然性

一切法制既是因時制定，那末時過境遷自然要起變革了。所以法的需要變革，也是順着自然的，不是任何人所能勉強的。在原富部丙篇一裏他說：

竊謂中士今日變局，將以鐵軌通達爲之大因。鐵軌所經既定之後，農、工、商三業循軌繞驛而興，不及十稔而天下之都會形勢重輕，徧地異矣。至於道通而民之動者日衆，耳目所觸日以殊前，其智慮云爲不得不從之而亦變，此不待甚智之士而後能決也。及今閒暇，不早爲之所，至其時猶欲循舊爲治，强方鑿而函員枘，其不大亂而敗者，不其寡歟？天不爲不裘者不寒，地不爲不舟者不水，惠吉逆凶，如是而已。法之變不變，豈吾人之所能爲哉？

祇要舉鐵軌來做例，就可以知道社會上因彼此交通的頻繁而相互影響，一切舊有的便不得不變。不但一國中是這樣，就是全世界也是這樣；不但一國的政制是這樣，就是一切的學術政教也都是這樣。所以他在法意第二十四卷第二十六章裏說：

> 歐洲之所謂教，中國之所謂禮。禮之立也由人，亦曰必如是而後上下安，人物生遂，得最大幸福焉耳，夫非無所爲而爲是以相苦亦明矣。聖人制禮者也，賢者樂禮者也，二者皆知其所以然而弗畔。雖然，弗畔矣，然亦可以爲其達節，此君子之所以時中而禮法不累於進化。至於愚不肖不然，或束於禮而失其所以爲和，或畔於禮而喪其所以爲安；由前將無進化之可言，由後將秩序喪亡而適以得亂。化不進者，久之則腐，亂者拂戾牴突，勢且不足以求存，凡此皆不足自宜於天演，而將爲天演之所棄者矣。

一切政法的變革既有其自然性，所以順着自然的變革去修正它固然最好，否則自己不變，必定釀成他人來代我變革，那末國家民族就不可問了。在原强裏他說：

善夫吾友新會梁啓超之言曰：萬國蒸蒸，大勢相逼，變亦變也，不變亦變也。變而變者，變之權操諸己；不變而變者，變之權操諸人。傳曰「無滋他族，實逼處此，」願天下有心人三復斯言，而早爲之所焉可耳！

五　變法的治標三策

中國的一切學術政制既都要變，並且又不能支支節節的變，那末講到全盤的西化，一定需要具體的計劃，按着先後緩急的次序來進行了。所謂先後次序的選擇，自然離不了治本治標兩者，這兩者以何爲急，那就要看當日的情勢了。當日的中國正當甲午戰敗以後，一切弱點完全暴露，外人已洞燭我們的虛實了。在擬上皇帝萬言書裏他說：

國之富強，民之智勇，竊以爲無一事及外洋者。而其所以獲全至今者，往者以外人不知吾虛實故耳。甲午以來，情見勢屈矣，然而未卽動者，以各國之互相牽掣故耳。故中國今日之大患，在使外人決知我之不能有爲，而陰相約縱，以不戰而分吾國；使其約既

> 定，雖有聖者，不能為陛下謀也。為陛下謀，務及此約未及之際，此臣所謂時至危急者也。
>
> 況客歲德人之占奪膠州，則外人意之所欲為，愈明白而不待更察矣。

處在這樣一個危急的情勢裏，要圖變法的根本大計，恐計劃沒有完成而瓜分之禍已經逼來了。所以在原強裏他說：

> 有一事焉，自僕觀之，則為標之所最亟而不可稍或遲緩者也。其事維何？曰：必朝廷除舊布新，有一二非常之舉措，內之有以慰薄海臣民之深望，外之有以破敵國侮奪之陰謀，則庶幾乎其有豸耳！

但是標本兩者也是不能獨立起來的，因了一時應急而先治標固是一種辦法，可是標一定要有本來做它的基礎，才能夠建立起來不致傾覆的。再進一步說，所謂標到底是什麼？本又是什麼呢？在擬上皇帝萬言書裏他又說：

> 蓋古今謀國救時之道，其所輕重緩急者，綜而論之，不外標本兩言而已。標者在夫理財經武擇交善鄰之間，本者存乎立政養才風俗人心之際。勢急則不能不先事其標，勢緩則可以深維其本。蓋使勢亟而不先事標，則將立見覆亡，本於何有！顧標必不能徒

立也，使其本大壞，則標非所附，雖力治標亦終無功。是故標本爲治，不可偏廢，非至明達於二者之間，權衡至審而節次圖之，固不可耳。夫欲審權衡，則必審察時勢，內政外交皆瞭然見其癥結之所在，而無影響之疑，此固事之大難者也。

標是在乎「理財經武擇交善鄰之間，」本是存乎「立政養才風俗人心之際，」兩者按着時勢，當以標爲急。但要定治標的策略，卻一定要瞭然於內政外交癥結之所在。我們看了中西文化比較論，便知道他對於內外情勢的如何瞭然了。於是就產生了治標之策。

聯各國之歡

第一策是聯各國之歡。因爲當前的危機，就是列強的瓜分中國。這時在東方：則日本新勝我國，開始它侵略我國的計劃。俄國因要找四時不凍海口，特地建設起西伯利亞大鐵道來，伸它的鐵蹄於中國，形成了日俄在中國的爭霸。在西方：則英國因防俄而有聯日的趨勢，俄亦聯德法以自重。所以當前的危機不出於日俄兩大陣線的鬥爭，便是列強妥協的瓜分中國，要挽救中國的危機和東方的危機，祇有中國自強起來，銷滅列强侵略的野心。所以他獻議光緒帝巡遊各國，考察他們的政敎風俗，和他們的領袖聯歡，宣示中國的變法維新，這樣使列強一新耳目，一切野心都可戢制了。擬上皇帝萬言書裏他說：

設今者，陛下奮宸斷，降德音，令計臣籌數千萬之款，備戰艦十餘艘為衞，上請皇太后暫為監國，從數百親賢貴近之臣，航海以遊西國；歷聘諸有約者與分庭抗禮，為言中國天子有意為治今之來者：願有以聯各主之歡，以維持東方太平之局，懷保中外之民人。斷自今，事之彼此交利，如通商，如公法，義所可許者，吾將悉許之無所靳。且吾將變法進治，俾中西永永協和，惟各國之助我；而其有陰謀無義，侮奪吾土地而蹂躪吾人民者，吾將與有義之國為連以禦伐之。夫如是，則不待陛下詞之畢，五洲稱聖明英武，而東方分爭之禍弭矣！

結百姓之心

第二策是結百姓之心。中國百姓經數千年政教的束縛，使他們馴伏而沒有發揚蹈厲的精神，使他們對於國家民族的危亡漠不關心，非有非常的舉動來鼓舞他們的精神，誘發他們愛國家愛民族的熱情，那末要想和西洋各國競勝就很難言了。所以他主張從各國聯歡回來，到各地去巡遊慰勞，讓百姓縱觀，一破從前主尊於上民賤於下非常隔膜的弊病，引起他們愛主愛國的熱情來。觀於甲午之戰全國大多數人的不關心國事，就可知這種計劃的重要了。在原強裏他說：

南北雖屬一君，彼此居然兩界。首善震矣，四海晏然，視邦國之顚危，猶秦越之肥瘠。合肥（指李鴻章）謂以北洋一隅之力，禦倭人全國之師，非過語也。此君臣勢散而相愛相保之情薄也。

當時人的所以不關心國事，豈不以主尊將貴，上下隔膜，百姓的應募入伍的，不過迫於飢寒，覬數金的口糧做生計而已，平日不過被重法所束縛那裏有愛國家愛種族的觀念呢！所以第二策是：

臣之愚計，欲請陛下於臣前言出洋回國，親至沿海各省，巡守省方，縱民聚觀嵩呼，瞻識共主。又爲躬閱防練各軍，誓誥鼓厲，振其志氣。近事俄皇卽位加冕與英國君王后金剛鑽喜，皆遊宴各部，聽民縱觀，親加勞慰，其時舉國之民，懽忭感泣，人人有戴主死敵不自顧之心，識者皆謂其民爲可用。夫中國之民，愛主之心亦猶是也，特陛下忽而遠之，故隱而不見耳一朝振之，其氣百倍，敵國見此，自生戒心。夫使四百兆之人皆愛陛下，則陛下何爲而不成，何求而不得哉！

破把持之局

第三策是破把持之局。因爲一講到變法就有兩種難處：一是抑僥倖之門，二是破把持之局。當變法的時候，自然有許多新進的人，想僥倖於謀得功名富貴，或者不惜交遊行賄以謀進取，這種人當然足以敗事。但要是那種人果眞不肖，那末一定也難使人提拔的，就是倖進了以後也無以善其後，終不免於自然的淘汰，所以抑僥倖比較的不重要。至於阻撓變法的人，或者是所抱持的政見不同，對於新法的認識不足，像司馬光的反對王安石變法，也足以妨礙新政的進行；或者是因了利害的不同，爲着個人的私利出死力來反對的。因爲一切法制，歷時長久了便生出弊端來，弊端愈多，靠着作弊牟利的人也愈多，那反對變法的勢力也愈大了。所以要變法，對於這種把持的勢力一定要加以剷除，不能因少數人對於新法的不便而就因循不行。所以他又說：

是以臣之愚計，以爲陛下治今日之中國，不變法則亦已矣，必變法則愼勿爲私利者之所把持。夫法度立，則人無獨蒙其利者，故雖至不得已而改革，其於人必有所齟齬而不安，歷代叔季之君，夫亦自知傷危而思振刷之矣，使其臣所齟齬而變之不難，則古今安得有亡國哉！臣聞帝王之用心，與衆庶異：衆庶急其一身一家而已，然而仁賢之士，倘有亡身以救物者，至陛下之用心，則利社稷安元元否耳。淮南子有云：「櫛者墮髮，然而櫛不止者，所損者少而所利者多也。」倘安能以數人之私戚而廢天下之公休哉！故不破把持之局，則變法爲虛言，陛下亦有意於圖變革講富強，亦在斷之而已。

以上是未變法以前的治標三策。倘不聯歡各國恐不暇變法，不結民心則雖變法仍無以圖強，不破把持之局則不能變法：所以是未變法前亟宜施行的方法。他又說：

以上三端，皆未變法之前所宜亟行者也。蓋不聯各國之歡，則侮奪之事紛至沓來，陛下雖變法而不暇。不結百姓之心，則民情離渙，士物衰靡，無以爲禦侮之資；雖聯各國之歡，亦不可恃。而不破把持之局，則搖手不得，雖欲變法而不能也。一其事在各國，二其事在萬民，而三則在陛下之心。陛下果採臣議而次第行之，則爲曠古之盛節，機關闔闢而數千年之治運轉矣。

六　變法的治本四策

四策的旁證和懸斷

嚴復的擬上皇帝萬言書是在光緒二十四年西元一八九九年所預擬，先刊登在國聞報。在那篇文字裏祇說到治標三策，原是未完成的作品在那年秋天，他以王錫藩的薦被召對退下來便把擬好的萬言書呈上去。因為那種犀利的議論不利於大臣，便被壓掩着沒有送上去。到了八月裏德宗被幽禁，慈禧太后專制政事，殺奉行倡導新政的楊銳劉光第林旭譚嗣同康廣仁楊深秀，廢一切新政，捕新黨，維新的領袖人物康有為梁啓超亡命國外，那就是有名的戊戌政變。嚴復痛心時事的不可為，萬言書也就永遠成為未完成的傑作了。不過在他那封信裏曾說：「於未變法之前，陛下之所亟宜行者三；既變法之後，陛下之所宜先行者四。」那末這四策是什麼呢？在王蘧常的嚴幾道先生年譜裏說：

案此書未竟，吳至父尺牘本年七月七日復答書云：「尊箸萬言書，請車駕西遊，最中肯綮，又他人所不敢言。其文往復頓挫，尤深美可誦，自宜續成完書，不宜中途廢止。所示四事，皆救時要政，國勢陵夷，萬法坐敝，條舉件論，不可一二盡。又風俗不變，不惟滿漢畛域不能渾化，卽鄉舉里選，亦難免賄賂請託，黨援傾軋之弊。而土著為吏，善則人地相習，不善則親故把持，此皆得半之道，非萬全之策。似不如不復枚擧，但以勸遠巡爲篇歸宿，斟酌今日財政，於何籌此巡遊經費，便是佳文。若國政之因革損益，似非一篇中所能盡具也。」據此則先生亦欲賡續成之，所謂旣變法之後所宜先行者四，亦約略於吳書中見之，今已不可得見，惜已！

在這裏我們可知四事中有鄉擧里選和土著爲吏的策劃那就是德謨克拉西（民主政治）的選擧和地方自治了。再看他在萬言書裏說：「綜而論之，不外標本兩言而已。標者在夫理財經武擇交善鄰之間，本者存乎立政養才風俗人心之際。」這裏的「標」在前面已詳細的敍述過，那末這裏的「本」當然是指那四事了。照這句話看來，「立政」當然是吳汝綸說的「鄉擧里選」和「土著爲吏」了。還有一端便是「養才，」至於「風俗人心，」那不過是泛說而已。再看他在論世變之亟裏說西洋所以富強的根本是：「於學術則黜僞而崇眞，於刑政則屈私以爲公而已。」那末這裏的所謂「養才」就是指崇眞的學術，「立政」就是指爲公的刑政換言之：「養才」就是培養科學人材，「立政」就是建立民主政治了。那末爲什麼要分做四事呢？在原強裏他說：

中國知西法之當師，不自甲午東事敗衂之後始也。海禁大開以還，所興廢者亦不少矣：譯署一也，同文館二也，船政三也，出洋肄業局四也，輪船招商局五也，製造六也，海軍七也，海署八也，洋操九也，學堂十也，出使十一也，辦務十二也，電郵十三也，鐵路十四也；拉雜數之，蓋不止一二十事。此中大半皆西洋以富以強之基，而自吾人行之，則淮橘為枳，若存若亡，不能實收其效者，則又何也？蘇子瞻曰：「天下之禍，莫大於上作而下不應；上作而下不應，則上亦將窮而自止。」斯賓塞爾曰：「富強不可為也，政不足與治也。相其宜，動其機，培其根本，衞其成長，則其效乃不期而自立。」是故苟民力已薾，民智已卑，民德已薄，雖有富強之政，莫之能行。

原來一切變法的根本是在民力、民智、民德三端，苟三端腐敗不振，一切的新政都是無基的建築，終不能收到實效的。那末這三端就是「養才」之本了，合之民主政治豈不就是治本四策嗎？所以他又說：

夫所謂富強云者，質而言之，不外利民云爾。然政欲利民，必自民各能自利始。民各能自利，又必自皆得自由始。欲聽其皆得自由，尤必自其各能自治始。顧能自治而自由，者，皆其力其智其德誠優者也。是以今日要政統於三端：一曰鼓民力，二曰開民智，三曰新民德。夫爲一弱於羣強之間，政之所施，固常有標本緩急之可論，惟是使三者誠進，則其治標而標立；三者不進，則其標雖治，終亦無功，此舍本言標者之所以爲無當也。

在這裏更是明明白白說「鼓民力」「開民智」「新民德」三者是爲一切之本，爲標的所基，不是治本四策中的三策嗎？現在看那四策的內容到底怎樣。

鼓民力

第一策是鼓民力。他以爲國家是人民所組織成的，那末要國家富強，先要使人民的體力堅強起來，才可以和外族競爭。無論一切兵戰學術都需要強健的體魄來爭勝。體魄強健了，然後有最勝的精神，最勝的智略。至於女子，更需要體魄的強壯；因爲兒童體格的強弱，和母體是很有聯帶關係的。所以他說：

> 今者論一國富強之效，西洋言治之家，莫不以此（指體力）爲最急。歷考中西史傳所垂，以至今世，五洲五六十國之間，貧富弱強之異，莫不於此焉肇分。周之希臘，漢之羅馬，唐之突厥，晚近之峨狄一種，莫不以壯佼長大，耐苦善戰，稱雄一時。顧今或謂火器

盛行，懦夫執靶，其效與壯士惟均，此眞無所識知之論也。不知古今器用雖異，而有待於驍猛堅毅之氣則同。且自腦學大明，莫不知形神相資，志氣相動。有最勝之精神而後有最勝之智略。是以君子小人勞心勞力之事，均非體氣強健者不爲功。此其理吾古人知之，故庠序校塾，不忘武事；壺勺之儀，射御之教，凡所以練民筋骸，鼓民血氣者也。至於近世，則歐羅化國，日鰓鰓然以人種日下爲憂，操練形骸，不遺餘力。飲食養生之事，醫學所詳，日以精審。此其事不僅施之男子已也，乃至婦女亦莫不然。蓋母健而後兒肥，培其先天而種乃進也。

那末要鼓中國的民力當怎樣著手呢？他以爲要先剷除鴉片纏足二害。關於鴉片祇要政府察大吏的不吸鴉片者用他，並命大吏同樣察其屬下，這樣一層層監察下去，自然使全國的人不敢吸煙了。關於纏足本非女子的所願，祇要明令禁止，自然可以消滅的。他又說：

> 中國禮俗，其貽害民力而坐令其種日偸者，由法制學問之大以至於飲食居處之微，幾於指不勝指，而沿習至深，害效最著者，莫若吸食鴉片女子纏足二事，此中國朝野諸公所謂最難變者也。然而劃考其實，則其說有不盡然者今卽鴉片一端而論：則官兵

士子，禁例原所未用。假令天子親察二品以上之近臣大吏，必其不染者而後用之。近臣大吏各察其近屬；如是而轉相察藩臬，察郡守；郡守察州縣，州縣察佐貳。學臣之察士，將帥之察兵，亦用是術焉。務使所察者人數至簡，以期必周，如是定相坐之法而實力行之，則官兵士子之染祛。官兵士子之染祛，則天下之民知染其毒者，必不可以為官兵士子也，則自愛而求進者必不吸食。夫如是，則吸者日少；俟其既少，然後著令禁之。舊染漸去，新染不增，三十年間，可使鴉片之害盡絕於天下。至於纏足，本非天下女子之所樂為也，拘於習俗而無敢畔其範圍而已。假令一日者，天子下明詔，為民言纏足之害，且曰繼自今自某年所生女子而纏足，吾其毋封。則天下之去其疾者，猶熱之去燎而寒之去裘也，夫何難變之與有！

開民智

第二策是開民智。他以為學問事功兩者相互為用，不可偏廢，所以講到西國財富的流溢，要歸功於亞丹斯密的原富；講到製造機器的完備，可求本於奈端；舟車的神速，可推原於瓦特；其他一切也都有待於學理的昌明，然後事功的人竊之以為術，因而收到大功。

所以民智是富強之原，已成懸諸日月不刊的定論了。至於中國，六七歲童子就叫他讀高深的哲理的文字，對於開發智慧究有什麼用呢？所以科舉人才對於人情物理都不明瞭，轉不若不讀書的人來得有時而當了。那末要開民智，不僅在設學堂講西學，一定要改變用人的途徑，廢科舉，才可以。所以他又說

> 朱子以即物窮理釋格物致知是也，至以讀書窮理言之，風斯杜下矣。且中土之學，必求古訓，古人之非既不能明，即古人之是亦不知其所以是。記誦辭章既已誤，訓詁注疏又甚拘；江河日下，以至於今日之經義八股，則適足以破壞人才，復何民智之開之與有邪？且也六七齡童子入學，腦氣未堅，即敎以窮玄極眇之文字，事資強記，何裨靈襟。其中所恃以開濬神明者，不外區區對偶已耳。所以審覈物理，辨析是非者，胥無有焉。以是為學，又何怪制科人十九鶻突於人情物理，轉不若農工商賈之有時而當也。今之嵩目時事者，每致歎於中國讀書人少；自我觀之，如是敎人，無寧學者少耳！今者物窮則變，言時務者人人皆言變通學校，設學堂，講西學矣。雖然，謂十年以往，中國必收其益，則又未必然之事也。何故？舊制尚存而榮途未開也。夫如是，士之能於此深求而不倦厭者，必其

無待而興，卽事而樂者也。否則刻棘之業雖苦，市駿之賞終虛，同輩知之而相忌，門外不知而相忘，幾何不廢然返也。是故欲開民智非講西學不可，欲講實學非另立選擧之法，別開用人之途而廢八股試帖策論諸制科不可。

a. 廢科擧

他以爲中國的最足敗壞人材的就是八股，所以八股不廢則人材不興。八股的所以敗壞人材的有三大害：

一是錮智慧。因爲當時科擧考試的題目，屬於八股方面的都出在四書五經上的，所以童子入學就要讀四書五經。再者做八股的文章，祇要在題目上盤旋說話，所以師長所敎的也不外怎樣擒住題目挽到題目上去的死法。一切旣是代聖賢說話，便用不到自己的思想，這樣便把人們的聰明智慧都錮住了。所以在救亡決論裏他說

> 今夫生人之計慮知識，其開也，必由粗以入精，由顯以至奧，層累階級，脚踏實地，而後能機慮通達，審辨是非。方其爲學也，必無謬悠影響之談，而後其應事也，始無顚倒支離之患。何則？其所素習者然也。而八股之學大異是。垂髫童子，必先課之以學庸語孟，講

之既不能通，誦之乃徒強記。如是數年之後，行將執筒操觚，學爲經義；先生教之以擒挽之死法，弟子資之於剽竊以成章，一文之成，自問不知何語。如是而博一衿矣，又如是而領鄉薦矣。至於成貢士，入詞林，出宰百里，入主曹司，以爲通天地人之謂儒。從此天下事來，吾以半部論語應之足矣。做秀才時無不能做之題，做宰相時自無不能做之事，此亦其所素習者然也。謬妄糊塗，其曷足怪！

二是壞心術。因爲當時人士以科舉爲入仕的唯一正當途徑，但科舉錄用人材的名額有限，勢不能容納全部的士子，於是一切弊端叢生以冀中選了。像和考官通關節、賄能手頂替、請別的考生搶代等弊都發生了。再者在科場裏煌煌的文告說舞弊者應怎樣嚴厲的處罰，但實際上卻全是空言，造成士子蔑視法令的習慣。至於所做的八股文字，大都是勦襲他人的陳說而不知恥。故他又說：

今姑無論試場大弊，如關節、頂替、倩搶、聯號諸寡廉鮮恥之尤，有力之家每每爲之，而未嘗稍以爲愧也。請第言其無弊者：今日八股之士，乃眞無所不知。夫無所不知，非人之所能也，顧上既如是求之，下自當以是應之。應之奈何？勦說是已。苟緣是而僥倖，他日則掠美作僞之事，愈忍爲之而不自知其爲可恥。至其用功之日，則人手一編，號曰揣摩風氣。夫所貴於爲士，與國家養士之深心，豈不以矯然自守，各具特立不詭隨之風，而後他日登朝，乃有不苟得不苟免之概耶！乃今者，當其做秀才之日，務必使之習爲勦竊詭隨之事，致令羞惡是非之心，旦暮梏亡，所存濯濯；又何怪委贄通籍之後，以巧宦爲宗風，以趨時爲祕訣，否塞晦盲，眞若一邱之貉也哉！且其害不止此。每逢春秋兩闈，闈內外所張文告，使不習者觀之，未有不欲股栗者。逮親見其事，乃不徒大謬不然，抑且變本加厲。此奚翅當士子出身之日，先敎以赫赫王言，實等諸濟竅飄風，不關人事；其勢且使國憲王章，漸同糞土。

三是滋遊手。中國的士子既獨成一階級，而這階級的人既不事生產，日事無用的八比，對於學識上又沒有貢獻，那木是造成一班不生利的游手嗎？所以他又說：

西洋理財之家，且謂農、工、商、賈皆能開天地自然之利，自養之外，有以養人。獨士枵然，開口待哺。故士者固民之蠹也。唯其蠹民，故其選士也，必務精而最忌廣，廣則無所事事而爲遊手之民。其弊也，爲亂爲貧爲弱。而中國今日之士，則尚志不聞，素餐等誚。十年之間，正恩累舉，朝廷既無以相待，士子且無以自存。況夫益之以保舉，加之以捐班，決疣潰癰，靡知所屆。中國一大豕也，羣蝨總總，處其奎蹄曲隈，必有一日焉，屠人操刀，具湯沐以相待，至是而始相弔也，固已晚矣！

b. 非考據詞章義理心性之學

廢掉了八股，然後好講實用的學問。實用不實用，當以能否致富強做標準「富強之基，本諸格致，」所以一定要以西方的科學爲學，才能造就眞人材。至於中國的學問，就是除了八股以外的考據詞章，都是無用之學，義理心性都是無實之學，兩者舉不足以挽救當前的危亡，所以一切都要不得的。他又說：

超俗之士，厭制藝則治古文詞，惡試律則爲古今體，鄙摺卷者則爭碑板篆隸之上游，薄講章者則標漢學考據之赤幟。於是此追秦漢，彼尙八家，歸方姚劉，惲魏方龔，唐祖李杜，宋禰蘇黃，七子優孟，六家鼓吹；魏碑晉帖，南北派分，東漢刻石，北齊寫經；戴阮秦王，直闖許鄭，深衣幾幅，明堂兩個，鐘鼎校銘，珪琮著考，秦權漢日，穰穰滿家。諸如此倫，不可殫述，然吾得一言以蔽之曰無用。非眞無用也，凡此皆富強而後，物阜民康，以爲怡情遣興之用，而非今日救弱救貧之切用也。

其又高者，侈陳禮樂，廣說性理：周陳張朱，關閩濂洛。學案幾部，語錄百篇；學蔀通辨，晚年定論，關學刻苦，永嘉經制，深寧東發，繼者顧黃，明夷待訪，日知著錄。褒衣大袖，堯行舜趨，訑訑聲顏，距人千里，籠上驅虜，折箠笞羌，經營八表，牢籠天地：夫如是，吾又得一言以蔽之曰無實。非果無實也，救死不贍，宏願長賒，所託愈高，去實滋遠，徒多僞道，何裨民生也哉！

c, 通西語西學

中國的一切學術既無一是處，那末要治西學當以何者爲先呢？他以爲要以習西語通西學爲基本條件。不習西語不通西學，便不能治西方的基本科學，沒有名數質力之學做根基，那末一切修齊治平都成爲無本之學了。在英文漢詁巵言裏他說：

夫開學堂，固云植人材，鑄國民也。果有人材而得爲國民之秀傑者，必不出於不通西語不治西學之庸衆，而出於明習西語深通西學之流，則今日之瀘然可決者也。

因此他反對以國語教西學，反對以東文代西文，因爲當時通西學者尙少，科學的師資難求；加以翻譯的書不多，所以認前者爲不可行。至於日本，那時距維新不過三十年，對於西學自不能見西學之全；況且經一度翻譯就多一層緊隔，不能見西學之眞，所以他都反對。在與外交報主人論教育書裏說：

吾聞學術之事，必求之初地而後得其眞。自奮耳目心思之力，以得之於兩間之見象者，上之上者也。其次則乞靈於簡策之所流傳，師友之所授業。然是二者，必資其本用之文字無疑也。最下乃求之翻譯，其隔塵彌多，其去眞滋遠。今夫科學術藝，吾國之所嘗譯者，至寥寥已。即日本之所勤苦而僅得者，亦非其所故有。彼之去故就新，爲時僅三十年耳。雖其盛有譯著，其名義可決其未安也，其考測可卜其未密也。乃徒以近我之故，沛然率天下之學者而趨之，世有無志而不好學如是者乎？至欲以漢語教西學者，不察當前之事情而發之過早。濱海互市之區，傳教講業之地其間操西語能西文者非不數數覯也，顧求其可爲科學師資者，幾於無有，是師難求也。欲治其業，非夙習者不能繙其書，縱得其書，非心通者不能授其業，是教之術窮也。況彼中邇籍先業，歲有異而月更新，學者蘄免瞠後之憂，必傾耳張目，曠觀博聞，以與時偕極。今既不爲語言文字矣，則廢耳目之用，所知者至於所譯而止，吾未見民智之能大開也。

d. 學校仕進治事治學的各各劃分

祇有西學的訓練還不夠，還得把學校仕進分而爲二。把治事治學的人材也加以劃分。中國學校最大的弊端，就在仕學不分，學者出於仕宦之一途，那末使治化學製造者也入仕，豈不就要採用西方的學制也不能了。在原富部戊篇一裏他說：

中國之制，學校仕進合而爲一；泰西之制，學校仕進分而爲二。故二制必不可强同，而因之中國學校仕進之立法益難。假使治泰西學校之所治，而以之爲仕進之梯，將使精於化學之士聽民訟獄，學爲製造之家司國掌故，所學非所用，吾未見一國之遂治也。

學工藝和政治的人既加以劃分，使他們各盡所學了；還有一種人，他們善於治學而不善於辦事，那末也得專門讓他們去治學，不要勉強他們去辦事。前者是工藝和政教的劃分，後者是治學和治事的劃分，所以稍有不同。他以爲各人的才性不同，有的人專門長於研究學問，而研究學問的結果也可以福國利民，所以用不到勉強他們一定要做事。在論治學治事宜分二途裏說：

天下之人，強弱剛柔，千殊萬異。治學之材與治事之材，恆不能相兼。嘗有觀理極深，慮事極審，宏通淵粹，貫通百物之人，授之以事，未必即勝任而愉快。而彼任事之人，崛起草萊，乘時設施，往往合道，不必皆由於學。

但這種的分劃，也祇有在立憲政制以下，才能施行

新民德

第三策是新民德。中國的教育祇限於少數士人享受，其他的農、工、商、賈都沒有受良好的教育的機會，所以德育根本談不到。一到危亂的時候，一切辱國害民的事都做得出來。他在原強裏說：

曩甲午之辦海防也，水底碰雷與開花彈子，有以鐵滓泥沙代火藥者。洋報議論謂吾民以數金錙銖之利，雖使其國破軍殺將辱地喪師不顧，則中國今日之敗衂，他日之危亡，不可謂爲不幸矣！

再看看西方，則景教對民衆做着德育的宣揚，每星期一定要「臨之以帝天之嚴，重之以永生之福。」況且自教而言，一律平等，沒有貴賤的分別。平等義明，因以使他們百姓知自

愛而相勸於爲善。所以他又說：

今夫上帝臨汝，毋貳爾心，相在爾室，尙不愧於屋漏者，大人之事，而君子之所難也。而西洋小民，但使信敎誠深，則夕朝惕乾，與吾之大人君子無異。內省不疚，無惡於志，不爲威惕，不爲利誘：此誠敎中常義，而非甚瑰琦絕特之行者也。民之心有所主，而其爲敎有常，故其效能如此。

那末在中國對一般小民的德育的補救，自也以景敎爲最有效用了。故在法意第十九卷第十八章裏說：

今假景敎大行於此土，其能取吾人之缺點而補苴之，殆無疑義。且吾國小民之衆，往往自有生以來，未受一言之德育，一旦有人焉臨以帝天之神，時爲耳提而面命，使知人理之要，存於相愛而不欺，此於敎化，豈曰小補。

民主政治

第四策立憲政制。這在上面我們已知道有「鄉擧里選」和「土著爲吏」二者。鄉擧里選就是由民間擧出代表來設立議院，一切人材的登用以民意爲標準，一切法制的廢立取決於議院，使人人視國事如己事。士著爲吏就是地方自治，使一地方的人自己推舉代表來辦理一地方的政治，養成百姓自治的能力。能夠這樣，那末政治就上軌道，國力就可以充實起來，富強也可以期望了。不過這兩者的舉辦一定要在民的力智德三者俱進以後，所以列在第四。在原強裏他又說：

西洋所以能使其民，皆若有深私至愛於其國若主，而赴公戰如私仇者，則亦有道矣。法令始於下院，是民各奉其所自主之約，而非率上之制也。宰相以下，皆由一國所推擇，是官者民之所設以釐百工，而非徒以尊奉仰戴者也。出賦以庀工，無異自營其田宅；趨死以殺敵，無異自衞其室家。是故居今日欲進吾民之德，於以同力合志聯一氣而禦外仇者，則非有道焉，使各私中國不可也。然則使各私中國奈何？曰：設議院於京師，而令天下郡縣各公舉其守宰。是道也，欲民之忠愛必由此，欲教化之興必由此，欲地利之盡必由此，欲道路之關商務之興必由此，欲民各束身自好而爭濯磨於善必由此。於乎！聖人復起，不易吾言矣。

國家實行了立憲，那末一法之立，一制之興，都要會集立法專家來愼重訂定。這些立法者既由民所推選，那末所定的法制民衆也自然易於奉行。較之專制之政，民衆以法制爲少數執政者之私利，而對於他們自身是一種束縛，那末他們自然要不願奉行了。他在法意第十九卷第二十六章裏說：

呂新吾有言：「國家懲一事之失，立不變之法；防一吏之奸，造非常之律：法之不良，無逾此者。」夫叔季法令之所以煩苛，大都由此，此君主之法，所以常不及立憲。立憲之國，最重造律之權，有所變更垂創，必經數十百人之詳議，此其法之所以無苟且，而下令常如流水之原也。

又同卷第二十三章裏說君主法制之所以敗：

民以君若吏之立此法者，以其事之於吾利，而於君若吏不利。夫如是，雖日殺人，而彼之伺隙以犯吾法者，猶自若也。

立憲以後不但能夠「下令如流水之原，」並且能夠叫百姓担負他們所能負担的重賦，叫百姓爲國家的公戰而犧牲。因爲他們已經視國事如己事，自然不惜一切了。在法意第十九卷第二十七章裏他論西洋的重賦道：

向使其治爲專制，抑稍進之而爲君主，但使國非公產，而民於其國無所可愛，雖比戶素封，其爲賦不能半今日也。彼惟人人視其國爲所私，不獨愛其國也，而尤重乎其所載之自由；故其保持之也，雖性命有所不恤，刓乎其身以外之財產耶！是以今世之國，以非立憲與立憲者角，即以大蕞小，以衆蕞寡，將萬萬無勝理。何則？不獨愛國之心深淺殊，而臨敵之衆勇怯異也；即軍費之無涯，非立憲之民，又烏從而得之。

就是要講到振興百業，也要先有立憲。有了立憲，那末一切職業都平等，沒有貴賤之分，使聰明才智的人可以按照各人的才性向各方面去發展，不要像當時的中國大都喜走上做官一路了。不行立憲，不但一切聰明才智的人不肯跑到工藝那方面去求發展，就是有跑到那方面去的人，既不爲社會所重視，也不爲政府所獎勵，學成以後還不是無所用了嗎？在法意第二十卷第二十二章裏他說：

使其國以平等爲精神，將執業雖異，而於社會，皆爲分功而不可闕，初無所謂貴賤者也而後諸業皆奮，而其羣無廢事。中國重士，以其法之效果，遂令通國之聰明才力皆趨於爲官，百工九流之業，賢者不居，即居之亦未嘗有樂以終身之意，是故其羣無醫療，無製造，無建築，無美術；甚至農桑之重，軍旅之不可無，皆爲人情所弗歆，而百工日絀。」且其國入於天演之競爭，乃儳然不可以終日。然法必於立憲之後，乃有可言。觀於今日出洋學生，人人所自占，多法律、政治、理財諸科，而醫業、製造、動植諸學終寥寥焉。而國家所以廣厲學官，動曰培才爲朝廷所任使，是上下交相失也。

在同書第二十一卷第六章裏又說：

治西學者每不欲學工程，以學之往往成屠龍之故技，此亦弊之必見於十年以後者也，可慨也夫！」

第六章　政制的改革

變法的目的既在建立民主政治，那末專制政體自在所必革了。講到專制政體的弊害，在上面還不曾有過具體的檢討，所以在這裏將加以分別說明而提出改革的方案。

一　中國君主政體的檢討

講到專制和民治兩者的分別，可說前者以君爲主而後者以民爲主。以君爲主的法制，一定不能得理之平，百姓一定不會甘心的。這種不甘心就是禍亂的根源。等到爆發時，國君便是首當其衝的受害者。所以法制的當爲民而立，不但是有利於民，並且是有利於君，使其能長享治安的幸福。在法意第二十六卷第三章裏他說：

> 治國之法，爲民而立者也，故其行也，求便於民。亂國之法，爲上而立者也，故其行也，求利於上。夫求利於上而不求便其民，斯法因人立，其不悖於天理人情者寡矣。雖然，既不便民矣，將法雖立而其國必不安，未有國不安而其上或利者也。嗚呼！今之哲學言爲善所由與古之言爲善殊者：古之言爲善也，以爲利人而己無與也；今之言爲善也，以不

如是於己且大不利也。知爲善之所以利己，而去惡且不止於利人，庶幾民樂從敎而不禍仁義也；亦庶幾國法之成，無往而不與天理人情合也。

無法的專制

中國當時的立法都是以君爲主，那末法因人舉而不免於專制。不但未做到以民爲主，並且未做到有法的君主。但是中國不是也有申韓的刑名主張法治麼？法治是反對人治，一切束於法制之中，那裏可說是法因人舉而沒有法呢？對於這點，嚴復認爲法家的尙法雖是一切束於法制之中，不過這種法制是在上者用來驅迫束縛其臣民，而國君則超乎法制之上而不受任何束縛，所以雖似有法而實成爲無法的專制。在法意第二卷第五章裏他說：

> 或曰：如孟氏之說，則專制云者，無法之君主也。顧申韓商李皆法家，其言督責也，亦勸其君以任法，然則秦固有法？則應之曰：孟氏之所謂法，治國之經制，其立也雖不必參用民權；顧既立矣，則上下所爲，皆有所束。若夫督責書所謂法者，直刑而已，所以驅迫束縛其臣民，而國君則超乎法之上，可以意用法易法，而不爲法所拘。夫如是，雖有法，亦適

成專制而已。

名教和覆亡

中國的政制既爲君而立，那末自以君主一家的福利爲要歸，祇要他這一家的幸福和尊嚴保持着，那末一切國土的喪失，人民的淪陷，依舊不能改變他的酣歌恆舞。所以他看外禍的壓迫，轉不若權臣的可怕。因爲權臣的起來有使他殺身亡家的危險，而外禍的壓迫不過是百姓的遭難。所以他寧願讓外禍存留着不去肅淸，而不肯給一個權臣以削平外禍的重權。因了前者所以中國屢有覆亡的禍，因了後者所以宋朝要特別提出名節來銷滅權臣。在法意第五卷第十四章裏說：

趙宋之將亡也，汴京旣去，欲都建康而不果，乃卒居臨安，夫亦至窮蹙已！而當時之人君，朝覲會同自若也，歌舞臨觀自若也，一若使虜不來，吾雖長此終古無不可也者，是非天下之至無志者歟！

又案中國自秦以來，無所謂天下也，無所謂國也，皆家而已。一姓之興，則億兆爲之臣妾。其興也，此一家之興也；其亡也，此一家之亡也。天子之一身，兼憲法、國家、王者三大物其家亡則一切與之俱亡，而民人特奴婢之易主者耳，烏有所謂長存者乎！孟子曰：「孔子作春秋，而亂臣賊子懼，」雖然，春秋雖成，亂臣賊子未嘗懼也。莽操懿溫（按指王莽曹操司馬懿桓溫）尚已，李唐一代之前後，六朝五代之間，篡弒放逐，何其紛紛也？必逮趙宋而道學興，自茲以還，亂臣賊子乃眞懼爾。然而由是中國之亡也，多亡於外國！何則？非其亂臣賊子故也。王夫之之爲通鑑論也，吾之所謂然，二三策而已。顧其中有獨造之言焉；其論東晉蔡謨駁止庾亮經略中原之議也：謂謨綽羲之諸子，無異南宋之汪黃秦湯諸姦！以其屈庾亮，伸王導，惡桓溫功成而行其篡奪；不知天下有大防，夷夏有大辨，五帝三王有大統，即令溫功成而篡，猶賢於戴異族以爲中國主，此所以駁亮者，宜與汪黃秦湯輩同受名敎之誅也。此其言烈矣，然不知異族之得爲中國主者，其事即與於名敎。嗟乎！慮其患而防之，而患或起於所防之外，甚者即出於所防之中；此專制之制，所以百無一可也。

重法和敗壞風俗

中國以專制而創立名敎，以名敎而陷於覆亡的慘痛，此尙不過就對外族而言。至於對內，那末對要想改變不合理的政制的政治犯，終沒有持平之獄，總是用叛逆等最重大的罪名加上去。這也是三權不分立的必然結果。在法意第六卷第五章裏他又說：

中國之制：自天子至於守宰，皆以一身而兼刑憲政三權者也，故古今於國事犯，無持平之獄。

並且專制一定要用重法來使人畏憚，但立法過重，則一觸禁網便牽涉到各方面，爲人情所嚴憚，於是避重就輕隱蔽欺蒙，使法令等於具文；於是民受其化而風俗大壞。這又是專制所以必廢的一因。又第六卷第十四章裏說：

往者科場，其中如關節、懷挾、搶替、頂冒諸弊，皆設至重之刑待之。然其法虛設不行，間或一發，則資怨仇之報復而已又以國號孝治之故，於戕毆所生，與亦至重，一獄之決，自大吏下至儒官無一免者。於是用避重就輕之術，而不孝者皆患風矣。國家設爲科律，使其下之吏民遇此，則文告奉報，一切必出於欺而不自引恥，此於化民成俗弼教明刑之道，果有當乎？噫！今者五洲之宗教國俗，皆以誑語爲人倫大訴，被其稱者，終身恥之。獨吾國之人，則以誑爲能，以信爲拙，苟求其因，豈不在法。嗚呼！此風不衰，學堂固不必開，卽兵亦毋庸練也。

中國的政制既足以敗壞風俗，而更甚者則是使人民惟恤一己之私，不知國家爲何物。所以他們可以爲了區區數金，拿鐵滓泥沙代火藥，使國家陷於敗軍折將而不顧（見上新民德）但這種情形的造成，完全也爲專制。專制政體是不許人民問政事，人民於國事既無可問，而國家又不恤人民，那末叫他們不問己事還問什麼呢？在又第十九卷第二十章裏說：

> 中國社會之事，國家之事也。國家之事，惟君若吏得以問之。使民而圖社會之事，斯爲不安本分之小人，吏雖中之以危法可也。然則吾儕小人，舍己私之外，又安所恤？且其人既恤己私而以自營爲惟一之義務矣，則心習既成，至於爲詐好欺，皆類至之物耳，又何訝焉。

專制政治既以重法爲束縛馳驟民衆的工具，那末在重法下所產生的虐刑也是必至的符驗。這種重法虐刑不但不能求事理之平，一定是慘無人理的。所以自通商以來，各國有治外法權有租界的要求，不肯受吾國刑法的裁制。於是我國的主權旁落，租界也就成爲列强侵略的根據地。其危險的程度，可以召致瓜分。在又第十七卷第五章裏說：

嗚呼！中國黃人，其亭法用刑之無人理，而得罪於天久矣。雖從此而蒙甚酷之罰，亦其所也，況夫猶沿用之而未革耶！

仁政——振貧和大赦

中國的專制政治，一方既以嚴刑重法來示威，一方又用仁政來示恩。所謂仁政：不外振濟貧困和大赦兩者。就振濟貧困說，不過移甲方百姓的脂膏來補乙方，其結果，不但使甲方的財力因被剝奪而受到損害，並且使乙方因有振濟而不知積儲財力。所以振濟的政策——當然，這是限於專制政治下的所謂仁政，如對近京畿百姓的年年振濟，不是指對受到不可抗的天災的救濟。——就好的方面說，也不過是養其軀體而毁其志氣，使人安於茍且而失其上奮的精神。所以振濟愈多，則其害也愈烈。在法意第二十三卷第二十九章裏說：

吾國畿輔之民，歲歲有振，寒風司令，粥廠宏開；故北方之民最無蓋藏，不以仰哺於人爲恥，而田疇之廢，亦較他省爲尤。夫政府衣稅食租，徒取甲民之資以畀於乙，見謂仁政惠澤，思之亦可愧汗者矣！況課其終效，且爲有害民德之尤者耶？

　　嘗謂濟人之道，莫貴於使之自立，舍此固必窮之術，於受者又無益也。夫人道之所最貴者，非有精神志氣歟？顧世之講施濟者，往往養其軀體矣，而蝨其志氣，是以禽獸之道待其人也。

至於在民間辦理振務的人，往往借此來收美名和厚利，那更不足道了。

　　至於今日振務，號善士者，大抵皆爲盜而不操矛弧者耳。一聞有災，僩訇從事，既收仁聲，己亦加富。大吏從以重其人，政府或亦奬其事，大利所在，固無怪今日善士之多也。

至於大赦那末完全是以一人的喜怒而敗壞法制，對於應該受法律裁制的人都加以釋放；所以大赦的次數愈多人們蔑視國家法制，敢於徼幸一赦以犯法圖逞的也一定跟着加多。況且大赦所受益的都是犯法的人，於馴善者則使他們不信任國家的法令，惴惴然惟恐無以自保了。在又第六卷第十六章裏說：

　　自我言之：惟有道法立之國可以無赦；而用赦之濫，乃至爲國民大患者，皆見於專制之朝者也。夫專制之君，亦豈僅作威而已。怒則作威，喜則作福，所以見一國之人，生死吉凶，悉由吾意；而其民之恐怖讋服乃愈至也。

中國過去的政制，其弊政且不必說，卽以仁政言亦無一是處，那末它的當變也自無疑義了。祇就以上諸端說：改以君爲主的法制爲以民爲主，那末就可以變無法的專制爲有法，可以不必防篡奪而自無權臣，可以容許思想、言論、結社的自由而自無虐殺政治犯，可以培植良好的風尙而廢除重法，可以使人民視國事爲己事而忘一己之私，可以用許多明法的人來助法官解決案件而不必用虐刑，可以養成人民自立的人格而廢除大赦和常常振濟了。卽就以上諸端而論，其源都起於君主一己之私，皆成於專制的弊政，所以祇要改以君爲主而變成以民爲主，二者的根本不同，那末樹榦、抽條、發葉、開花、結果的一切也就大變了。所謂以民爲主，那就是上面所說的建立立憲政治了。故在嚴復致梁啓超的書中要說「黃種之所以衰，雖千因萬緣，皆可歸獄君主」了。（見飮冰室文集與嚴幼陵先生書。）

二　君主政體的演化

君主政體的弊端既有那麼多，照上面的敍述看來，幾是有百害而無一利，那末它到底怎樣會產生的呢?產生了以後怎樣會發展的呢?在當前的中國是不是應該完全推翻?倘還要保存它,應該採取怎樣的原則才是適當呢?這些學理上的探討和當前迫切需要解決的問題,自是不能放過的。

一種制度的建立,要是不明白它的產生和發展的所以然,或者誤解了它的所以然的道理,就會造成一種錯誤的見解。錯誤的見解充滿了每一個人的心,就成爲一種錯誤的信仰,這種信仰足以維持和助長一種不合理的制度的罪惡。像中國的君主政體,在當時差不多人人認爲是神聖不可侵犯的,這就是錯誤的見解所造成的錯誤的信仰。因了這種信仰,於是專制政體便可繼續維持下去,便可發揮它本身所具的罪惡。所以要掃盪那種罪惡,一定要破除錯誤的信仰和錯誤的見解,加以一種正確的檢討,這就需要學理的探討了。

學理的探討

在中國,解釋君主政體的所以產生和發展的道理,在當時每一個知識階級者的心中成爲權威的理論的,便是韓愈的原道。韓愈解釋君主的產生,認爲上古的人有種種禍害：像蟲、蛇、禽、獸的侵襲，寒冷的威脅，飢餓的壓迫，住在樹上的有跌下來的危險，住在土穴裏的有受病的憂慮，這些都賴聖人出來替他們解決。聖人做了他們的君主，也做了他們的師長，替他們驅除侵害的蟲、蛇、禽、獸，做衣裳給他們禦寒，拿糧食給他們充飢，造房屋來教他們住。凡是一切工、商、醫藥、禮節、音樂、政教等等都是聖人爲便民而設立的。所以上古要是沒有聖人——就是指君主——，那末人類早已滅絕了。爲什麼呢？因爲人類既沒有羽毛鱗介來禦寒暑，又沒有爪牙來爭食呀！照這種見解，那末我們人類的有今日，原來都是聖人的功勞，也就是君主的功勞，那末對於君主制度自應爲人人所保愛了。

嚴復因此就做闢韓來糾正他。說照那樣的說法，那末聖人和他的祖父等一定要不是人才可以，要是也是人，那末不要等到他長成，他已經被許多禍害所吞噬了。

如韓子之言，則彼聖人者，其身與其先祖父必皆非人焉而後可，必皆有羽毛鱗介而後可，必皆有爪牙而後可。使聖人與其先祖父而皆人也，則未及其生，未及長成，其被蟲、蛇、禽、獸、寒、飢、土、木之害而夭死者，固已久矣，又烏能爲之禮、樂、刑、政以爲他人防備患害也哉？

講到君主制度建立以後，韓愈認為君主的責任就是發命令，臣子的責任就是奉行那個命令，百姓的責任就是出粟米麻絲、作器皿通財貨來奉事在上的君臣。所以百姓要是不履行他的責任就要誅戮。這些話竟是替暴君汚吏張目，當然不合理。於是嚴復就建立他的理論，認君臣的產生起於分工的不得已。因為人類既不能免欺、奪、强梗的患害，而每一個有工作的人，又不能分出他們的時間精力來解除人類的欺、奪、强梗，所以選擇一些公正的人專門辦那種事，由每人各分一些工作的所得做他們的酬報和幫他們建立保衞人類的事情。

嗟乎！君臣相資之事，固如是焉已哉！（按指韓愈所講君、臣、民的責任）夫苟如是而已，則桀紂秦政之治，初何以異於堯舜三王？且使民與禽獸雜居，寒至而不知衣，飢至而不知食，凡所謂宮室、器用、醫藥、葬埋之事，舉皆待教而後知為之，則人之類其滅久矣。彼聖人者，又烏得此民者出令而君之？

孟子曰：「民為貴，社稷次之，君為輕。」此古今之通義也。而韓子不云爾者，知有一人而不知有億兆也。老子言曰：「竊鉤者誅，竊國者侯。」夫自秦以來，為中國之君者，皆其尤強梗者也，最能欺奪者也。竊嘗聞道之大原出於天矣。今韓子務尊其尤強梗最能欺奪之一人，使安坐而出其唯所欲爲之令，而使天下無數之民，各出其苦筋力勞神慮者以供其欲，少不如是焉則誅。天之意固如是乎？道之原又如是乎？

且韓子亦知君臣之倫之出於不得已乎？有其相欺，有其相奪，有其強梗，有其患害；而民既爲是粟米麻絲、作器皿、通貨財與凡相生相養之事矣，今又使操其刑焉以誅，主其斗、斛、權、衡焉以信，造爲城郭、甲兵焉以守，則其勢不能。於是通功易事，擇其公且賢者，立而爲之君。其意固曰：吾耕矣、織矣、工矣、賈矣，又使我自衛其性命財產焉，則廢吾事。何若使子專力於所以爲衛者，而吾分其所得於耕織工賈者，以食子給子之爲利廣而事易治乎？此天下立君之本旨也。是故君也、臣也、刑也、兵也，皆緣衛民之事而後有也。而民之所以有待於衛者，以其有強梗、欺、奪、患害也。有其強梗、欺、奪、患害也者，化未進而民未盡善也。是故君也者，與天下之不善而同存，不與天下之善而對待也。

現實環境的需要

君主政體在學理上的探討，既認爲是與不善而同存，並不是神聖不可侵犯，而且它的弊端又是那麼多，那末是不是要廢除呢？關於這個問題，他認為君主的專制政體一定要廢除，這在上面的種種討論裏已很可以明白了。至於君主的立憲政體，就是以民意為主的虛君制度是不可廢的。因為當時中國的百姓還不能自治，一切重大的政事還得由君主和臣下來辦理。不過做君主的應該明白了他的職務，極力提高國民的程度，養成他們自治的能力，那末中國也就可以日進於富強而和歐美各國比隆了。

> 然則及今而棄吾君臣可乎？曰：是大不可！何則？其時未至，其俗未成，其民不足以自治也。彼西洋之善國且不能，而況中國乎？今夫西洋者，一國之大公事，民之相與自為者居其七，由朝廷而為之者居其三，而其中之犖犖尤大者，則明刑治兵兩大事而已。知民所求於上者，保其性命財產，不過如是而已。更騖其餘，所謂代大匠斲，未有不傷指者也。是故使今日而中國聖人興，彼將曰：吾之以藐藐之身，託於億兆之上者，不得已也，民弗能自治故也。民之弗能自治者，才未逮、力未長、德未和也。乃今將早夜以孳孳求所以進吾民之才德力者，去其所以困吾民之才德力者，使其無相欺相奪而相患害也，吾將悉聽其自由。民之自由，天之所界也，吾又烏得而靳之，如是幸而民至於能自治也，吾將悉

復而與之矣。唯一國之日進富強，余一人與吾子孫尙亦有利焉，吾曷貴私天下哉！誠如是，三十年而民不大和、治不大進，六十年而中國有不克與歐洲各國方富而比強者，正吾蕘言亂政之罪可也。

這種不贊成廢除君主的理論，所以使嚴復能夠接近維新黨的康有爲梁啓超而不能和革命黨發生出交涉來了。他旣主張在維持君主的原則下做維新運動，所以他的目標不外著眼在民智、民德、民力的提高，不合理政治制度的改革了。

三　政制改革的推動力

立憲政制的建設，它的步驟在乎鼓民力、開民智、新民德和設議院選舉之政、訓練地方自治的能力，這些犖犖大端已在前言及了。但要對以上諸端加以促進，那末辦理報館是很重要的。因爲報館善於開通風氣，對於社會上一切不合理的政制都因中外上下之情的相通而得以改進。對於錯誤的不合理的觀念，也得因中外上下之情的相通而得以揚棄。反轉來說：那末新的、合理的、正確的政制思想等等都因報章的宣揚而使人民接受，因此也容易見諸實行了。所以創立報館和政制的廢立是很有關係的。在國聞報緣起裏他說：

> 國之興也，必其一羣之人，上自君相，下至齊民，人人皆求所以強而不自甘於弱，人人皆求所以知而不自安於愚。夫而後士得究古今之變，而不僅以舊德之名世爲可食也。農得盡地利之用，而不徒以先疇之畎畝爲可服也。工得講求藝學，探索新理，而不復拘拘高曾之規矩爲不可易也。商得消息盈虛，操奇計贏，而不復斤斤於族世之所鬻爲不可變也。一羣之民智既開，民力既厚，於是其爲君相者，不過綜其大綱，提挈之，宣布之，上既不勞，下乃大治。泰西各國所以富且強者，豈其君若臣一二人之才力有以致此哉？亦其羣之各自爲謀也。然則今日謀吾羣之道奈何？曰：求其通而已矣。

中外上下之情的相通

嚴復自己對於中西文化的得失，變法救亡的策略，差不多全從通中外之情裏得來的，所以他對於通字看得很重要。他分報館的通爲二種：一是通中外之情，二是通上下之情。在一統而沒有敵國的時候，以通下情爲重要。苟上下壅蔽，那末有利不知興，有弊不知去，自然談不到富強了。至列國紛紜的時候，以通外情爲重要。苟外情不通，那末易啓無謂的紛擾，易生危險的仇嫉，易爲人所利用而加速國家一切的崩潰了。他又說：

夫通之道有二：一曰通上下之情，二曰通中外之故。爲一國自立之國，則以通下情爲要義；塞其下情，則有利而不知與，有弊而不知去，若是者國必弱。爲各國並立之國，則尤以通外情爲要務，昧於外情，則坐井而以爲天小，捫籥而以爲日圓，若是者國必危。

又歷述不通外情的弊病，足以生誤會，起糾紛，釀事變而寖至病國害民道：

今歐美教士，足跡遍天下，大都蒙犯霜露，跋涉險阻，耗資財，勞筋骨，以求其所謂盡人事天之道。而吾民之相遇者，視其勸善之書，則以爲收買人心矣；得其治病之藥，則以爲迷拐人口矣：此不通西儒之所謂教也。游歷之士，或登高山，涉大川；地學之家，或搜古蹟，考物產，以求其所謂博物窮理之學。而吾民之相遇者，覩其譯筆之記載，則以爲偵探矣；見其測量之儀器，則以爲厭術矣：此不通西儒之所謂學也。其尤甚者，見其男女之交際，而或疑爲淫亂；見其貴賤之雜坐，而或譏爲野蠻：此不通西儒之禮俗也。其諸類乎此者，更僕不可以悉計。坐是不通之弊，於是平居無事，則互相猜忌，積不相能；倉卒之間，毫毛之事，羣然而譁，激爲事變。數十年來，如鬧教案，殺遊士，不一而足。上煩九重之慮，下竭舉國之力，僅而後安。不通外情，其流弊乃至於此。可勝痛哉！可勝悼哉！

不通外情和排外辱國

中國既因中外之情的不通，於是發生不幸的教案，引起外交的衝突。更因中國官吏的不通外情，於是一任外人的壓迫，訂定不平等條約，而不知爭，造成喪權辱國的現象。在政治講義裏他說：

中國海禁開通以來，所定條約，大抵由外人作主，此亦事勢之無可如何者也。而其中之最不幸，則莫若傳教之一事。夫傳教非不幸也，所不幸者，出於兵力之餘，而當治外法權未收之日，此其事驗，皆吾與諸公所親見者矣。一教案之起，文明社會人人爲之悲傷。

在原富部丁篇八裏講官吏的簽訂不平等條約道：

外人定條約，犄紙尾，督其署諾，則譴諾之而已！不但不能駁，即駁之，亦不知所以駁也。

中國當時的官吏既不知所謂外交，於是每逢折衝，外則壓制民衆以求容於敵，內則怵於其威而不勝其忿忿之心。至於民衆，受外力的壓迫，既無可伸訴，於是嫉視外人也愈利害了。這樣上下同心，於是排外的論調便起來了。待醞釀成庚子之變，辱國喪權，於是又有文明排外的論調。文明排外和從前排外的不同：就是前者以外人為文明，故我們也用文明來排斥他們；後者以外人為野蠻，故傲然懵然的排斥他們。在法意第二十二卷第十五章裏他說：

> 吾國自庚子以還，時論實以排外為有一無二之宗旨，其所異於前者：向則傲然懵然，以外人為夷狄而排之；今也聳然惕然，知外人之智力為優勝而排之。向也欲不度德不量力而排之；今也度德量力，欲自免於危亡而排之。故其說曰：向之排外是也，特所以排之者非耳。向之排外者，野蠻之術也，故雖排而外人之入愈深，而中國之受損益重；乃今吾將為文明之排外焉，吾國其庶幾有豸乎？

他又說這種文明排外說，又得到日本留學生的響應，於是先主張拒絕外人的資本，自開鑛山，自造鐵路，以及其他一切抵制利權的說數。其實留學生所見到的，不過是日本三十年以前的政法。吾國當前的大害在於窒塞，故一切當以開通為急。如日本留學生的所謂

「寧使中國之路不成，鑛不開，不令外國貲財於吾國而得利，」必定會造成他日的惡果的。(見同上)

嚴復始終認中國的患在內治者十之七，在外患者十之三，所以他主張先謀內治的整頓而反對排外。吾國現在祇有自勗於文明，旣文明了，那末外力不排而自排。要是現在用力於排外，那末不但外力不能排，並且連文明的路都塞斷了。他在與外交報主人論教育書裏說：

竊謂處今日之中國，以勢力論，排外無可言者矣；必欲行之，在愼毋自侮自伐而已。夫自道咸以降，所以使國威陵遲，馴致今日之世局者，何一非自侮自伐之所爲乎？是故當此之時，徒倡排外之言，求免物競之烈，無益也。與其言排外，誠莫若相勗於文明。果文明乎，雖不言排外，必有以自全於物競之際。而意主排外，求文明之術，傅以行之，將排外不能而終爲文明之大梗。二者終始先後之間，其爲分甚微，而效驗相絕，不可不衡量審處以出之也。

四 虐刑的廢除

中國因了外交的失敗和刑法的酷虐，所以又有治外法權的產生，使中國的法令不能行使於自己的國土內，不僅主權的喪失，並且還有造成瓜分的危機。所以他主張集合各國法學專家共同制定一種法律，由中國官吏和外僑的代表執行，來作廢除治外法權的初步辦法。

外人治外法權的建立，當然藉口於吾國刑罰的慘酷。那末要改變這種虐刑當怎樣呢？就在智德力三者的提高了。因爲從虐刑改變到廢止刑訊，僅僅就事實的各方面和被訊的人的話語中去反翻考校，來決定案件的當怎樣審判，其難易的程度眞是不可以計數。在刑訊時，法官祇要用嚴刑毒打來迫被訊者招供就完了。所以在智德力三者未曾提高以前廢止刑訊，那恐怕一班官吏便不會審判案件了。祇有智德力三者提高後，那末法律成爲專門的學問，一切案件由專門家來審訊。同時法制也得改專制爲平等，那末纔可以行法，否則一遇貴族，法制就行不通了。又因不用刑訊的煩費，所以訟費也得提高，必人民能負担才可通行：這些都有待於智德力的提高的。在法意第六卷第十七章裏他說：

吾國治獄之用刑訊，其慘酷無人理，傳於五洲，而爲此土之大詬久矣。然而卒不廢者，吏爲之乎？法爲之乎？曰：法實爲之，吏特加厲之而已。故不變其法，終無益也。且吾聞西士之論矣：聽訟治獄，刑訊與不刑訊，所爭者在煩簡紓直難易遲速之間而已。夫不欲煩其心慮，勞其精力，爲吏者與常人同也。得一囚而炮烙之，攢刺之，矐其目，拔其齒，而使之自吐實者，其法以比之鉤距徵驗、旁搜、遝訪而後得其與事相發明者，其勞佚之殊，不可以道里計矣。又況處之以不學之人，束之以四參之法，使無刑訊，而遇譸張反覆之囚，則其獄惟有久懸而已，烏由決乎？嗚呼！彼士之獄所以能無刑訊而法行者，其根源所由，至盛大也。所由於政教，所由於法制，所由於生計，實缺其一，皆不必能。不揣其本而齊其末，此無異見彼之富以商而立商部，見彼之強以兵而言練兵，吾見富強之效之日遠也，可哀也已！

五　財政的整頓

中國要求富强，那末對於財政和軍政同時也得改革。中國士大夫幾千年來高談治平的道理，卻不懂得理財。因此辦一新政，對於財政上就是多一筆支出；所以愈是高喊振興洋務，而財政愈無辦法。同時當時所興辦的洋務，又多是消費而不生利的，加以政制的不好，也不能維持下去而不敗壞在原富部丁篇五裏說：

中國自海通以來，咸同間中興諸公，頗存高瞻遠矚之概。天津江南之製造局，福州之造船廠，其尤著也。顧爲之者一而敗之者十，畛域之致嚴，而侵蝕之時有，遂使事設三十餘年，無一實效之可指。至於今治戰守之具，猶靡無窮之國帑以仰鼻息於西人。事可太息，無逾此者。

過去的新政既徒然靡財而無實利，當前的講洋務的又徒知日增其新而未嘗一言變舊，那末新政未立而財政已沒有辦法了。在擬上皇帝萬言書裏他說：

其言變法圖強者，大抵皆務增其新而未嘗一言變舊。夫國家歲入之度支有限，而新政之日增無窮，新舊並存，理自竭蹶。

所以要解決建立新政的財政困難問題，他主張「除舊布新，相因爲用。」廢除舊政，移挪注經費來辦新政。

國債的嚴重

中國的財政既在窮困裏掙扎着，又加以敲剝骨髓的國債，幾乎要竭盡中國的財力。

倘對於財政再不加以整頓，那末即就國債而論，已足使中國的財政破產，而陷於外人干涉的境地了。在原富部戊篇三裏他說：

「甲午」「庚子」兩戰以來，國債之加者不知凡幾，而其財又皆貸之於外國。他日和議既成，以外人而操吾計柄，區賦稅以爲貸者之歲收，年增數千萬無名之賦，此非取左手而畀之右手也；大抵奪吾民衣食之資，以爲謀國不臧者之罰而已！

並且中國的國債雖大都從外國借來，但外國借給中國的錢，有許多還是中國存在外國銀行裏的錢。這就是因爲政府對於財政的辦理不善，使百姓不信任政府而轉信任外人。這樣外人即以吾民的錢來借給我國的政府，因此獲得種種權利，或且進而謀中國財政的改革，這是多麼可痛的事！他在同篇裏又說：

數載以還，國亦多故矣，工商之業僳然而國債彌重。且其債非貸之於民也，官貸之於外國，而外國轉貸諸吾民者有之矣。豈盡民之無良哉？民無所恃於官，而外國無所畏於中國故也。往者亦嘗貸之於民，則昭信之股票是已；然其事之何若，又不待不佞之斥言也。庚子之歲，行將盡矣，和議十二款出，國之逋負益深。後之財政，將必有越樽俎以代吾庖者。使繼此而民以病，其事固可悲；使繼此而民不病，其事尤可悲。曩有謂法終當變，不變於中國，將變於外人，昔聞其語，今見其事矣。

國債其實不一定是病國害民的事，祇要所舉的債是用來謀財源的開發，軍政的改進，那末於國計民生都有直接或間接的利益。並且債能借之於民，那末其利息也歸之於民而不外流。這是集民間的餘力來做經營國家重大事業的母財，所以是有利的。至於像中國的借外債來償敵，那當然有百弊而無一利了。他在同篇裏又說：

> 英法二國之債者，大抵舉之以治軍，則有拓國攘利之饒；以之興功，則又有便民通商之益：故國債雖重，國財日休，此猶斥母以來贏息耳。至於中國，則十年之中，喪師者再；其舉貸者皆國外之款，其所償者皆敵國之費；故債重矣，其息利既不在民，於國財又無所增益；而一切通商惠工之政，若鐵道，若鑛政，方務勸其發生之機。是中西之負債同，其所以負債者大異，而後此之所以償逋散息者又殊：西國之債以利，中國之債以害，是又烏可同而論之乎？

賦稅的弊政

國家的收入以賦稅爲主，那末要民之所納悉入於國庫，愈減少徵收賦稅的支費機關爲愈好。至於法久弊生，徵收機關的官吏把持中飽，使在下者所納至多而入於府庫者至少，那是賦稅的最大弊病了。但可嘆中國的賦稅卻都是這樣。在原富部戊篇二裏他說：

大抵中國賦稅之事，盡於取下至多而納之府庫者寡二語。顧其弊尤莫大於漕運，而論者一言折漕，衆難蜂起；則正斯密氏所謂監督官司皆願其制之沿而不革者也。

中國的徵收除了公開祕密的把持中飽外，還有完全公開的名正言順的中飽，那就是牙儈了。牙儈是政府定了一定的稅收額叫人承攬，把額外的所入一切都歸承攬者。這種稅收機關的設立，足以阻礙商品的流通。因爲在苛重的稅收下，商品自不能暢銷而停滯了。又民出的稅雖極重，但國家依舊所得很寡：這是上下交弊的事情。在同篇裏他說：

中國貨物之稅，幾無一而非牙課矣。夫牙課者何？上收一定之額征，凡其有餘，則承者之利是已；夫是之謂中飽，是之謂牙儈，而中國稅不中飽官不牙儈者誰乎？夫鹽課之大，固無論已；他若各口之鈔關，各省之釐卡，主之者雖名爲官，其實皆牙儈耳。此中國賦稅，其大弊所以歸於不覈：多爲沮梗，於國無利，於民大損，一不覈也；制爲中飽，民出者多，國得者寡，二不覈也。此上下之所以交惡，而廉恥之所以益衰，舉坐此耳。

中國的稅收，除了取民至多而入府庫者至少外，還有取民的至多也沒有一定的規律。沒有一定的規律，所以十里一卡，百里一牙，各得任意索取，各有疏密重輕的差異。於是稅制紊亂，商政不行。對上的益處很微，對下的損失卻很重，那就是釐金的弊政了。在擬上皇帝萬言書裏說：

> 釐金者，天下之弊政也。吾與外洋議及加稅，則英人常以爲言，以爲吾不病中國之抽釐，所抽額重，抑亦其次；但商人出本行貨，必示以一定稅則，然後可以操籌計贏，不致虧折。而中國十里一卡，百里一牙，疏密重輕，毫無定制。夫取於民有制者，又百王之通義也。且賦民無法，則上之所益有限，而下之所損至多；合天下而計之，則國財耗於無形者不少。

中國人既不知稅則的重要，於是把稅權拱手讓給外人。使一國進出口的稅額，自己完全不能自主。並且這個掌握稅權的外人就是敵國的臣子，他處處爲他的國家着想，拿條約來束縛我，使我國的商業永永不能和他競爭。在原富部丁篇八裏說：

> 稅則者，有國有土之專權也；而吾則進出之稅，欲有增減，必請諸有約之國而後行。國之官事，晉用楚材，古今有之；而未聞監權之政，付之他國之吏者也且古今各國之用外人也，必其人棄本籍而從仕國，功賞過罰可以加諸其人之身。方其策名而授之以政也，有盟詛之禮，有易服之制故雖爲異產而其人則可用也。而今則執吾至重之稅政利權者，而其人則猶敵國之臣子也；所操者吾之政柄，而受封爵於其本國，立嚴約密章，禁吾國之人之爲其屬而入其藩籬者；而其所監之稅，又其本國者居什八九焉。嗚呼！此眞斯密氏所稱自有史傳以來，人倫僅見之事者矣。

中國的賦稅既有這許多弊政，而國家財政又非常窘迫，那末要改進它將怎樣呢？那自然如上面所說，其樞機完全在變專制爲立憲了。立憲以後，人民視國事如己事，任何犧牲，也不甚惜，何況稍稍加重賦稅呢？所以對於稅收一定可以增加。既立憲以後，一切爲民所不便的，自然都得廢去，那末官吏的把持中飽，牙儈的壟斷，釐金的病民，都在必廢之列。諸弊既廢，那末民所納不必至重而國所收也不必至少。同時既可以杜外人釐金弊政的口，對於關稅也可漸漸提高而終可以達到收歸自主的目的了。在法意第十三卷第十三章裏他說：

今日中國之時勢，所最難為者，其惟國用乎？對於外侮，武備誠不可以不修，而兵之為物，固耗國之尤者也，然則其加賦乎？夫賦固已加矣，髮捻之亂則有釐金，甲午敗而東償於倭，庚子亂而西償於歐，為數十餘萬萬，為時三四十年，輦億兆之膏脂，所以仰事父母長養子孫者，致之海外。問所由然，則專制政府之債事也。敲骨吸髓，所餘幾何？乃今而猶言加賦，忍乎！雖然，賦猶非不可加也，特制之如何耳？使其參用民權，民知公產之危，雖毀私家不可以不救。其立法也，為之以代表之議院；其行法也，責之以自治之地方。是其出財也，民自諾而自徵之，則所出雖重，猶可以無亂。然而政府所不為也，不收民權為助，日是區區者我將自取之，吾見其無往而不蹶矣。

其實賦稅的產生，其事起源於人羣分功的不得已，因為從事於人羣中相生養之事的人們，既無暇再去做保護全羣的不被侵掠的事和治理羣內的事，所以設國家君吏來專門做這種工作，由人們共出賦稅來幫助他的進行。自後來此義不明，人們認君主是全國財富的所有者，一切百姓都是托庇於君主的所有的財富以為生，於是乎有無限制的賦稅徵收來重苦吾民了。照這樣看來，稅法的改革，民權的建立，也就是恢復合理的賦稅制度。

在原富部戊篇二裏他說：

夫賦稅貢助，所以為國民之公職者，其義蓋本於分功。民生而有羣，徒羣不足以相保，於是乎有國家君吏之設。國家君吏者，所以治此羣也。治人者勢不能以自養，於是乎養於治於人之人。而凡一羣所資之公利：若守圉，若訟獄，若道涂，若學校，身家之所以保，人道之所以尊，胥匡以生，皆必待財力而後舉，故曰賦稅貢助者，國民之公職也。向使民散而不處於羣，而人人力足以自衞，智足以守其所應有，則勢且無俟於國家。顧其勢不能，於是以分功之公理以保羣，功分而費省，職異而事精，必如是而後生遂羣和也，故惟國家君吏有治衆馭兵之權，亦惟國家君吏有責稅發役之權，外此則殘賊也。而世人狃於其事，忽於其理，至乃謂天子為玉食萬方，而黎民為食毛踐土，則見其然而不知其所以然，異乎孟子之言，而暴君汚吏無藝之賦所由滋也。

幣制的紊亂

中國的財政，幣制不一，也是一種很大的損失。在中國當時因幣制的各地參差，所以一個人由甲地到乙地，所攜的費用也像在國外那樣須要兌換，因兌換而損失，其病民實是很深的。在原富部丁篇三裏說：

假使有人由滬兌款入津，但執所載銖兩爲索，而不問規元公砝行關諸平之異，則其人去病狂不遠矣。

在當時各埠對於銀錢的計數都以兩爲單位，但是兩其實是一個空名，一切通行的還是以銀元爲本位，紙幣爲輔幣。所以由甲埠匯款到乙埠，在甲埠先以銀元折合多少兩多少錢等等，到了乙埠再把多少兩多少錢等折合多少元多少角等等。但同是一兩，在甲地可以一元三角幾分計，在乙地可以一元四角幾分計；就是同在一地，今天的實價和明天的實價又不一樣。所以匯款的人，不但要出匯劃費，還得受這種損失。——不過這種弊端，自廢兩改元後已經革除了。至於在甲地的貨幣到了乙地不能通行，甲地的款項匯到乙地要打一個驚人的折扣，這在現在還是這樣。譬如由雲南把錢匯到上海來，就免不了要比原款減少多多了。

銀本位的損失

其次是中國的銀本位制。中國因爲是入口貨多於出口貨的國家，同時又是負了很重大的國債的國家，所以每年一定要流出大量銀錢去以爲入超的抵補和國債的賠償。在當時各國都改用金本位制，於是中國的銀錢就得以廉價折合金價，這樣又受到了一種損失。在原富部甲篇十一裏他說：

各國既用金準，而中國不變，其受病之大終有所底；而一時欲棄而從金，力又不逮。此事所關極巨，上自朝廷之制祿，下至商賈之交通，皆蒙其害。有心宏濟者，不可不廣覽而熟籌之也。

對於這個銀本位問題，因爲牽涉到國際的金融市場和進出差的比例，很不容易解決，所以嚴復也祇認爲當「廣覽而熟籌」沒有提出具體的方案來。

田賦官祿的不平

其次是中國田賦官祿的不平。中國既以銀爲本位，但銀的價值跟着時代變動，幾百年以前和幾百年以後的銀價，它的相差眞不可以道里計。銀價雖有很大的變動，但中國的田賦官祿卻幾百年來墨守成法而不變，於是造成官吏的沒有廉恥，影響到整個國家的政制和民風。在同書部乙篇二裏說：

中國今日易中之患最烈，且無及其餘，但以田賦官祿言之，則可見矣。夫忠信重祿，所以勸士，國未有祿不足以恤其私，而可責人以廉潔奉職者；至其人以他道自輔，吏治尚可問耶？彼西人言我內政，咸謂中國官吏無廉恥，嘻笑唾罵，無所不至。嗚呼！豈眞中國有貪泉耶？國家沿元明制祿，時殊世異已五百年，而用其易中不改；故以詔精言，使今日之仕者而廉，必非人而後可耳！

那末將怎樣改革呢？先求貨幣價值升降變動的差率；以國中百產的每年平價統計起來，這樣就可知道易中的銀價的升降了。這樣經過了多時，有上下的曲綫可推，然後定官祿田賦的進退就得了。他又說：

其術取國中百產，每歲平價，列之爲表，十年以往，前後相方，易中之情，可以粗得。爲之既久，至於曲線可推，而後據之以定田賦官祿，與易中進退相衡；田賦官祿旣定，則其他度支，皆可比例升降。嗚呼！此眞今世當務之急也。

鈔業的貽害

其次是中國鈔業的弊病。行用鈔票本來是很好的政策，並且也是順着自然產生的。當商業愈加發展，那些交易的貨款必大，用金銀幣交換都有重大累贅的不便，並且檢點起來也不勝其繁，藏弆起來也比較麻煩。加以製造的需時，有時候恐不足以供市場上大量的需要：這些都是不及鈔票的地方。在原富部乙篇二裏說：

> 治化之天演日深，商羣之懋遷日廣，易中爲物，欲專用三品之泉幣而不能。多則滯重，難以轉輸，一也；秤量計數，繁瑣啓姦，二也；藏弆不周，動輒誨盜，三也；凡此皆三品泉幣之所短矣。又有便者，楮幣製發多寡，可以應時而立具；通商盛大之區，貿易進退如潮汐，然其有待於易中也，時急時緩，三品之幣，鑄造需時，使市業必待此而後通，則常不及之勢也。

但是中國的行鈔則常常大受其禍，使幣制紊亂而遺禍民生，這是從南宋以來都是一樣的。它的弊病就在政府認爲有權力可以發行無限制的鈔票，以爲國用不足的補救，於是鈔票的價格便不能維持，整個社會就要受到它的害處了。在同書部戊篇二裏說：

> 案羅哲斯曰：世俗之意，以一國政府具無限權力，可自無生有，製爲楮幣，使民間永

永流行，不問何時，可以轉爲眞幣也。古及今如一丘之貉，不知誤者幾何國家！幸今者吾歐諸政家稍明計學，不致重尋覆轍。議院中有舉此說，人人知爲狂言，雖有利口，莫熒來聽也。

又案中國自南宋來，每遇國用乏絕，皆思行鈔，然往往敗。至道咸則有鐵錢，如當十當百諸重寶，此與不轉之空鈔，特五十步百步異耳；故圜法大亂，而於國家終無益也。近五六年來，中國大釁數起，軍興賠款諸費勢將不堪；吾恐搜括不足，必有淺夫不學之徒，更勸國家踵此覆轍者，則民生焦然不終日矣！

除了濫發鈔幣足以病國病民外，還有鼓鑄新幣而以輕幣代舊有的重幣，也同樣可以病國病民。在部戊篇三裏他說：

嗟夫！不仁者之爲國主計也，其行詐亦多術矣！若鼓鑄新幣而以輕名重，或印造寶鈔而命無作有，終之漏脯救飢，無救於貧，而泯泯大亂。觀之前史，與斯事同者，皆在叔季之世，靡敝之朝，可以鑒矣！尚憶髫稺之日，閩中大吏鑄鐵錢，開官局，以爲一切苟且之計；旬日之間，貧富易位，田宅典質者紛紛取贖，嘗有舊擁鉅資而窮困至不自存者，此余所親見者也。當此之時，幾至大亂。幸其令尋罷，而受其害者則長已矣！嗚呼！焉有仁人在上，制民恆產，而使無罪者蒙籍沒之禍也哉！

六　商政的發展

自由貿易

自從原富推闡自由貿易的有利無弊後，歐西各國都采取他的學說，放棄護商的關稅政策，改爲自由貿易的政策了。自由貿易就是讓世界上的貨物到處流通，公平競爭，使物價自然流到了最平的階段。這樣一般的購買力都可以提高，於是貨物容易推消而百業也愈見繁榮了。至於各國關稅政策，把外貨的稅率提高，那末各國的物品，祇要一出國門即不易消售；而要購外貨的一定要出重價，這樣購買力更加減低，結果使百業都不易發展了。在原富部丁篇七裏他說：

自由貿易非他，盡其國地利民力二者出貨之能，恣賈商之公平爲競，以使物產極於至廉而已。凡日用資生怡情濬智之物，民之得之，其易皆若水火，夫如是而其君不富，其治不隆者，殆無有也。故凡貿易相養之中，意有所偏私，立之禁制，如辜較沮抑之爲，使民舉手觸禁移足犯科者，皆使物產騰貴而反乎前效者也。

這種自由貿易的主張就是認自由貿易是雙方並利的，保護沮抑等等是雙方並害的。嚴復雖然非常稱贊這種主張，不過他認為一切約束，有時在中國也很需要，這種約束，正所以使他們能夠和外人自由競爭的。在部甲篇十裏他說：

業聯之所以病國，在辜榷把持，使良楛無異也。使其立之約束，為一地之公利，不許賈偽售欺，則亦未嘗無益也。今如閩之茶業，人得為賈。而小民怵於一昔之贏，往往羼雜穢惡，欺外商以邀厚利，貽害通業，所不顧也。向使其地業茶太賈，會合為聯，立規約，造商標，令茶之入市，雜為者有罰，使賈茶之家，久而相任；則閩之茶品，固天下上上也。

因為中國民眾的自謀，往往祇顧眼前的私利，忘記了永久的利害。這種無後政策和短命政策那能和外人在商業上相競爭呢？所以借業聯的約束來矯正它，正所以養成他們和外人自由競爭的力量。在法意第二十卷第二十章裏他說：

曩嘗與友朋私論，以為中國民智，雖無足言，然其所以自營，當不至於拙劣，乃今觀之，若其中惟二政策焉。二政策何？曰無後政策，曰短命政策。無後政策者，謀僅及身而不為子孫留餘地也。短命政策者，快意當前，並不為己身計再往也。豈利令智昏，果如是乎？友人錢唐夏穗卿曰：是非其智之不足任也。以法之敝，有以逼之，使勿如是而不能也。今夫設然諾立威信者，就功利言功利，猶東作然，所以俟西成之豐稔也。乃今使甲而治春疇，使乙而課秋壠，甲乙各自為其利害，則烏得不取其當前之可收者而盡之。有為後人計者，後人不汝感也；有為後日計者，後日之事非其事也：由是其政策皆若無後短命者然。

中國民衆的祇顧目前，不計將來，完全是不良的政制造成的，等到相習成風以後，雖然政制改變了，這種民風也未見得便能改好，所以還得借業聯的拘束來矯正它。

專利

此外像事物的新發明和書籍的著作等等，雖然歸了發明者和著作者的專利以後，那末它的價值一定要提高，給發明者和著作者等人所壟斷，不能使社會上的人都受到它的益處。但為了要激勸後來的人們繼續發明和著作，使全社會都食其利，所以對發明者和著作者不得不給以專利的酬報。倘取消了他們的專利，那末又有誰願意費盡精力從事發明和著作呢？這樣對社會不是很大的損失嗎？所以這些也不可以不講專利。在原富部丁篇三裏他說：

創機著書諸事，國家例許專利，非不知專利之致不平也；然不專利則無以獎勸激厲，人莫之爲，而國家所失滋多，故寧許之。至郵政電報諸政，其利宜專以國家，嘗有大益於賦稅，不可一概論也。

又與管學大臣論版權書裏說：

今夫學界之有版權，而東西各國莫不重其法者，寧無故乎？亦至不得已耳。非不知一書之出，人人得以刻售，於普及之教育，爲有益而勢甚便也。顧著述譯纂之業最難，敝精勞神矣，而又非學足以窺其奧者不辦。乃至名大家爲書，大抵廢黜人事，竭二三十年之思索探討而後成之。夫人類之精氣，不能常耗而無所復也；使耗矣而奪其所以復之塗，則其勢必立竭。版權者，所以復著書者之所前耗也。其優絀豐嗇，視其書之功力美惡多少爲差。何則？夫有自然之淘汰故也。是故國無版權之法者，其出書必希，往往而絕，希且絕之害於教育，不待智者而可知矣。

漏卮說的否定

以上這幾端因特殊關係而未能實行自由貿易外，其他國外貿易國內貿易他都主張放任的自由主義。但是這種國外貿易的自由主義，因爲中國是入口貨超過進口貨的國家，所以大家對於每年入超都認爲很大的漏卮，竭力遏制它尙怕不及，那裏還可以談到自由放任呢？嚴復既主張自由貿易，那末對漏卮說當然要加以反對。在原富部丁篇三裏說：

漏卮之說，自道咸以來至今未艾。其所謂漏卮者，無他，卽進出差負而金銀出國之說也。此自林文忠魏默深至於近世諸賢，皆所力持而篤信之者。

他認漏卮說就是人口貨多而金銀出國，所以它的癥結在金銀減少的是否病國。他從歷史上證明金銀多少的不關貧富。在部丁篇五裏他說：

誠使必金銀之多而後爲富，則西班牙波陀噶爾（按卽葡萄牙，這兩國皆因先得殖民地的金礦而多金）宜爲強國於後；而墨西哥祕魯（按皆以有金礦而多金）宜爲大國於前。何皆窮丐無俚，而卒稱富強反在英法諸邦之無一金銀礦者？雖至愚人，可

以悟矣

再從理論上說明金銀多少的不關貧富。他說金銀好比是籌，籌多了所代的東西少，籌少了所代的東西多。國的貧富係乎所代的東西，不關乎被代的籌，所以金銀的多少不足爲國家的貧富。在文部甲篇十一裏他說：

國雖多金，不必爲富，此理至明。蓋易中爲物，猶博進之籌，籌少者代多，籌多者代少，在乎所名，而非籌之實貴實賤也。國家食貨不增，而徒務金銀珠玉之爲積，此何異博者見今日一籌所値者多，他日更博，則多具此籌以爲富，不悟籌之既多，其所富者必以少矣。夫博者之貧富，非籌之所能爲，猶國之貧富，非金銀之所能爲也。不達此理，故言通商則徒爭進出之相抵，得銀則爲有餘，得貨則若不足。與言礦事，聞有黃白之礦則生歆羨，言及煤鐵之礦則鄙夷之。

他再從中國眼前的實情來看，只見金銀的愈進愈多，都市的日形發展，用來證明漏卮說的不可靠。在法意第二十一卷第二十二章裏他說：

吾國自通商以來，二品之多實大進於往昔。士大夫之論外交，往往張其害而忘其利；觀今日金銀之值，不啻乾嘉三分之一，可以知已。吾輩日日言漏卮，使眞爲漏卮，宜郡國蕭條，民物凋敝久矣，其然豈其然乎？

那末我們要問入口貨的超出出口，每年一定要多量的金銀流出做抵補，這樣一年年下去，中國的金銀不是要枯竭了嗎？那能算沒有妨礙的呢？對於這個問題，他是這樣的解答：他說金銀也是一種貨物，要是中國的金銀少了，更其是銀子少了——因爲中國是銀本位的國家——那末中國的銀子價格必增。同時外國的銀子多了，那末它們的銀價必賤。於是它們拿銀子到中國來採辦貨物一定獲利，這樣各國的銀子又流到中國來了。認識了金銀也是一種貨物，就可知道貨物流通的自然性，所以不必過慮金銀枯竭的問題。在原富部甲篇十一裏他說：

歐商行賈東方，多載銀而少餘貨，此不僅初通爲然，至今未革。輓近各國用金爲準，則幾加厲矣。此不僅銀得利多，而亦由吾人喜於受銀而不欣他貨之故。故至今言商務者，尙以出口土貨多進口洋貨少爲佳徵。夫出口貨多而進口貨少者，其所有餘者固皆銀也。彼若知金銀亦貨，進出之間初無所謂有餘不及者，多少必相抵；而業進之國，在出

入二者俱多耳，抵制之盲說，庶有瘳乎

人力和物力的調節

中國和外國的通商，還可以調節雙方的人力和物力。在當時，外國的人力貴而物力賤，所以工錢來得優越而利息來得薄。中國是人力有餘而物力不足，所以工錢較廉而利息來得重。中西交通以後，便可彼此相互調劑；中國的人力自然會流到外國去，外國的資金和機器也自然會流到中國來。在又部甲篇九裏他說：

今之英美諸國，皆庸優贏劣，而中國反此。彼之通我，最為得利。此所以海禁既開，自西徂東，日盛月熾，雖鐵壯湯池，不能距也。而我出力求庸之衆，亦航海適彼，如新、舊金山者，勢亦日多。

但是說西人肯把巧利的機械來供給中國，以補中國的不足，那不又是一個疑問嗎？他們既無愛於我，那末對於巧利的機械方保守祕密都來不及，那裏肯供給我呢？對於此，他認為西人的民智日開，知道天下事惟有二利的才是真利，倘然對人家無利而有損的事，結果對於自己也是一種損失。所以他們肯把巧利的機械供給我，正所以求自己的利益，所以對此疑問也是過慮的。在又部丁篇八裏他說：

自咸同以還，中國各省大吏，有講求製造船械槍炮者，有興礦務農工者，有爲機器紡織者；不獨其器來自外國也，一局旣立，則教習工匠，皆厚祿重糈者也。於是議者曰：西人固無巧，西器固未必利也。誠使巧且利乎？則人情不甚相睽，彼方鬬之以長守其利權之不暇，奈之何出以教我與我乎？且彼族於我固無愛也，無愛而樂與之以巧利，不情；不然，則出其粗且下者以要我利，而尙有其精且上者，固非我之所能得也。不知是言也，以測今日之西人不可。何者？民智日開，深計遠算，知其於己之無有利也。謂其必愛我而後教我與我者，猶自仁之事言之也；而彼則以無所利而不爲，其事固自智生也。

七　交通和財政

在「自由貿易」裏講到專利的事，他曾說：「郵政電報諸政，其利宜專以國家，嘗有大益於賦稅，」這就說交通工具的有益於財政。在當時，水陸交通自以輪船、火車爲巨擘，所以他對輪船的利用，主張經營向外貿易，挽回已失的權利；對火車的通行，認爲足以振興百業（見上頁四四。）至於郵政是國家稅收的一種，且愈擴而信用愈著，傳遞愈捷，獲利也愈厚。所以對於郵政，應當使郵資不要過重而能得其平，那末郵件愈多而獲利也愈厚了。況且書報的傳遞，事關民智，更不宜增加郵資。在原富部戊篇二裏他說：

> 國家之利，在於郵傳之日盛，羨餘之日優。而齊民之利，在書札之棣通，音問之靈捷，是其合者也。然亦有微異焉：國家常恐郵資輕減，謂減則妨於財賦；而民則謂郵政之設，當以便民為要義。且書札交通，事關民智，故郵資可減則當減。且資減郵多，國家亦未嘗失也，是其異者也。為之折中其說，則民議優矣。

至於交通政策實行以後，民智也必然進步，百業也必然繁興，那在前已屢屢敍及了。

對於上述的財政上種種的弊端倘能夠革除，種種建設倘能夠辦好，那末貧不是中國所當憂的事。中國的財政從前是仰給於田賦，後來有關稅，也成為大宗收入了。再後又有郵政、鐵路等等，它們對於國家的收入都是愈久愈大的。所以中國的財政，患在不知理財吧了。在部戊篇一裏他說：

> 今日之中國，患不知理財而已，貧非所患。往者國之經費，專仰於地丁，降之而有關稅海權之設，曾幾何時，年有所加，至於今乃為國用之楨榦矣。邇者乃設郵政，此亦久而

彌大，不可臆度者也。鐵路既通，陸權必巨；故曰患不知理財而已，貧非中國之患也。

八　軍政的改革

尚武的提倡和將才的訓練

中國要謀富强，那末軍政也不可不加以改革。中國因爲專制政治的重文輕武，使人人以當兵爲可恥的事，爲聰明才智者所不屑爲。於是中國的兵如蘇老泉所說的「以不義之徒，執殺人之柄」了。所以要改革軍政，一定要從提倡尚武的精神入手。在法意第十九卷第二十七章裏他說：

若夫武人軍官，能執干戈以衞社稷，同仇敵愾，視死如歸；此非所謂「殺身成仁，舍生取義，」男子最貴之業也耶？然而舉國恥之。以其恥之，故吾國惟無賴惡少而後當兵。而當兵之業，遂若眞可恥者！

其次是中國沒有將才。中國的兵士雖沒有受過良好的敎育而爲人所輕視，可是他們能夠耐勞喫苦的精神卻勝過西人。尤其是北方的百姓，他們强壯的體格可以受很重的創傷而不死，所以西人像戈登都稱贊我國的兵士。在又第十四卷第二章裏他說：

北方之民有「混星」者，其受刑也，義不呼謈。窮極求財不可得，或斷腕刲肉以驚人得之。

往者英將戈登統長勝軍，佐李文忠公削平髮捻，生平最喜我國士卒，謂其兵材遠勝歐美。且扶創雖劇，在歐卒爲無望者，吾卒多不死。此其故有二：不畏楚痛，一也；習於蔬穀，其血肉方之肉食者爲疏冷易復，二也。

但是當時的中國卻沒有將才，所謂將帥的都是奴才，他的患在不學而無術，對於軍事上所不可少的學術都一無所知（見頁四六）。在甲午開戰的時候，他曾經寫信給他的兒子嚴璩，講起中國的無將才，中國的將帥不過會拿賊法子平賊，那能當有節制的軍隊。他的信上說：

時事岌岌，不堪措想，奉天省與旅順口皆將旦夕陷倭。陸軍見敵卽潰，經戰卽敗，眞成無一可恃者。翁同龢輩痛參合淝（按指李鴻章），聞上有意易帥，然劉峴莊斷不能了此事也。大家不知當年打長毛捻匪諸公，係以賊法子平賊，無論不足以當西洋節制之師卽東洋得其緒餘，業已欺我有餘。

兵制和戰術的改革

中國因沒有將才，所以對於兵制也不能因時改進。不知軍隊中的利器因時改變，那末兵制也得跟着改變，倘然沿着拿刀槍時代的兵制不變，那末雖有精利的火器，也不足以抵禦外侮的。他在古文辭類篹鼂錯言兵事書後批道：

自火器盛行，而兵法大異。至於今制，戰事與古尤相霄壤，大抵一新械出，則兵制必從而異，不變計者，必無幸也。至於戰理兵謀，則千古不易，此學古兵法者所當知也。

至於當時的兵制，還是沿着戚繼光的練兵制度，務為簡易，它的缺點自然不言而喻了。在法意第八卷第十四章裏他說：

自咸同間東南流寇之亂，於是乎有團練之師。雜采戚南塘練兵諸書，自為營制；一切淩雜米鹽，務為簡易，人樂為用，因以有功。自是以來，每或言兵，舍招募練營，苦無餘計，而其兵亦以平伏莽有餘，以禦外仇不足。何則？其為器本輕，其為制本多缺點故也。

其次是中國戰術的不講究，也就是由於將帥的不學無術，那末就是兵多兵勇也是沒有用的。在原富部戊篇一裏他說：

> 庚子北方之亂，雖所以戰者非，而其臨陣向敵之氣，發揚踔厲之風，較之甲午乙未之際，誠有進焉。然而未足以邀利，何也？當此之時，自國人深憾西人之意而言之，凡可以殺敵致果者固莫不爲，非有所慮於公法，尤非有所愛於西人也。然戕殺不執兵之教士教民旣爲不武矣；乃以直隸數萬之官軍，不能勝千人死守之租界；以京城數萬之練營禁旅，不能破數百人保護之使邸；而北倉潞河之交綏遂潰者，又不足論矣。夫戰之甚力如此，器之甚利且衆如此，敵之始本單弱又如此，而卒至敗衄於連雞之軍者，則於戰之術有未盡可知已。是故鑒軍經武之道，徒衆徒勇，不足恃也，必且知方焉。

策略的實施和軍法的建立

其次是當時的中國將帥沒有策略。策略的根本原則是知彼知己，但在甲午之戰以前，日本的一切，中國的將帥旣無所知；而中國的一切，卽使將帥一舉一動，卻都在日人眼裏，那末它的敗自是必然的結果。在法意第十卷第十三章裏他說：

> 兵家之言曰：「知彼知己，百戰百勝。」雖然，吾人知其然矣，而一若其事可安坐而得者，或遻一二人之坐照逆料而有餘者，故雖有其說而不能用也。日本之謀我也，亦深

考中國沿海之形勢軍實，與朝廷軍機督撫之能事情性，而後有甲午之役。當李鴻章之閱海軍，日諜不離左右，英人盡知其謀，慣慣者獨此老耳！嗚呼！中國言練兵矣，練兵固當，而吾國之知彼者誰乎？知己者又誰乎？

其次是中國軍法的敗壞。軍法最重要的是不可違令，絕對服從。但中國則將帥在前方督戰，而文吏可以在後議其短長，於是將帥的法令凡是文吏認為不合的，可以罰服從者以罪。這樣一來，以後的軍令便不能使部下服從，那末軍法不是要大亂了嗎？所以他稱此為短命絕嗣政策。在法意第二十九卷第十六章裏他說：

今夫軍旅之法，有最重者焉，曰毋違令。上有所令，其是非然否，利鈍短長，皆非下所得以擬議者也，赴湯蹈火，篤信奉行，無稍出入而已；不如是者，雖有至練之兵，極勇之將，不可用也。故司令之權至重，而其責亦至殷。往者甲午海軍，由大東溝而旅順，由旅順而威海。威海特口岸炮臺為聲援，已而敵人自落風港潛趨，拊威海之背，口岸之炮臺全失，海軍屯威海者，遂成釜中之魚。提督丁汝昌竭四十餘晝夜之力，而內地之援不至，乃自殺，而以軍與日人。方其為此，非各艦將弁所得與聞也；既令與聞，法不得抗，故副將楊用霖死之，而議不可反。且是時雖欲強戰，而艦勇死傷僅餘，亦不用命也。和議成，津海關道李興銳以文吏議前案，大恨海軍之所為，曰：元帥命令固不可以不遵，雖然，有治命，有亂命，丁汝昌垂死之令，乃亂命也，諸艦將弁奈何遵之，貸死幸耳。乃各議降革有差。後者日俄事起，吾國中立，水提薩鎮冰駐芝罘，以俄船入港，日艦越境追捕，相持不下，勢欲宣戰。令下，某艦長曰：戰固然，以提督令故，但今日事不旋踵，而釁端法重，設他日文吏又如李興銳故智，以服從亂命相繩檢者，我曹將奈何？薩水提語塞。幸是日以無戰事，不然，軍中乃自亂也。復曰：平生嘗歎吾國人，上下行事，不離兩途：一曰短命，一曰絕嗣。短命者，利一日之私，不為己後日地也；絕嗣者，苟一時之安，不為後人計也。方李之議威海案也，亦迎合京外痛惡李文忠之意向耳。而孰知從此中國軍中將令有不復行之憂！

以上這幾端改革以後，還須持之以「不得已」之心，那末方才是合理的戰爭，那末方才可以為其不可勝而有以禦侮。在古文辭類纂蘇子瞻代張方平諫用兵書後批道：

用兵終以「不得已」三字為正法眼藏，凡不得已而戰者，皆義戰也。主國家有人民者，亦常為其不可勝而俟其不得已可耳。不然，即勝猶危。

第七章　民權的建立

一　民權建立的必然性

中國要改革政制，實行鼓民力、開民智、新民德和民主政治，一定要建立起民權來。沒有民權，那末所謂推進民的力、智、德，也不過成為「上作而下不應。」「上作而下不應，」則上將窮而自止，依舊不會有功的。要上作而下響應，一定要使民有權，使民知力智德的切要，那末才能有功。至於選舉和設議院，一定要有了民權才行，倘然由政府中人圈派指定算選舉，集預定的人數來組織議院，那不過是欺騙民衆的玩意兒，那裏有一點民主政治的影子。所以同時還得確立民權。並且民權的建立，也出於自然的趨勢，不是任何勢力所能遏止的。在原富部戊篇二裏他說：

> 處大通並立之世，吾未見其民之不自由者，其國可以自由也；其民之無權者，其國之可以有權也。且世之黜民權者，亦既主變法矣；吾不知以無權而不自由之民，何以能孤行其道以變夫有所受之法也。亦既覺以知懼矣，懼為印度，懼為越南緬甸朝鮮，懼為

埃及，懼為波蘭：乃不知是數國者，其民皆未嘗有權也。且深惡民權之說者，不自今之支那愚儒大官始也。往者歐洲之勳貴公君，皆惡之矣：英之察理，法之路易是已。其最不惡民權而思振興之者，亦有之矣：德之佛勒德立，美之華盛頓是已。顧二者孰非孰是，孰榮孰辱，孰存孰亡，不待辨矣。故民權者不可毀者也，必欲毀之，其權將橫用而為禍愈烈者也。毀民權者，天下之至愚也，不知自量而最足閔歎者也。

二　自由

民權既不可毀，那末怎樣建立呢？他以為當由平等自由始。對於自由，他是引用盧梭民約論的說法，認為生民所固有，以自由為天所賦予，故不可侵損。要保存完全的自由，必使各人的權利享受平等，沒有貴賤等等的分別，才可以。所以自由的極致必定要平等，這兩者是不可以偏廢的。在論世變之亟裏他說：

彼西人之言曰：惟天生民，各具賦畀，得自由者乃為全受。故人人各得自由，國國各得自由，第務令無相侵損而已。侵人自由者，斯為逆天理，賊人道，雖國君不能；而其刑章禁條，要皆為此設耳。

在主客平議裏又說：

自由者，各盡其天賦之能事，而自承之功過者也。雖然，彼設等差而以隸相尊者，其自由必不全。故言自由，則不可以不明平等。平等而後有自主之權。合自主之權，於以治一羣之事者，謂之民主。

所以自由平等是民主政治下的產物，而民主政治也賴以維繫於不墜。

自由也有一個範圍，那自然是自由於不侵犯他人的自由以內，也就是自由於民主政府所制定的法律以內。不過思想自由、言論自由——包括出版——行己自由是不受一切限制的。因爲在法律上有一條很重要的原則，是「國法所加，必在其人所實行者，」就是有實在的行動侵犯法律，那末才可受到法律的裁制；至於思想言論，不是實在的行動，無論它是怎樣的詆毀法律，都不是法律所當問的，一問就變了專制了。至小己的行動，要是不侵犯法律，自然也不是法律所當干涉的。在法意第十二卷第十一章裏他說：

國法之所加，必在其人所實行者，此法家至精扼要之言也。爲思想爲言論，皆非刑章所當治之域。思想言論，修己者之所嚴也，而非治人者之所當問也，問則其治淪於專制；而國民之自由無所矣。

三　國際地位的平等和國內各民族的平等

講到平等，對外要謀國際地位的平等，對內要謀各民族的平等。國際地位的平等，就是用合理的方法打破一切不平等條約；國內各民族的平等，就是祛除種族的界限，統制在同一法律下面而不分貴賤。

不平等條約的廢除

就對外說：像治外法權的應當廢除，可請各國集治律的學者和我共制定一種治外人的法律，議定以後，由我國派員會同一外人共治，來作收回治外法權的初步折衷辦法。這樣庶可使治權操諸於我。在原富部戊篇一裏他說：

凡國皆地律相盡。地律相盡何？地之所在，法之所行也。故法民入英，必守英法，英民入法亦然。獨彼之至吾土也，則悍然不服吾法；不服吾法，則其人有罪，非吾吏之所能制，於是乎有領事之設，（各國亦有領事，所治者商務而已，不理刑訟也。）有領事之設，則其人不能與國民雜居，於是乎有租界之立。租界不止一國也，於是乎有各國之領事，各國之租界，棼然並興，日以益衆。夫國有五方異俗之民，至難治也，所恃者，國有大法以整齊之而已。乃今吾一國之內，有數十國之律令淆行其中，如此而不終至於亂者，未之有也。竊嘗謂使馳書於諸邦曰：各國民集吾土者，既以吾律為嚴而不就吾範矣，王者制為刑典，世重世輕，各有所宜，而皆以救世；而數十法鬬然行於一國之中者，固不可也。吾今將集各國治律之學者，雜議公允，造為一律，以專治來寓中土之外國人，勒為成憲。每若干歲，吾授遣一員，號總理各國訟獄大臣，而各國寓華之民，亦公舉一員與雜治。繼自今，凡中外交涉之詞訟，皆治以此官，斷以此律，不得為異。其前之領事官理刑之權悉去之。如此，則各國未必有詞以拒我也，而吾民將從此受其賜。舍此不為，則豈徒法亂為可懼哉？通商之租界益多，領事之設益衆，行將有權重者來而統治之，則所謂瓜分之勢成矣。

其他如關稅的束縛等等，凡是一切足以為吾國發展的阻礙的，都得靠用全民族的力量來爭回轉來。在原富部丁篇八裏他說：

> 二三十年以往，假炎黃種族猶足以自存，則吾之所以與彼力爭者方熾。立後來之基址不難，去當前之阻力難；去當前之阻力難矣，而救前人之失計尤難。顧此數十年之

間，將瓜分魚爛而破碎乎？抑苟延旦夕而瓦全乎？存亡之機，間不容髮，亦深係乎四萬萬人心民智之何如也。

改變媚外的態度

其次，政府對待國人和外人應當平等。因爲在當前的官吏媚外的情勢下，國人和外人就分出顯著的不平等來，那種不平等可使國人怨恨其政府而喪失其愛國心。對於國家是很不利的。在法意第二十二卷第二十二章裏他說：

> 議者之於立法行政也，見外人之不可以力取，而所治者之在己勢力範圍也，則曰非羈何忌，常欲優外族而自抑其民，徒使吾民愛國情損而予外人利資。且此不獨見於通商之事也，名分章服，禮儀交際之間，使畸重輕，倚力所趨，浸卒致此。近而譬之：法堂之上，吾民匍匐而彼坐立焉。朝覲之際，彼族鞠躬而吾泥首焉。問當此之時，有不以貴賤榮辱之殊，而竊竊然怨恨國家自視其民如草芥耶？使人人皆懷此情，雖不明言，將於國大不利。夫單獻公棄親用羈，不旋踵而難作。重外人而自賤其民，欲民心豫附而愛國者，特欺人語耳！敬客簡主之說，萬萬不足以自圓也。彼爲政者，尙凜之哉！

國內民族的不平等

再講到對內，他要做到各民族平等，然後治化進而民主政治的基礎立。所以他對當時滿漢的不平等和滿人才質闒茸的不易平等感到憂慮。在法意第十卷第三章裏他說：

三百年來，歐之所以日興而亞之所以日微者，世有能一言而通其故者乎？往者湘陰郭先生嘗言之矣，曰：吾觀英吉利之除黑奴，知其國享強之未艾也。夫歐亞之盛衰異者，以一其民平等而一其民不平等也。印度有喀斯德，高麗有三戶，中國分滿漢矣；而分之中又有分焉，分則不平，而通力合作，手足相救之情，不可見矣。夫優滿所以愛之者也，乃終適以害之。至於今，雖有欲為其平等者，而以民質闒茸之故，近蓄之烈，若不克勝，故其制卒不可改。嗚呼！支那之滿民，猶法蘭西之貴族也，非天下之至仁，其孰能先事而救之！

四　民治的穩定

有了平等自由，那末民主政治的基礎就穩固了。在從前「人存政舉，人亡政息，」政治的清明，要以得賢者與否而定；到了這時，權在於民，執政欲為不善而不能，這樣就沒有人亡政息的情形了。在法意第十一卷第十九章裏他說：

國之所以常處於安，民之所以常免於暴者，亦恃制而已，非恃其人之仁也。恃其欲為不仁而不可得也，權在我者也；使彼而能吾仁，即亦可以吾不仁，權在彼者也。在我者自由之民也，在彼者所勝（案指被人戰勝）之民也。必在我，無在彼，此之謂民權。彼所勝者，尚安得有權也哉！

所以有了民權的國民，就可以常處於安而免於暴。並且每個人都有自治的能力，所以他們就是飄流到國外去，也能施出他們的自治精神來，把所據的地方辦理的很好。因為他們已不必需要等到賢人來辦政治，他們自己也已會辦政治了。在法意第十九卷第二十七章裏他說：

吾每於租界，窺外人之所制立者，而歎其種民之能事為不可及也。即如天津上海間，其所租有之地，往往不敵一鄉鎮，而居留之衆，至多亦不過數百千人；顧其中制度釐然，自議制、行政、司法，至於巡警之備，教育之資，綱舉目張，靡所不具，則隱然一敵國矣。且其形常有以坐大，多多益辦，歸斯受之，此其所為可畏者也。回觀吾國之衆，其旅於南洋美洲者亦不少也，顧所立者，除一二廟宇所以為祀神歛福之地，無可言者矣。是何二民之相異耶？蓋彼國常有地方自治之規，故雖商販小民，皆知所以合羣而立治；而吾國自三代至今，所以與其民者，不過鄉射儺蠟之事而已，至於政治，非所得立者也。

第八章　民生的安定

在民權的建立時，同時須注意的便是民生問題。民生問題的解決固然一定要在民權建立以後，但民權的建立而得不到民生的安定，那末這個民權仍要現出動盪不安的形態來的。中國當前的民生最大問題，就是貧窮的無法解決。他以爲中國的崇儉素教止足的教訓，使一班人安於貧困而不謀發展，這是一個重要的因素。中國士子恥於言利，一切民生的大問題都不屑措意；而一班百姓又沒有受過良好的敎育，因此一切農業工業商業等等都停滯不進步，這又是一個因素。加以西方的經濟侵入，因此便釀成「錢荒」「穀貴」的現象。

一　錢荒穀貴

「錢荒」是指錢值的降落。因爲自海道大通以後，各國的商品自然流通。代表商品的貨幣價值也因而有變動了。中國的工、商業不發達，對外貿易的權柄操在他人手裏，所以中國幣值的變動也不能自主了。當時各國大都用金本位，中國用銀，所以受到各國銀賤的影響而價大跌，因此對外貿易和償外債等都大受損失了。至於「穀貴，」影響到一般民衆，使他們對於最低限度的生活都不能維持了。在有如三保裏他說：

數十年來，泰西日本，皆廢銀而用金，故其銀爲無用而價跌。彼跌之則我不能獨騰，而吾銀亦日賤。於是前之受銀者，降至七八折不止，而官始困矣。至於穀貴，則其禍尤烈。二十年以前，編戶之家，月得三千，有以養八口；至於今，則養兩人殆不足。夫如是，則前之三餐者，今則兩餐矣；前之兩餐者，今則一餐矣；甚且如顏魯公舉家食粥者有之，飢餓不能出門戶者有之。而且倉廩不實，風化日衰，爭奪既興，世且大亂。今者外國取通，尙不外沿海各省而已，而糴賤賣貴，已足使吾民之病如此。設他日徧地通商，而吾闇然猶不知所以爲待之術，則其禍當如何？

這種貧窮的結果，使他們的營養不足，使他們的衞生不能講求；那祇要人口一多，就有釀成不可遏止的疾疫的危險。在社會通詮國家之行政權分第十三裏他說：

國之有大疫者，其社會必貧而不潔，此歷驗無一爽者也。蓋貧則食菲，食菲不足以養精；貧則衣劣，衣劣不足以禦寒。積之既久，而其人之在社會也，猶木之有黃葉焉，西風一號，皆墮地矣。且衞生之事，莫重於潔淸，甚貧之社會，未有能潔淸者也；容膝之室，夫妻子女聚居其中，所嘘噏者皆敗血之殘氣。處城闉湫隘之地，爲黴生疫種所蘊生。其國之舊教，又有以使之信鬼神儺禳之謬說，甘窮約溷濁，而不恥惡食與惡衣。夫如是之民，其初之所以不至於大疫者，徒以地廣人稀已耳。使一旦庸增穀賤，將勸嫁娶而生忽蕃，人煙既稠而不潔愈至，則大疫不起者，未之有也。

二　人口消長的治亂循環論

釀成中國貧窮的，還有人口過庶問題。人口過庶，不僅中國成問題，西方各國也是一樣的。不過西方各國的人口過庶，有政府的救濟，像移民政策等，而中國沒有。西方各國因已進入於軍國社會，所以對於子嗣的衆多，認爲不易教養而加以節制。中國是宗法社會，以多子爲福，無子爲死後不血食，所以人口更加過庶。再則西方人民智高，爲子女計深遠，不顧多育；中國人民智低，以情欲爲重，不暇計及深遠，也是一因。在保種餘義裏說：

支那有此生齒者，非特其天時地利之美，休養生息之宜，以有此也。其故實由於文化未開，則民之嗜欲必重而慮患必輕；嗜欲重故亟亟於婚嫁，慮患輕故不知預籌其家室之費而備之。往往一人之身，餬口無術，娶妻生子，視爲固然。支那婦人，又凡事仰給於人，使一人生子四五人，而均須仰食於不足自給之一男子；則所生之子女，飲食粗弊，居住穢惡，教養失宜，生長於疾病愁苦之中，其身必弱，其智必昏。他日長成，必有嗜欲而無遠慮，又莫不亟亟於嫁娶。於是謬種流傳，代復一代，而國家又從無移民之法。積數百年，地不足養，循至大亂，積骸如莽，流血成渠，時暫者十餘年，久者幾百年，直殺至人數大減，其亂漸定。乃幷百人之產以養一人，衣食既足，自然不爲盜賊而天下粗安。生於民滿之日而遭亂者，號爲暴君汚吏；生於民少之日而獲安者，號爲聖君賢相。二十四史之興亡治亂，以此券矣。不然，有治而無亂，何所謂一治一亂哉！

這可以稱爲「人口消長的治亂循環論。」就是說人口過庶地不足以養便亂，亂到人口少了地足以養時便治這樣一治一亂的循環着。在法意第二十三卷第一章裏他講中國因宗法而過庶道：

以人鬼爲宗教，而不血食爲莫大之罰；於是吾人以婚嫁爲天職，而中國過庶之患興焉。雖然，庶矣而富教不施，則其庶也，正其所以爲苦也。

三　移民和提高民智來解決過庶

要謀人口問題的解決，他以爲一方面要講移民，把人口密度密的民來移到密度稀的地方去，一方面也可減少外人窺覦那些人口稀少的土地的野心。還是有提高民智，民智高則嗜欲淺而計慮深，那末人口的過庶也可以減少了。在天演論導言十五裏他引斯賓塞的話道；

> 種貴，則其取精也，所以爲當躬之用者日奢，以爲嗣育之用者日嗇。一人之身，其情感論思，皆腦所主。羣治進，民腦形愈大，襞積愈繁，通感愈速，故其自存保種之能力，與腦形之大小爲比例。而察物窮理，自治治人，與夫保種詒謀之事，則與腦中襞積繁簡爲比例。然極治之世，人腦重大繁密固矣，而情感思慮，又至賾至變，至廣至玄，其體既大，其用斯宏，故腦之消耗，又與其用情用思之多寡深淺遠近精粗爲比例：三比例者合，故人當此時，其取物之精，所以資輔益塡補此腦者最費。腦之事費，則生生之事廉矣。物固莫能兩大也。吾前書證腦進者成丁遲。又證男女情欲當極熾時，則思力必遜；而當思力大耗如初學人攻苦思索算學難題之類，則生育能事，往往抑沮不行：統此觀之，則可知羣治

進極，宇內人滿之秋，過庶不足爲患。而斯人孳生遲速，與其國治化淺深，常爲反比例也。斯賓塞之言如此。自其說出，論化之士十八九宗之。夫種下者多子而子夭，種貴者少子而子壽，此天演公例，自草木蟲魚以至人類，所隨地可察者。斯賓塞之說，豈不然哉！

四　改革家庭來解決過庶

中國的人口過庶問題和家庭問題有密切的聯繫。人口問題既得理論上的解決，那末對家庭問題自當做一番檢討了。

廢除多妻制和媒妁的婚姻

中國的社會尚停滯在宗法裏，一切禮教的束縛，造成男系中心女權卑下的情形，因此女子大都不從事直接的生產而依賴男子（見上論人口問題）不能發展他們的才力貢獻於社會事業；苟所賴的男子經濟力薄弱，反加重家庭經濟的困難。而且宗法社會重嗣續，一娶不育，未有不再求側室的。更以男子的私心，於是造成一夫多妻的制度，使雙方同感到苦痛。要解決人口問題和民生問題，對這種家庭問題也得謀一個解決。在法意第十六卷第六章裏說：

中國多婦之制，其說原於周易，一陽二陰，由來舊矣。顧其制之果為家門之福與否，男子五十以後，皆能言之。大抵如是之十家，其以為苦境者殆九；而子姓以異母之故，貌合情離，甚或同室操戈，沿為數世之患。而吾國他日大憂，將在過庶，姑勿論也。

再講到中國的婚姻制度，當前的還是媒妁的說合。因為中國受着宗法的束縛，認婚姻的重大意義在嗣續，因此蔑視雙方面的意見。加以男女的不平等——多妻和女子守節的風俗——更釀成家庭的痛苦。在法意第二十四卷第二十六章裏說：

今夫中國之大坊，莫重於男女矣。顧揣古人所以制為此禮之意，亦曰夫婦者生民之原也，夫使無別，將字乳之勞莫誰任也。且其效於女子最不利；惟其保之，欲其無陷於不利也，故其為禮，於女子尤嚴。乃至後世，其用此禮也，則雜之以男子之私；己則不義而責事己者以貞，己之妾媵列屋閒居。而女子其夫既亡，雖恩不足戀，貧不足存，甚或子女親戚皆不存，而其身猶不可以再嫁。夫曰事夫不可以貳固也，而幽居不答終風且暴者，又豈理之平者哉？且吾國女子之於其夫，非其自擇者也。夫事君之不可不忠者，以委贄策名，發於己也；事親之不可不孝者，以屬毛離裏，本乎天也；朋友之不可不信者，以然諾久要，交相顧也；獨夫婦之際，以他人之制爲終身之償，稍一違之，罪大惡極。嗚呼！是亦可謂束於禮而失其和者矣！吾聞禮法之事，凡理之不可通者，雖防之至周，其終必裂，裂則旁潰四出，其過且濫，必加甚焉。中國夫婦之倫，其一事爾。他若嫡庶姑婦前子後母之間，則以類相從，爲人道之至苦，過三十年而不大變者，雖抉吾眼拔吾舌可也。

他不但認多妻和守節的制度當廢，就是「姑婦」的人道之大苦都當變，那更是反對大家庭制了。在大家庭裏才有姑婦婆媳的衝突，那末他言外之意，當然是贊成小家庭制了。

廢除早婚和同血統的結合

除了這種婚姻制度的不合理，還有早婚的不合理。早婚的造成，同樣是宗法的原因。宗法以嗣續爲急，所以做父母的不問其子女是否成人，是否有負担家庭的能力，急急於擇婚，以抱孫爲莫大幸福；所以一方面造成過庶，一方面造成種族的退化。因爲早婚的緣故，使所生子女的先天不足，體質一代衰似一代；因早婚的緣故，使父母不能盡敎養的責任，於是智慧德術也一代差似一代，不是要造成種族的退化嗎？在法意第十八卷第二十五章裏說：

小民積蓄二三十千錢，卽謀娶婦。卽閥閱之家，大抵嫁娶在十六七間男不知所以爲父，女未識所以爲母，雖有兒女，猶禽犢耳！吾每行都會街巷中，見數十百小兒，蹒跚躑躅於車輪馬足間，輒爲芒背，非慮其傾跌也；念三十年後，國民爲如何来耳！

同節又說情欲的影響於民族體格：

民俗淫佚，其弊必偸，而男女身材，必日趨於短小，此察於英法二民之異而略可見者。中國吳越今日之婦女，幾無一長身者，而日本之民尤甚，凡此皆有以致之者矣。

還有中國的婚姻，以同姓不婚爲原則，所以中表的血脈相通，竟可以結合，而素無親屬關係的同姓，反不可以結合，這也是錯誤的。婚不婚的限制，應該拿血脈通不通做標準，才合着「男女同姓其生不蕃」的公例。再有守種族的界限，如滿漢的不通婚，也足使民族的優劣不能調和起來，民族的隔閡不能融合起來的。在法意第十卷第十四章裏說：

「男女同姓，其生不蕃。」乃生理公例，必不可誣。姓从女从生，所謂同姓，非趙錢孫李之謂，蓋血統之相近者是已。國朝之制，滿漢不婚，故至今二百餘年，猶存種族之梗，可嘆惜也。漢人来於滿人，漢人族較繁異，而滿人血氣心知，大抵相君，故此法行，滿人最病也。

提倡女子教育和婚姻自由

那末要革除以上諸弊，解決家庭問題當怎樣呢？關於女子，應該提倡女子教育，使他們有自食其力的能力，那末可以不一定要依賴男子了。對於多妻制，一定要社會脫離了宗法，那末自會確立一夫一妻制了。婚姻應使自由，那末媒妁的弊也可廢了。早婚應廢除。至於大家庭的怎樣當變，同姓的怎樣選擇，那在上面已討論過了。在法意第十六卷第六章裏他說：

> 欲革此制，必中國社會出於宗法之後而後能之；否則無後不孝之說，梗於其間，一娶不育，未有不再求側室者也。其次則必早婚變俗，男子三十而後得妻，否則乾運未衰，而坤載先廢。三則婚嫁之事，宜用自由，使自擇對，設猶用父母之命，媒妁之言，往往配非所樂，烏能禁別擇乎？四則女子教育，必為改良，蓋匹合之後，寡女必多，非能自食其力，誰為養之？

要是國家離開了宗法，民的智德力都提高，那末他們的計慮自然深遠，對婚姻自然慎重，早婚的事既不會有，過庶的弊也可減少，家庭經濟的基礎也易保持了。在法意第二十三卷第十六章裏他說：

歐洲有教之民，方其爲學不娶，方其執兵不娶；學成立業矣，非歲入逾二百鎊不娶。既娶之後，使家非至饒，則所生不願逾二子女，後且以術止之；蓋恐所生或多，則其力不足辦教育也。惟中國之事則不然，人人以多子爲莫大之幸福，而無子爲天罰。雖然，子生之後，未嘗爲之辦教育，計深遠也，慈者不過多與財耳。以不教之子，受易得之財，往往揮霍紛紜，爲當身之大患。竊怪西國有數百千年之貴族，而中國自宋元以降，則幾於無世家，身爲將相守宰，數世之後，降在皁隸者，蓋比比也，是可以思而得其故矣。

那末中國的民智倘能像西方的國民，早婚和家庭經濟的維持不是都得到了相當的解決嗎？

以上就中國所以貧窮的消極的原因討論過了，以下將討論怎樣積極的開發人民生計，使民富的方法。

五　商業的開發

中國當前的農、工、商都處在非常困苦的地位，農既未盡地利，工業無可言，商業又爲人所壟斷，國家對於理財養民之道都任其自然，那末人民生計那得不困窮呢？在原富部乙篇五裏說：

農、工、商三業之困，求之中國，幾於無地無之。地之不闢，不必西北，雖吳楚財富之區，往往而是。二十餘口所出，大抵生貨，則工業幾於無有，不但衰也。彼有來舟，我無去徙，即至絲茶大利，亦聽他國之奪其市，未嘗一考其由然。官不爲民謀，民不爲己謀；國日以廢，而養民理財之計，若一任天運之自然者，其貧且弱，非不幸也。

發展交通機關

要挽救百業的衰落，第一是要求交通的發展。當時的交通器具以鐵道爲最要，所以他以爲鐵道一興，那末在鐵道附近的農、工商就自然而然的興盛了。在原富部甲篇十一裏說：

曩關內外鐵軌未興時，士庶知與不知，皆言鐵軌行則小民業舟車者絕食，理至明顯。然自道通以來，舟車數增，倍蓰事效反與所期如此！

因爲交通器具是經濟的血脈，一切農產品、工業品都需要它來轉運，至於商業的全賴交通器具那更不必說了。沒有便利的交通器具，那末一切物品都凝滯而不易流通，供求不相劑，徒然自毀富源，給外人造機會而已。在原富部戊篇二裏說：

議者知務農矣，而又爲閉關鎖國之說，一切電報鐵軌通商之事，皆深惡而痛絕之。不知使貨出於地而莫與爲通，雖國家今籌甚鉅之款，以備車牛借子種置屋廬於民，民今爲之，不二三稔，其委而去之又自若也。嗟乎！理財之道，通之一言，足以蔽之矣！

母財和支費的平衡

在社會方面，對於母財的積儲和支費的流出應同樣看重，要尙儉而不流於嗇。因爲母財是一個社會百業發動的總命脈，百業的興起都需要母財來開發，沒有母財便不行。所以對於社會百業的母財，應當保存不要浪廢。更其是中國的社會，百廢待舉，需要母財更急，那末崇尙儉德，節不急之費來做開發事業的母財，所以儉德是可稱了。在原富部乙篇三裏說：

所貴乎儉者，儉將以有所養，儉將以有所生也。使不養不生，則財之蠹賊而已，烏能有富國足民之效乎？或又云奢實自損，而有裨民業，此目論也。奢者之所裨，裨於受惠之數家而已；至於合一羣而論之，則財耗而不復，必竭之道也。

母財既有了積儲，那末對於支費也不宜過嗇。因為人類的所以求財，其目的就在改善生活的享用，倘有財而不去增加物質的享用，那末人類的物質生活永將停滯而不進步了。就是有新發明的美善的文物，沒有人來享用，豈不也要自止而銷滅嗎？所以適當的支費，也作以促百業的繁榮上進。在同部同篇裏他說：

今使一國之民，舉孜孜於求富；既富矣，又不願為享用之隆，則亦儌民而已。況無享用，則物產豐盈之後，民將縵然止足，而所以勵其求益之情者，不其廢乎？是故理財之術，在國之母財支費，相酌劑為盈虛。支費非不可多也，實且以多為貴；而後其國之文物聲明可以日盛，民生樂而教化行也。顧事必求其可長，而養必期其無竭；且國之戶口既以日滋，則財之為物亦必日進以與之相副，此憂深慮遠務蓋藏積聚之民，所以又為一羣之母也。約而論之：財如粟然，其專尚支費而不知母財之用者，穫而盡食者也；其獨重母財而甚嗇支費者，罄所收以為子種者也：二者皆饑。獨酌劑於母財支費二者之間，使財不失其用，而其用且降而愈舒者，則庶乎其近之矣。

分功合作

「分功合作」對於經濟的開發也是很重要的。中國才智的人都走在做官的一途，所以百業不興。一定要使人材分配到社會各方面去，各就其性之所近而用力，這樣功愈分而愈精，不致停滯不進了。在論治事治學宜分二途裏說：

農、工、商各業之中，莫不有專門之學。農、工、商之學人多於入仕之學人，則國治；農、工、商之學人少於入仕之學人，則國不治。野無遺賢之說，幸而爲空言，如其實焉，則天下大亂。

「分功合作」一方是包含「通功易事」「異事相資」就是各各專精於自己所事之業，來相互調劑，相互流通。在原富部丙篇一裏他引威克非說：

分功之局與易事之局，本相對待，故農工商三業，皆有相因之機，不得謂此順而彼逆也。即在北美新地，亦有邑集既創而後近野以闢者。要之二者之事，皆出自然，不見所謂矯致者。

二是「通力合作，」通力合作是指一事的分功。對於這些，斯密氏分做三種好處：一是功分以後，則各人所做的事情簡單而容易熟練。二是專做一事則用心專，不比兼做各事的，方做了這樣又要做那樣，如此更易的時候，一定要使人「遑緩徘徊，以爲休息之頃，」因以耗時而生玩愒。三是專精一事則熟能生巧。嚴復對他所舉三點認爲未備，再替他補充四點：一是總是一個人而可以辦許多人的事情，像送信，送一封信和送百千封信總是用這些勞力。二是總是一件事而可以收許多事的功效，像印書的事情可以代替無數人抄書的功效。三是各人都可揀和個性相近的事去做。四是各地都可以揀其出產的所宜來從事生產。在原富部甲篇一裏說：

斯密氏所言者，通功易事也，異事而相資也，然其事必自通力合作始。通力合作者，同事而相助也。十手而牽一纍，十足而舉一碓，使不如是，事之不舉者衆矣，烏致有餘而爲易乎？且斯密氏所指分功之益，亦未賅也。所指之外，尚有四焉：一曰不異人而事辦。今馳傳之人，其持一緘與持百緘千緘，勞力均也。牧者之飼一牛，與飼十牛，爲事相若也：功分則無費人。二曰不異事而效收。事固有飭材庀工之後，惟恐求者之不多，印書其一事也；功之未分，則人而鈔書也，功分則無贅事。三曰人得各審其才之所當。夫人各有能有不能，使不分功，則或強於其才所不當，而力糜事苦；惟分功而後各出其所長也。四曰地得各出其產之所宜。夫粵鑄宋削，產各有宜，不分功則遷地而不能良，既分功則地各收其所美。四者既合，人之能事益宏，而財乃六出也。

分功的利益雖是如此，但也有個先決條件，就是所分的功須給它一個發展的機會，不要拿不合理的經濟制度來束縛它。倘然對於某一種的分工，拿契約來束縛每個工作人在長時期內祇享受限定的經濟，那末在這長時期中他自不肯自奮以求有功，而所出的工一定不精；並且無取於巧捷，對於時間也多浪廢。所以這種制度，不但被雇傭的人受損，就是去雇傭人的那方面也同樣受損，轉不若以工作的優劣勤惰來定經濟的待遇，為可收到分工的效能而雙方並受其利。至於奴工，那是經濟的待遇是受到終身的束縛，所以除了上面的許多弊病以外，還有習為潦倒，對於一切物品都不加保愛，不能夠以需要的減少而減少他。在原富部甲篇八裏他說：

案此謂在奴在傭，損均主受（按此指斯密氏論奴工傭工，苟體力虧耗之損失，均出於主，）最爲諦審。然於奴功之費未盡，今爲益之：奴功之所以費於賃傭者，蓋食不覦功爲升降，則其心無所顧藉，一也。習爲潦倒，與之器則易毀，與之畜則易斃，二也。傭之多寡，主者得以市之盛衰節也，而畜僮指者不能，三也。功必不精，出貨多盬，四也。無所取於巧捷，苟以度時，在奴則同，於主則費，五也。

以上這些舉舉大端都改進了以後，那末百業蒸興，自然可以容納全國的人才，對於民生的貧窮也可解決了大部了。倘再要分別討論，那末可就農、工、商三方面來看。

六　農業的小町自耕和機器耕

就農業看，它總是其他各業的根本。因爲商是要靠農工產出物品來，才好做着貿遷有無的工作，沒有農工，也就沒有商了。至於工業的製造要靠原料，原料的來源卻大部份是農產品，所以農總是百業的根本。在原富部乙篇五裏說：

地爲百產之宗，使耕牧樹畜者，斥母治業而不得贏，則宇內之財只有此數，行且日微而盡；其他工商之業，烏得立乎？此易見者也。

那末將怎樣開發農業呢？斯密氏對此提出「小町自耕」的說數。小町是說每一家都有一小範圍的田，自耕就是自己耕自己的田。這樣對於小町的肥瘠涼鹵辨別得一定很清楚，舉凡水利土宜，自無不得當的。相習已久，就會對它發生寶愛之情那末自然不肯使它荒廢，因了他的勤苦巧慧，而收利宏富，自非其他的農民所能及了。不過自從機器耕田的學說一出，那小畦自耕的制度一定要打破，因爲機器的設置，不是小畦自耕農所能夠的。嚴復對此二者，主張按着時代的情勢來決定採用那一種，不是孰一以論的。在原富部丙篇四裏說：

> 自汽機盛行以還，則縵田汽耕之說出，而與小町自耕之議，相持不下。謂民日蕃衆，非汽耕不足於養，而汽耕又斷不可用於小町散畦之中，蓋世局又一變矣。事固不可執一以論時宜也。

七 工業的大生財能事

就工業看，最重要的是「大生財能事。」大生財能事就是拿最少的工力生產最大的物品。但這裏也有個先決條件，就是不是減低庸率來求工力的減少。因爲庸率的大小和工力的廉費實是兩件事情，傭率儘管壓得低而工力仍舊很費的也很多。倘然母財多則息率可以減，工作分則效力可以增，雖不減傭率而工力也廉了。再則一貨的成功，其中必有最費工力的地方，於此倘能代以機器，那末工力就可以大省而生產也就可以大增。

在原富部甲篇八裏他說：

案大生財能事者，計學（經濟學）最要之旨，故功力之廉費，必不可於庸率貴賤中求之。有時庸率雖大，其工實廉，有時雖少實費，亦其生財能事異耳。能事大者，庸率雖大何傷乎？由來一貨之成，其中必有最費之功，制作之家所欲代以機器者，亦於此為最急。此機成則物價之減者常無算。他國之民，其所以能操天下利權而非旦暮所可奪者，亦在此耳。

八　商業的開發邊地和國外貿易

就商業看：第一是開發邊地，譬如像英國，它屬地偏五洲而母國更富，就是得一地則用來擴充商業的緣故。不過英國的擴充商業是經濟侵略，我國對於人民稀少文化落後的邊地的擴充商業，是貿遷有無，開發邊地的農工業。因為農工的生產品，一定要商業興盛才能發達的。這樣不但開發邊地，並且可以鞏固邊地的守禦。在法意第十九卷第二十

> 國得一屬土，非徒得也，欲持而無失，將必有守禦之事焉。守禦又非徒然也，必有財賦而後集事。使此財而出於本國，是虛根本以實枝葉，非計之得也。脫無所糜費而任其自然，是其地終古不興，此清朝昔日之臺灣，與爾時之新疆西藏蒙古東三省也。惟得地以閎懋遷者不然，懋遷者，日盛之事也，日盛故其財賦必盈，盈故能自為其守禦。且治化日開，供求日衆，形勢日固，其本國且以資無窮之利焉。此吾國籌邊之人所未嘗夢見者也。

第二是自己經營國外貿易，中國因了交通器具的缺乏，國外貿易都操在外人手裏，不但談不到和人家競爭，就是在國外貿易上占有重要地位的絲茶也一任人家的壟斷，進一步更掠奪我國固有的市場（見前第一八四頁。）倘能把這些貿易權，漸漸奪回轉，也未始不是開發商業的一條路。祇要先探明外國人所需要的為何種貨品，便可以自己經營了。在原富部乙篇五裏說：

> 國家於東西各國，既遣使臣各居其國矣，及其閒暇，訪求其國所可銷售之華貨，數年之後，自置輪舟，運銷各國。母財誠少，不妨先為其微者，俟其利可恃，而後徐擴充之。祛

他族之壟斷，開無窮之利源，不能不有望於後之人也。

九　公司制度和銀行制度的建立

不過要中國的商業發達，對於公司的制度不可不建立。孟德斯鳩說：「商業的始以小販，繼運中貲，終成駿發之業，它的關鍵當在國家。君主的制度，其國家爲商所疑，猶之民主的制度，其國家爲商所信。所以商業的大進取，其事爲君主國之所無，而爲民主國所恆有。」因爲完美的公司制度，大都是建立在民主政體下，和君主國的精神自不免乖戾了。所以要推行公司制度，一定要政制改變以後才行，這裏的最大關鍵，就在民的有權無權。民主國民是有權的，那末對於一個公司他得施行監察選舉罷免等權，所以他對於公司的制度可以相信而敢投資。至於專制國的民是無權的，那末他自不會運用選舉監察等權，那末他對於公司制度自然相疑而不敢投資。這是一所以能發展而一所以行不通的緣故。在法意第二十卷第四章裏他說：

歐美商業公司，其制度之美備，殆無異一民主。此自以生於立憲民主之國，取則不遠之故。專制君主之民，本無平等觀念，故公司之制，中國亙古無之。邇者我國聳於外洋之富厚，推究所由，以為在多商業，則亦相與為其形似設商部，立商會，鼓舞其民，使知變計，一若向有大利在前，吾民皆夢然無所見，而必待上之人為之發縱指示也者。顧彼西人，則以我為天賦貨殖之民，夫以天賦貨殖之民而成就不過如是，則其所以然之故必不在商之能事明矣。

還有銀行制度的建立，對於農工商業的發展很有幫助。銀行的最大利益就在使國內的資金都流通而用在生產的路上，不使它凝滯而不得其用。所以從前惟本錢越大的營業才可以贏厚利，自銀行制度建立後，本錢較小的營業也可得銀行的借款而和大本錢的同樣贏厚利了。在原富部乙篇二裏他說：

古惟斥母多者而後贏利厚，乃今不然。今有甲乙二商，甲多財而乙寡，二人治業，各斥母財十萬。甲之為母，悉出於家；而乙之為母，則出於其家者僅二，而出於賒貸者八焉。賒貸之息，值百納五。至於歲終計贏，各萬五千：是甲以十萬出己之財，獲萬五千之利；而乙之母賒貸什八，其息四千，償是之餘，得萬一千。然則甲以十萬贏萬五千，乙以二萬贏萬一千。夫萬五千之於十萬，百得十五之率也；萬一千之於二萬，百得五十有五之率也。嚀而較之，乙之贏率，過甲贏率，蓋三倍不啻矣。多財之賈，豈必善乎？此則古今商情之大異者也。

要之鈔業之利，取通滯財。竊嘗謂滯財之致貧，其害烈於侈靡。昔者之印度，今日之中國，以庶富之國而有貧乏之形者，害端在此！大之則國家之府庫，官司之度支；小之極於商賈之囊橐，閭閻之蓋藏：蓋無所往而非不生不息之積聚。而至國有興作調發，則又以甚重之息，漏巵於敵國外人，循是爲計，國烏有不大困者乎？

銀行制度一方面供給社會上百業以流通的資金，一方面還是吸收社會上剩餘的資金，給以相當的利息，使積少成多，這就是儲蓄銀行所經營的事了。它一方面可以減少民間無謂的消費，一方面可使小民的經濟得到安定，而風俗敎化都可由是改進了。在又部乙篇二裏他說：

積槃版克（按卽儲蓄銀行。「積槃」今通作「儲蓄」，「版克」卽 Bank〔銀行〕的音譯）者，受人寄賄而與之息也。其數極於甚微，其時極於至暫；此所以勸小民之節蓄，而祛滯財之害，至於錙銖者也。往者小民有財，謂其數微，每不甚惜，則費之於不償之地。自積槖版克興，於是乎民樂蓄聚。數稔之後，往往由窮簷而爲中產之家，旣富方穀，風俗漸美。由是觀之，則版克者不徒富國之至術，而敎化之行寓之矣。後有君子起而施其政於中國，功不在后稷下也，豈特轉貧弱以爲富強也哉！

以上這幾端要是都能够實行了，那末對於農業有來蘇之望，對於工商業都可以得儘量發展的機會，社會上過剩的人材也儘可大量的容納，中國的貧窮問題也可以得到大部分的解決了。

第二篇　中西折衷時期

第一章　動盪的社會和流轉的生活

自光緒二十四年戊戌西元一八九九年到民國的建立，這其中十四五年的時間，在中國歷史上可算是一個非常動盪的時期，在嚴復的生命史上也可算是一個非常流轉的時期，和過去二十年間他的生活的固定恰成一個反背。

一　名重一時

在甲午之戰的刺激下，他既然發表了許多政論，接着在光緒二十二年西元一八九六年完成他的天演論的翻譯工作。這時他在科舉方面雖不得志，但已不像從前被人當一個武夫那樣輕視了。在當時文章巨擘桐城耆宿的吳汝綸已經非常的傾倒他。在吳摯甫尺牘丙申答嚴幼陵書稱美他道：

獨執事博涉兼能，文章學問，奄有東西數萬里之長。子雲筆札之功，充國四夷之學，美具難幷，鍾於一手，求之往古，殆邈焉罕儔。竊以為國家長貧因循不用賢則已耳，如翻然求賢而登進之，舍執事其將誰屬。然則執事後日之事業，正未可預限其終極，即執事之自待，不得不厚，一時之交疏用寡不足芥蒂於懷，而屈賈諸公不得志之文，虞卿魏公子傷心之事，舉不得援以自證。

這樣的推崇他爲中國的第一人，並且爲復興中國的第一人了。同時各方面的人也都注意他了，所以有非毀他的言論起來，說他是能坐言而不能起行的人。這事還勞吳汝綸的爲他辨護，可見他的名重一時了。在又戊戌答嚴幾道書裏說：

似聞津中議論，不能更爲異同，乃別出一說以致其媢嫉之私，曰嚴君之爲人，能坐言而不能起行者也。僕嘗挫而折之曰：天下有集中西之長，而不能當大事者乎？往者嚴公多病，頗以病廢事；近則霍然良已，身强學富識閎，救時之首選也。議者相悅以解。

同時他的翻譯更是風靡一世，天演論竟成爲中學生的讀物，打動了每一個前進的青年的心。在胡適的四十自述裏說：

天演論出版不上幾年，便風行到全國，竟做了中學生的讀物了。在中國屢次戰敗之後，在庚子辛丑大恥辱之後，這個「優勝劣敗，適者生存」的公式，確是一種當頭棒喝，給了無數人絕大的刺激。幾年之中，這種思想像野火一般，延燒着許多少年人的心和血。「天演」「物競」「淘汰」「天擇」等等術語，都漸漸成了報紙文章的熟語，漸漸成了一班愛國志士的口頭禪。還有許多人愛用這種名詞做自己或兒女的名字，陳炯明不是號競存麼？我有兩個同學：一個叫做孫競存，一個叫做楊天擇。我自己的名字也是這樣風氣底下的紀念品。

他的譯筆在當時被認爲勝過日本的翻譯的。在吳汝綸的辛丑答嚴幾道書裏說：

> 廉郎所以仰煩者，固在報館主筆，尤欲得大才譯英美要冊奇書，以爲有此一事，足以維持報館。台端所譯，又可壓倒東亞。

在光緒二十八年西元一九〇二年他的原富已出版，梁啓超在第一期的新民叢報裏大爲此書稱譽，並且昌言「嚴氏於西學中學皆爲吾國第一流人物。」像這些推崇稱譽，其實也並非是倖致的。在當時國難危急的當兒，每一個前進的人都知道中國法制的當變，但在當時能言中西文化的所以然，洞見其優劣的，實在再沒有比得上嚴復的。而且無論是翻譯著述，也沒有第二本像天演論那樣能夠風靡全國的書，那末他的所以得此大名，自是必然的結果了。

二　政局的動盪

在光緒二十四年戊戌，康梁所造成的維新局面漸漸打開中國沈悶的空氣，他於是被王錫蕃薦給光緒帝了。在召見時，光緒帝叫他抄近作上呈，但在他的擬上皇帝萬言書還沒有呈到光緒帝的面前而政變作。清廷的舊黨擁慈禧太后垂簾聽政；幽禁光緒帝於瀛臺，殺主張維新的康廣仁楊深秀譚嗣同林旭楊銳劉光第六人，——這就是戊戌政變中被難的六君子。——康有爲梁啓超亡命海外。這時他也得到不好的消息而避地天津，銷聲匿跡來譯他的原富和羣己權界論。

戊戌政變後接着就是庚子事件，他倉皇避難，拋卻藏書，跑到上海，開「名學會」講演名學。接着聯軍陷北京，東南各省與列國有東南互保之約。上海人士邀集各省人民組織國會，推容閎和他做正副會長，後來他又參加一個中西人合組的慈善團體，來京津做救護工作。次年，他被張翼招赴天津主持開平礦務局事。次年，京師大學堂開辦，吳汝綸被聘做總教習，他被聘做大學堂的編譯局總辦。梁啓超在新民叢報上說：

回鑾後所辦新政，惟京師大學堂差強人意，自管學以下諸職司皆稱得人。今日足繫中外之望者，只此一局，吾深望兩君（按指吳嚴）深自貶抑，翩然出山，以副多士之望也。

明年正月，吳汝綸病歿於其鄉，他挽之以聯道：「平生風義兼師友，天下英雄惟使君。」於是次年他也辭編譯局事了。這時他已經五十二歲，臨去的時候頗有遲暮不得志的感慨，當時一班閩籍的名士在陶然亭給他餞行，他有一首留別詩，中有云：

君知國有鶴乘軒，何必心驚燕巢幕。乾坤整頓會有時，報國孤忠天鑒之。但恐河清不相待，法輪欲轉知我衰。

次年光緒三十一年西元一九〇五年，他因開平礦務局訟事赴倫敦。這時孫中山恰好也在英國，便去拜訪他，談論之間，他主張從教育入手來挽救中國，和革命的主張不能相合。

這時革命的潛勢力在國內國外已經很大，在孫中山領導下的興中會，以種族革命推翻滿清政府為復興中國的第一步，自甲午戰爭以後已經在祕密活動。到了戊戌政變後，主張維新而反對革命的康梁一派，在海外組織保皇黨，以保護光緒帝推翻慈禧太后爲維新的先決條件。梁啓超更發行刊物攻擊慈禧太后和他的黨羽，這種工作，使一般人於不知不覺中對淸廷絕望而走向革命的路上去。加以庚子事件的刺激，於是一般人更其厭惡淸政府，傾向革命，而靑年志士的東渡流學的也日多，都好言革命，重以報章宣傳的努力，於是革命的暗潮愈弄愈大了。同時革命黨人的屢次起義和暗殺行爲，都是出之以爲主義而犧牲的大無畏精神，這種行事更足以感動人心；於是溫和派的維新保皇黨便被新進的人拋棄了。這實在是使嚴復非常感到徬徨不安的事，於是不得不拿折衷的論調來謀補救，而他的思想改變了。

三　榮寵的幻滅

光緒三十二年西元一九〇六年，他已五十四歲了。這時他已由海外歸來，在上海有許多人請他講政治學。九月裏他被派爲考試留歐美學生的同考官。接着安徽巡撫恩銘聘他做安慶高等學堂監督。三十四年直隸總督楊士驤聘他到天津，接着學部尙書榮慶聘他做審定名辭館總纂。明年宣統元年，他被派充憲政編查館二等咨議官和淸理財政處咨議官，福建省顧問官。不一會，清廷又賜他文科進士出身。次年召集資政院，他又以碩學通儒被徵爲議員。海軍部立，他被授協都統的頭銜。次年，又特授海軍部一等參謀官。但轉眼間武昌起義，各省響應，這時他在清朝所得的一切榮寵都要和清朝的煊赫一同消逝了。這在他人或許要感到失望惆悵懊惱，因而對於新政府的建立生出惡感來也說不定；但在他卻完全不是這樣，他雖不滿意當時的激進派，但也和其他的愛國志士一樣熱心的期待着新政府的建立，他像一個沈醉於愛河裏的人，期待着情人的到來那樣期待新政府，這是一種怎樣的精神呀！在瘉壄堂詩集裏他有一首表現當時心情的詩道：

鐙影迴疏𢥞，風聲過檐隙。美人期不來，鳥啼蜃窗白。

可惜到了新政府建立以後，一切現象，仍不能不使他感到失望。

四 第二期思想的界劃

嚴復第二期的思想，可以從光緒二十八年羣己權界論的出版到辛亥革命自成一個段落他鑒於當時少年的激進和革命暗潮的醞釀既認爲不當，所以他想警告全國人士以改革的不易，激進的危機，叫大家且放下革命，對於當前的中國再做精密切實的研究工作，然後再來決定適當的救國方案。所以他在後來致弟子熊純如書札裏說，他自從天演論出版以後，即繼之以羣己權界論，叫一班激進的青年知道西洋的新學說也自有它的限度，不可魯莽滅裂以從事的。倘然忘記了它的限度而以快一己的私心，那末它的害且不可勝言，他常常在大庭廣衆中陳說這種議論。至於一入民國以後，一切國事都使他悲憤，重以空前的歐戰爆發，更把他崇信西方文化的熱心，打得粉碎，所以他又走到另一個環境裏去了。

在這個時期的開始，他的原富早已譯成了。他繼續翻譯穆勒名學，惜僅成半部。又譯法意羣學肄言社會通詮，刊行羣己權界論。在這期中他的著作雖偏於保守，但是有許多對於社會各方面的討論很可以補第一期的不足，爲第一期討論中所不及的，祇要它的性質不偏於保守，統統都歸入第一期裏去了。這個分劃的理由也在上面說過，就爲思想像聯環那樣，後一個環裏也聯着前一環的一部份，所以不得不把這一時的許多思想歸入到上期裏去。

第二章　中西文化的折衷論

一　西學和國故的比附

嚴復在第一期的思想裏，他雖然覺得中國的一切都要不得，中國人所自詡的文化也遠不及西方，但他有一種使他復古的思想，卻早已隱埋在那時的思想中了，那便是他覺得中國聖哲的言論思維和行事都有和當前的西洋暗合的，所以他常常引兩者來做對比，以為可以相互發明。像在原強裏他引孔子的話來比斯賓塞爾的話。

善夫斯賓塞爾之言曰：「民之可化至於無窮，惟不可期之以驟。」而吾孔子亦曰：「為邦百年，勝殘去殺。」又曰：「雖有王者，必世後仁。」

又引古代學校的習武事來比西方教育的注重體育的訓練。

此其理吾古人知之，故庠序校塾，不忘武事，壺勺之儀，射御之教，凡所以練民筋骸，鼓民血氣者也。

他不但對於孔子的學說稱引不廢，並且對於老莊的學說也很崇信。在闢韓裏他既不肯尊孔抑老，並且還稱引老莊的話。

> 老之道，其勝孔子與否，抑無所異焉？吾不足以定之。至其自然，則雖孔子無以易。
>
> 老子言曰：「竊鉤者誅，竊國者侯。」夫自秦以來，爲中國之君者，皆其尤强梗者也，最能欺奪者也。
>
> 秦以來之君，正所謂大盜竊國者耳！國誰竊，轉相竊之於民而已！既已竊之矣，又惴惴然恐其主之或覺而復之也，於是其法與令，蝟毛而起。誰知患常出於所慮之外也哉？此莊周所以有胠篋之說也。

像以上這種片段的引述，我們還得說他因要取信於中國好古的士子，所以拿舊說來比附。但在天演論的序言裏，他卻明明白白地承認中國的古書雖是寶藏着精義微言，並且這種精義微言還得借西方的學術來做參證，方才可以識得它。

> 古之人殫畢生之精力以從事於一學，當其有得藏之一心則爲理，動之口舌著之簡策則爲詞，固皆有其所以得此理之由，亦有其所以載焉以傳之故。嗚呼！豈偶然哉！自後人讀古人之書而未嘗爲古人之學，則於古人所得以爲理者，已有切膚精憮之異矣。

> 故曰讀古書難。雖然，彼所以託焉而傳之理，固自若也；使其理誠精，其事誠信，則年代國俗無以隔之。是故不傳於兹，或見於彼，事不相謀而各有合。考道之士，以其所得於彼者，反以證諸吾古人之所傳，乃澄湛精瑩，如寐初覺，其親切有味，較之覘畢爲學者，萬萬有加焉。

於是他說中國的易經就是西洋的邏輯裏的演繹法，這大概是指易經從八卦推衍到天地萬物和人事的吉凶等等而說的。又說春秋就是歸納法，這大概是指春秋把許許多多的事歸納成爲幾種書法，用來寓褒貶之意而說的。

> 今夫六藝之於中國也，所謂日月經天江河行地者爾。而仲尼之於六藝也，易春秋最嚴。司馬遷曰：「易本隱而之顯，春秋推見至隱，」此天下至精之言也。及觀西人名學，則見其於格物致知之事，有內籀之術焉，有外籀之術焉（按內籀今譯歸納，即從散著的現象中求出一個公例來。外籀今譯演繹，即根據了公例來推斷一切未知的事。）乃推卷起曰：有是哉！是固吾易春秋之學也。遷所謂本隱之顯者，外籀也；所謂推見至隱者，內籀也。其言若詔之矣。

這樣的比附還不夠，他再拿西方的自然科學和哲學的公例來比附易經，因此斷定古人的書中的確含着精義微言，並不是祇有一二事的與西學偶合了。

> 近二百年，歐洲學術之盛，遠邁古初，其所得以爲名、理公例者，在在見極，不可復搖。顧吾古人之所得，往往先之。此非傅會揚己之言也，吾將試舉其灼然不誣者以質天下。夫西學之最爲切實而執其例可以御蕃變者，名數質力四者之學是已。而吾易則名數以爲經，質力以爲緯，而合而名之曰易。大宇之內，質力相推，非質無以見力，非力無以呈質；凡力皆乾也，凡質皆坤也。奈端動之例三。其一曰：「靜者不自動，動者不自止，動路必直，速率必均。」此所謂曠古之慮，自其例出而後天學明，人事利者也。而易則曰：「乾其靜也專，其動也直。」後二百年，有斯賓塞爾者，以天演自然言化，著書造論，貫天地人而一理之，此亦晚近之絕作也。其爲天演界說曰：「翕以合質，闢以出力，始簡易而終雜糅。」而易則曰：「坤其靜也翕，其動也闢。」至於「全力不增減」之說，則有「自強不息」爲之先；「凡動必復」之說，則有「消息之義」居其始；而「易不可見乾坤或幾乎息」之旨，尤與「熱力平均天地乃毀」之言相發明也。此豈可悉謂之偶合也耶？

不過他當時所推崇比傳的古學到此而止，換句話說，他不過推崇秦以前的古學，至於秦以後的政制既都是大盜竊國，秦以後的學術也是幫助大盜來維持他所竊的國，其十八九都是「壞民之才散民之力漓民之德」（關韓）的。所以他在救亡決論痛闢秦以來的學術，詆爲「無實」「無用」（見頁一〇三。）更以當前的中國的一切都造因於宋學，宋學拋開了現實去空談性命，拿八股詩賦來梏亡人的聰明，所以他要太息痛恨於宋人了。在原富部戊篇一裏他說：

今年五六月間，北土攘夷之舉，雖有儀秦之舌，無以自解於天下後世。而推其禍之所由來，舍八股詩賦，吾不知其所屬。何則？民之聰明，梏亡於功令，雖至淺之理，至明之事，其智亦不足以與之也。嗟夫！學術之非，至於滅種，此吾所以不能不太息痛恨於宋人也！

（再參觀前引）

二 折衷論的根原

他雖認秦以前的學術有精義微言和西學暗合，但這種精義微言都已成爲絕學，反要借西學來啓發它。所以不特要興復中國須全盤西化，就是要眞正認識秦以前的學術，也非治西學不可。這樣使他變成了全盤西化論者而不走到復古的路上去了。

照這樣看來，他的全盤西化和後來的全盤西化原是不同。後來五四運動時候的陳獨秀胡適一班人的全盤西化，是在否定了中國秦以前秦以後的學術而提出的。他們認爲秦以前的聖哲的教訓，也不過是芻狗之已陳，無當於世教，並且我們要全盤西化，也非把它們全數打倒不可。這和嚴復的在不否定秦以前的學術下接受西化的自是不同了。因爲他不否定秦以前的學術，就有認秦以前的學術還有保存着的可能，現在的一切也有不被否定的可能，於是他要保存現在的一部份和接受西洋的一部份了，這樣就造成了他的中西文化折衷論。

講到學術那樣東西的亡絕和保存，又是很難說的事。一家學說沒有承繼的人接續下去，就可說成了絕學了。但祇要那家學說的著述還保存着，那末不妨成了幾千年的絕學再光大起來，祇要後人能夠研究發揮就得了。所以「墨學」亡了幾千年，到近代又發揮光大起來了。嚴復既不否定秦以前的學術，那末凡是秦以前的學術到現在還有人研究的，也就是到現在還沒有亡的，都得擇要保存起來了。這樣一保存，對於現在中國的一切就不能全盤否定，——祇少是學術的一部份不能完全否定，於是乎保存中國一部份的學術思想，接受西方一部份的學術思想，這樣就成為中西文化折衷論了。

三　古代文化的保存

在法意第十七卷第三章裏他說：

> 夫宗教、哲學、文章、藝術，皆於人心有至靈之效，使歐民無希臘以導其先羅馬以繼其後，又不得耶回諸教緯於其間，吾未見其能有今日也。是故亞洲今日諸種，如支那，如印度，尚不至遂為異種所剋滅者，亦以數千年教化，有影響效果之可言。特修古而更新之，須時日耳。

這裏他說民族的不亡是全靠古代的文化來維持了，這和上期的詛咒古代文化，認為造成國弱民貧而幾幾乎要亡國滅種的，是多麼的相差呀！就是退一步說，上期所詛咒的是秦以後的文化，這裏所指的是秦以前的文化，那末這不就說明秦以前的文化到現在還有「影響效果之可言」嗎？既然中國民族還全靠這些有「影響效果之可言」的古代文化來維持，那末自然不可拋棄它，當「修古而更新」它了。這就是說古代文化還有些保存着而要採用中西折衷的理由。

在他的評點老子裏於老子第五章的：「天地不仁，以萬物爲芻狗，」和王弼注「地不爲獸生芻而獸食芻，不爲人生狗而人食狗」的上面批道：「天演開宗語。」因爲天演的學說，開宗明義不外「物競天擇，適者生存，」這不是說天地是沒有仁慈的，是沒有上帝的，萬物的各各在競爭着以謀自存的嗎？又對王弼注批道：「四語括盡達爾文新理，至哉王輔嗣！」因爲達爾文的學說證明物類的生存競爭和天然淘汰，所以獸爲了要生存便犧牲了草，人爲了要生存便犧牲了許多獸類，那裏是天造地設的呢？這不就是達爾文的打破景教上帝造人的學說嗎？

除了這種和西說相合外，還有能夠燭照數計而洞識西方的弊病的。那在他看來當然更可寶貴了。在法意第十八卷第十七章裏他說：

乃不謂文明之程度愈進，貧富之差數愈遙，而民之爲奸，有萬世所未嘗夢見者。此宗敎之士所以有言，而社會主義所以日盛也。此等流極，吾土惟老莊知之最明，故其言爲淺人所不識。不知彼於四千餘年之前，夫已燭照無遺矣。

在老子第十八章裏說：「大道廢，有仁義；智慧出，有大僞」等話。那就是說一定社會上有了不仁不義的事情發生，才有所謂仁義的名辭出來，倘然沒有不仁不義的事，那末大家都是仁都是義，便不會有仁義的可稱頌了。好比喫飯的會成問題，就爲了社會上有許多人沒有飯喫的緣故。至於喫空氣便不成問題，就爲了大家都有得喫的緣故。仁義的發生，就是大道的廢止了。所以一個社會有極富的人，一定就是這個社會有極貧的人而產生的；一個社會有極賢明的人，也就是這個社會有極惡的人所造成的。這大概就是他所認爲歐洲的兩種弊病——極貧和極惡的人——，早已爲四千年前的哲人所燭照無遺了吧！這不就是說我國像這種的學術思想應力爲保存，而要採用中西折衷的理由嗎？

四　國內矛盾的調和

在這裏有二個疑問：他既在第一期的思想裏確認中國的一切都要不得，主張全盤西化，爲什麼到這時又認中國的一切有許多是不可棄的，是有古代文化的影響效果的可言，是維繫國族於不弊的呢？這是需要從國內的現實環境來解釋。其次，他既認中國的古代文化要借西方的文化來磨冶，才得發見它的眞相的，爲什麼這裏又說中國古代的哲人對於西方文化的弊病能洞燭無遺，幾幾乎中國的哲人它的思想要超越西方的現代哲人了，這又是何故呢？這個問題需要從國外的現實環境裏去求解釋。

先就國內看：這時正是戊戌政變以後，全國的熱心愛國的人對清廷幾乎絕望。加以流亡在海外的保皇黨一派，像梁啓超等都極力攻擊守舊的清政府，這樣就造成一種人民對政府的離心力。同時革命排滿的學說與日俱盛，加以庚子事變後，清政府的腐敗更爲人民所厭惡，於是革命的火燄就有一觸卽發之勢了。他看到當前國內的危機，想設法挽救。但當前國內的危機不外三種：

第一種是一班新進少年，對於中西文化旣未能洞見它們的利弊，徒以覬於西洋的富強和東洋維新的成效，於是認爲西方的一切都好要想魯莽滅裂的搬到中國來。但對兩方的一切又不能見其所以然，那是非常危險的事。所以他一方面叫大家且慢瞎鬧，且埋頭研究一個西方文化的所以然再來談改革。一方面叫人注意中國現在的一切中，也有古代文化的好的地方保留着，不應一概抹煞。於是乎他把所譯的穆勒約翰自由論改做羣己權界論出版，因爲「自由」這一個名詞，他覺得不宜給一班魯莽滅裂的人看，恐引起放誕、恣睢、無忌憚這許多劣義來。所以他在序言裏說：

十稔之間，吾國考西政者日益衆，於是自繇之說，常聞於士大夫。顧竺舊者既驚怖其言，目為洪水猛獸之邪說；喜新者又恣肆泛濫，蕩然不得其義之所歸。以二者之皆譏，則取舊譯英人穆勒氏書，顏曰羣己權界論，畀手民印版以行於世。學者必明乎己與羣之權界而後自繇之說乃可用耳。

西方的學說像「自由，」也必須要明乎羣與己的權界而後可用。至於羣治的改革，它的端緒萬千，更不可不先咨於學了。在羣學肄言序裏他說：

二十年以往，不佞嘗得其書而讀之，見其中所以飭戒學者以正心誠意之不易，既已深切著明矣。而於操柄者一建白措注之間，輒為之窮事變，極末流，使功名之徒，失步變色，俛焉知格物致知之不容已。乃竊念近者吾國以世變之殷，凡吾民前者所造因，皆將於此食其報。而淺譾剽襲之士，不悟其所從來如是之大且久也，輒攘臂疾走，謂以旦暮之更張，將可以起衰而以與勝我抗也。不能得，又搪撞號呼，欲率一世之人，與盲進以為破壞之事。顧破壞宜矣，而所建設者，又未必其果有合也，則何如稍審重而先咨於學之爲愈乎?

第二種是主張種族革命的激進派。對於革命,凡是贊成維新的人大都是認爲非常可怕的名詞,嚴復自然不能例外。他認一個國內前進的志士是很難得而很可貴的,倘然實行革命,那末犧牲的正是這種難得而可貴的志士,實在是國家的一種損失。況且革命以後,國家的元氣一定大傷,社會一定要更加動盪不安;這種歷史的教訓實在是非常可怕的並且就是要推行西方的政制,也要視人民的程度做轉移。徒然革命而民智民德民力不能提高,那末一切依舊無從談起的。在主客平議裏他說:

前識憂時之士,曠觀千古,橫覽五洲,念吾民設長此而終古,則不足圖存於物競最烈之餘。於是憂其篤古者,則進之以從今;起其受治者,而勸之使自立,此其意誠善也。獨數千載受成之民質,必不如是之速化,不速化,故寡和;寡和則勵者刻之,必相率爲犧牲而後已。夫犧牲何足辭,獨是天之生先覺也不易,而種之有志士也尤難,奈何以一二人倡說舉事之不祥,遂牽連流血以灌自由之樹乎?是公等爲己謀之未臧,而又使我國受大損也,其亦重可悲矣。且其效於羣又何如?昔英之革命也,實當勝代之季;法之革命也,近在乾嘉之間。至今考其國史，其醞釀之也皆百餘年，而事後之創夷，國之唸咿呻吟者又百餘歲，夫而後文明之終獲福焉，則其難有如此者。且歐美二洲之間，非一國也；所謂自由溥將而民權大重者，獨英美及中間數小部則然耳。西班牙不如是也，德意志不如是也，至俄羅斯則愈不如是。夫泰西之民，人懷國家思想，文明程度若甚高矣，其行民權之說，尚遲而且難如此，公等試思是四萬萬者爲何如民乎？而欲其朝倡而夕喩也。

第三種是頑固的守舊派。這當然是指當時的清政府了。他們憑着權力，摧殘新政，殺戮維新和革命黨人，想用虐刑來遏止新機，維持舊有的一切。這種舉動徒然更增加維新革命兩黨的反感，更引起人民的厭惡，更加重社會的不安。所以他勸一班執政最好對醉心於新政的人用利導的方法，漸漸開導他們，不要加以壓迫。否則壓迫得愈利害，它的反動力也愈甚，而革命的災禍也就不能免了。在同篇裏他又說：

今開關以與五洲之人類相見，則本屈伸相酬，無往不復之理，吾策新機之動，將必有不可思議者見於方來。公等懼其過而爲禍烈歟？則莫若利導之，其次整齊之；最下與之爭。爭之猶可，若乃據一時之國柄，而逞其禁錮剿絕之淫威，則無異持丸泥以塞孟津，勢將處於必不勝，而後此流血滔天之禍，其有尸之者矣，咎不必盡在新者徒也。

他要消滅這國內的三種矛盾，於是他提出中西折衷論來了。對新進的和革命的人叫他們且慢激進，西方的一切也不是完全好的，中國的一切也不是完全壞的。對守舊的人叫他們應該接受一些新政，對維新的人要利導他們容納他們。這些都是針對現實的社會而生出來的挽救辦法。

五　西方文化的動搖

其次，他的所以要主張中西折衷論，是因為對西方文化的信仰的動搖。在第一期裏，他雖然也看到西方文化的弱點，像貧富的不均，人口的過庶，都沒方法解決。但他終認為這種問題也在一步一步的趨向解決的路上去，所以他依舊是很信仰西方文化的。在原強裏他說：

至於西洋，則其貧者之不厭糟糠，無立錐之地，與中國差相若；而連阡陌棄粱肉，固未足以盡其富也。夫貧富不均如此，是以國財雖雄而民風不競，作奸犯科流離顛沛之民，乃與貧國相若。而於是均貧富之黨興，毀君臣之議起矣。且也奢侈過深，人心有發狂之患；孳乳甚遠，戶口有過庶之虞。故深識之士，謂西洋教化，不異曇花，語雖稍偏，不爲無見。蓋欲救當前之弊，其事存於人心風俗之間。

因爲西方的民智民德民力一天一天在提高，那末這種弱點也就可以一天一天地減少。對於最難解決的過庶問題，尚且可以因民衆程度的提高而得以解決（見頁一七七），何況貧富問題呢？況且自原富刊行以後，西方人民的生計愈加發展，不就是程度提高足以解決貧富的好例嗎？所以他雖見西方文化的弱點而依舊很信仰。

到了這時，他就不這樣信仰了。他覺得歐美的生事愈宏，機器愈發達，人民的程度愈提高，而社會的貧富也愈利害了。從前他相信祇要文明程度提高就可以解決的問題，那知到了愈文明而問題也愈嚴重，於是使他崇信老莊那種「大道廢，有仁義；智慧出，有大僞」那一類的話了。在法意第十八卷第十七章裏他說：

歐美之民，其今日貧富之局，蓋生民以來所未有也。富者一人所操之金錢，以兆計者，有時至於萬億，而貧者且暮之饔飧，有不能以自主。往者民生差貧，或且謂機器與鐵軌行，人人將皆有生事之可操，生業將皆有倍稱之獲，衣食足而民驩虞，比戶可封之俗，刑措不用之風，非難致也。乃不謂文明之程度愈進，貧富之差數愈遙。而民之爲奸，有萬世所未嘗夢見者。此宗教之士所以有言，而社會主義所以日盛也。

和這些相類似的問題，像西方各國對中國的經濟侵略，對殖民地的武力壓迫等等，到這時都造成他的對西方文化懷疑動搖的因素。因此而轉到老莊的思想裏去，自然覺得中國的一切也不是應該全盤抹殺了。

六　折衷論的標準

嚴復既認西方文化不應該全盤接受，——這就是說還得保存中國的一部份——中國的文化不應該全盤抹殺，那末我們應該取怎樣的一種態度呢？這就是怎樣叫做中西文化的折衷論的問題了。

中西文化折衷論絕對不是一般人的所謂中西文化調和論。一般人講到調和，就要想起張之洞那一派人所提倡的「中學爲體西學爲用」了。不知體用是就一物而言，有牛之體而後有負重之用，有馬之體而後有致遠之用，這二者是完全分不開來的。這一點他認得非常明白（見頁八二）。所以中西文化的折衷論絕對不是調和論。

折衷者，好比揚子雲所說的「羣言淆亂衷諸聖，」史記孔子世家所說的「自天子、王侯，中國言六藝者，折衷於夫子（按指孔子，）可謂至聖矣」的「折衷。」這就是說拿孔子來做準繩尺度，把其他一切的異說來就這個準繩尺度以定合不合。那末折衷一定要一個準繩尺度了，此其一。讓新舊二者絕不相同的學說，各各盡量發揮以求勝，於是相磨相厲，而有第三者更完備的學說出來，或者兩者之中一勝一敗，這勝者或第三者的新說也就是折衷至當的學理了，此其二。把舊的社會更新，並不是可以速成的事，一定要一步一步的蛻化的。所以在過渡時代，一方面保存舊有來安定社會，一方面接受新的來蘄求進步。這樣在不廢新舊中漸漸改進，折衷於天演的道理，此其三。嚴復的中西文化折衷論，是兼三者而有之。

折衷於民族的復興

就前者說：他認復興中國民族是中西文化折衷的規矩準繩，也可以說中西文化應該折衷於中國民族的復興。再明白一點說：就是凡足以愈我國的貧療我國的愚起我國的弱的，不問是中是西，都得盡力以求之。凡足以造成我國的貧、愚、弱的，不論是中是西，都得盡力以去之。在與外交報主人論教育書裏他說：

獨闢擇之功（按指中西新舊文化的去取，）必將闊視遠想，統新故而視其通，苞中外而計其全，而後得之，其為事之難如此。雖然，有要道焉，可一言而蔽也。今吾國之所最患者，非愚乎？非貧乎？非弱乎？則徑而言之，凡事之可以愈此愚、療此貧、起此弱者，皆可為；而三者之中，尤以愈愚為最急。何則？所以使我日由貧弱之道而不自知者，徒以愚耳。繼自今，凡可以愈愚者，將竭力盡氣皸手繭足以求之，惟求之為得，不暇問其中若西也，不必計其新若故也。有一道於此，致吾於愚矣，且由愚而得貧弱，雖出於父祖之親，君師之嚴，猶將棄之，等而下焉者無論已。有一道於此，足以愈愚矣，且由是而療貧起弱焉，雖出於夷狄禽獸，猶將師之，等而上焉者無論已。何則？神州之陸沈誠可哀，而四萬萬之淪胥甚可痛也。

這是說中西文化應該折衷於國家民族的復興。

折衷於至當的學理

就其次說：他認為舟車大通，於是各不相同的文化得以相互觀摩，因此人類的聰明愈進，而新理日出，社會也愈進於文明了。在原富部丁篇二裏他說：

> 歐洲十八十九兩稘之中，其世事之變動而日進於光明者，不知凡幾。蓋自物理格致之微，以至治化文明之大，高而遠之，至於天運律曆；切而近之，至於德行性靈之學，無事不自標新理，而古說漸衰。且舟車棣通，坤輿翕闢，殊方詭俗，日相觀摩，若共井里，聰明之用，日月俱新。故吾中國之處今日，其常憂於無救而卒為機黑二種之續者，病在自黜聰明，不察理實已耳！

所以在當前的中國，祇要大家以求眞實的道理為目標，不論主中主西，各各抱其所信守來相互磨礱，那末自然也可以造成新理日出而社會日趨進步的現象了。在原富部丁篇八裏說：

> 「順天者存，逆天者亡。」天者何？自然之機，必至之勢也。閱今而考古，格物而致知，必求眞實而後已者，凡為此耳。吾黨有志圖存之士，其求深識此所謂天者。

要求眞實的學問，也不外「閱今而考古，格物而致知」把古今中外的一切折衷以求一個至當而已。

折衷於天演的蛻化

就後者說：他認新舊兩者一進一守而不可或缺。在主客平議裏他又說：

竊謂國之進也，新舊二黨皆其所不可無，而其論亦不可以偏廢。非新無以爲進，非舊無以爲守，且守且進，此其國之所以駿發而又治安也。故士之無益於羣而且爲之蟊賊者，惟不誠耳。傾巧險巇，於新舊二者之旨，本皆無所信從，而徒以己意爲禽犢；遇舊則爲墨守，逢新則爲更張，務迎合當路要人以苟一朝之富貴，則吾眞末如之何也已！使皆出於誠，則心之不同，如其人面。舊者曰非循故無以存我；新者曰：非從今無以及人。雖所執有是非明闇之不同，要之其心皆於國有深愛。惟新舊各無得以相強，則自由精義之所存也。

一個舊的社會像中國，要是革命者的主張，把舊的一切掃盪完了，再拿西洋的新的一切來代替；那姑無論其是否可能，但試想把舊有的一切掃盪完了，那個社會還能安定的生活下去嗎？勢必要造成很大的擾亂了。要避免這種危機，祇有讓舊的保存着，一點一點從事改革。這就是合乎天演進化的蛻變，新的適合的自然會日積月累的多起來，舊的不合理的自然會被淘汰的。倘然要全部革新那樣激進，那末新的既不能一時之間都完全建立，舊的卻又亡了，這樣，國家便失了他所以維繫的東西，豈不是陷於危亡了嗎？所以對中西的文化都求一個對現社會適應的折衷。在政治講義序裏他說：

> 夫人類之力求進步固也，而顛隮昏亂，乃即在此為進之時。其進彌驟，其塗彌險，新者未得，舊者已亡，倀倀無歸，或以滅絕。是故明者慎之，其立事也，如不得已。乃先之以導其機，必忍焉以須其熟，智勇功名之意之不敢存，又況富貴利祿之汚者乎！夫而後有以與時偕達，有以進其羣矣。而課其效果，苦惡則取其至少，善樂則收其至多。噫！此輕迅剽疾者之所以無當於變法，而吾國之所以待命者，歸於知進退存亡之聖人也。

以上就是嚴復對於中西文化折衷的三個原則，這是他這期的思想的根本態度。至於這兩方的文化，何者當與、何者當守的詳細節目，那當然也無從說起；不過按着這三原則的尺度去衡量，那麼雖不中不遠矣。

第三章 緩進的變法論

一 變法之難

這時的嚴復已不再像從前那樣輕言變法了。在從前，他對士大夫的怙私而反對變法非常痛惡，主張打破這種把持之局。到這時他覺得舊的既不可盡非，而且也不能完全打破。要全部打破不但要使一部份人受害，而且也總免不了流血的恐怖。在原富譯事例言裏他說：

故變法之際，無論舊法之何等非計，新政之如何利民，皆其令朝頒，民夕狠顧；其目前之耗失，有萬萬無可解免者。此變法之所以難，而維新之所以多流血也，悲夫！

並且一種制度的成立，既有數千年演變的歷史，也自有和這種制度相容納的精神。倘要驟然改革，那末容納在這種制度和精神裏的執政和民衆，就不能不起來反對了。所以要變法不得不等待時機，一定要等到執政者和民衆一同厭棄那個制度時方可以。在法意第四卷第三章裏他說：

夫一國之制，其公且善，不可以爲一人之功；故其惡且虐也，亦不可以爲一人之罪。雖有桀紂，彼亦承其制之末流，以行其暴；顧與其國上下同遊於天演之中，所不克以自拔者，則一而已！賢者覩其危亡，思有以變之，則彼爲上者之難與在下者之難，又不能以寸也。必有至聖之德，輔之以高世之才，因緣際會，幸乃有成；不然，且無所爲而可矣。法固不可不變，而變法豈易言哉！豈易言哉！

否則，中國的民衆習於中國的法制和精神，種種紛更，徒然增加社會的不安寧。在同書第二十九卷第六章裏他說：

顧東西二化，絕然懸殊，而人心習俗，不可猝變。竊願當國者知利害之無常，拘虛之說固不可行，而紛更之爲亦不可以輕掉也。

不過並不是說法從此不應當變，就是一定要有深切的認識，認識法制的形質和精神，然後再看時機的進退，那才可變。否則盲從西方的一切，反足以引起社會的紛擾，它的害處且比不變更要利害了。同卷第十三章他說：

不佞非曰吾法不當變，特變之而無其學識，姑耳食而盲隨焉，其後患且烈於不變。

沮吾國之進步者，必此耳食而盲隨者矣。

我國的法既不能不變，而變法又是那樣的不易。守舊的既不足語此，維新革命的又都魯莽滅裂，所以他要嘆息地說：「吾國之所以待命者，歸於知進退存亡之聖人」了。

二 政制的體合

一個國家的改變一種政制，一定要和這個國家的形質和精神相融合才行。倘這個國家原來的形質和精神已經發展到了極點，成爲硬化了，那末別的東西便不能和它相融合。這個國家既不能革故，也不能更新，那是入於老死的環境了。前者幹局未堅，能夠融合新的東西，那便是斯賓塞的所謂體合了（見羣學肄言喩術第三。）

拿這種理論來看中國，那末他認爲中國完全是一個宗法社會極發達的國家。它的宗法的體幹已經非常完備，它的一切都相互搘拄而不可變。所以就是適合宗法的外緣已經完全變了，它也很難和別的適合的政制做體合了。在法意第十九卷第十九章裏他說：

民之生也，有蠻夷之社會，有宗法之社會，有軍國之社會。此其階級，循乎天演之淺

> 深，而五洲諸種之所同也。當為宗法社會之時，其必取所以治家者以治其國，理所必至，勢有固然。民處其時，雖有聖人，要皆囿於所習，故其心知有宗法，而不知有他級之社會。且為至纖至悉之禮制，於以磅礴經綸，經數千年，其治遂若一成而不可復變也者。何則？其體幹至完，而官用相為搘拄。譬如動植生物，其形體長成充足之後，雖外緣既遷，其自力不能更為體合。此羣學之大例，斯賓塞爾論之詳矣。

照這樣說來，中國的宗法社會已經長成到充足，雖外緣已遷而仍不能和新的政制相體合，那不是已入老死的境界了嗎？但是他的答案卻是不這樣簡單。他認為中國現在雖束縛於宗法的形制和精神，但這種形制和精神，卻有許多地方適宜於組織現代富強國家的基本條件。這種基本條件韞藏着就是儲能，它日把這種儲能儘量的發揮出來，便不怕中國不是世界上獨一無二的強國了。所以暫時的不能與外緣適合，不足為深憂。因為外面的環境愈逼愈緊，舊的形制和精神所受外界的震撼也一度利害一度，這樣，「自力不能更為體合」的中國，或許因外力的震撼而漸漸變更，走上和適合的政制的體合那一條路上去了。在社會通詮國制不同分第十四裏他說：

吾譯前語（按指共和政制，）於吾心怦怦然。何則？竊料黃人前途，將必不至於不幸也。即使其民今日困於舊法，拘於積習之中，卒莫由以自拔，近果之成，無可解免。而變動光明，生於憂患，行且有以大見於世史，無疑也。今夫合衆之局何爲者？以民族之寡少，必幷合而後利自存也。且合矣，乃雖共和之善制而猶不堅。何故？以其民之本非一種，而習於分立故也。天下惟吾之黃族，其衆既足以自立矣，而其風俗地勢，皆使之易爲合而難爲分。夫今日謀國者之所患在寡，在其民之難一而法之難行，而吾民於此，實病其過耳，焉有以爲患者乎？且吾民之智德力，經四千年之治化，雖至今日，其短日彰，不可爲諱。顧使深而求之，其中實有可爲强族大國之儲能，雖摧斲而不可滅者。夫其衆如此，其地勢如此，其民材又如此，使一旦翻然，悟舊法陳義之不足殉，而知成見積習之實爲吾害，盡去腐穢，惟强之求，冀五洲無此國也！何貧弱奴隸之足憂哉！世有深思之士，其將有感於吾言。

那末中國的變法，一方面在求和外緣相體合，一方面在求保存「可爲强族大國的儲能」而這種儲能，又是「經四千年的治化」所陶鑄成的。那便是中西折衷的變法論了。

三　治化的適應

關於中西折衷的變法，拿什麼做標準呢？那便是治化的適應了。因爲法制這樣東西，祇有宜不宜可言，沒有善不善可論。在文明國家一個非常好的法制，要是移殖到未開化的國度裏，那不但得不到好處，並且把他們原有的維持社會秩序的東西弄壞，結果或者可以釀成大亂。那好比他在上面所論的中國虐刑，對於這一件事情也是他所認爲痛心疾首的事情。但要是把它完全革去了，當時的官吏又不會抵瑕蹈隙，曲證旁搜，那未虐刑一廢，官吏且不會治獄，譸張的人更無法裁制了（見頁一三四）。再像奴工，要算是最不人道的了。況且奴隸既沒有自由，那末工作自不能勤奮，再從各方面考察，課其效果，轉不若雇工那樣有利（見頁一九〇）。但在不值錢的荒地上做開墾的工作，倘用雇工一定要受到許多損失，墾荒的工作也因以不進，轉不若用奴工那樣有利。所以一種制度在社會裏，沒有絕對的好和不好，祇有那個制度的適應不適應，能夠適應的就好，否則雖有好制度也成爲不好的了。在原富部乙引論裏他說：

國無論古今，但使未闢之地過多，田價甚賤，則其勢不能用雇工。欲地利之出而與分功之制者，非用奴工不可。五洲諸國，其始莫不有奴，而南、北美洲掠賣黑奴之禁，至十九稘中葉而始效。中國僮奴之制，降及元明，不禁漸寡。至於國朝，不少概見。蓋生齒日蕃，其法無所利，則其俗不待禁而自去也。

他認最無人道的虐刑和奴工，要是在環境的適應下，尚且廢了要影響到無以治獄和不能興地利，那末善於這二者的法制，要是和治化相適應，自然是更不易廢了。——不過在這裏我們得注意，他並不是贊成虐刑和奴工而認爲不可廢，對於虐刑他眞是痛心疾首，對奴工也具同樣的見解。在這裏他不過根據學理，說明弊政的不易革除而已。——所以適應於各個社會裏的制度的利弊，完全要看各個社會治化的淺深而定。要是這個社會的文明程度低，那它自然產不出好的制度來。但要是文明的程度提高了，那末不好的制度將成爲前進的障礙物，自必除之而後定。否則從前靠這個制度來安定社會的，現在將由這個制度而束縛社會的進步，結果將造成更大的擾亂來革除它了。在日本憲法義解序裏他說：

今夫政學家之言國制也，雖條理萬殊，而一言蔽之，國立所以爲民而已。故法之行也，亦必視民而爲之高下：方其未至也，卽有至美之意，大善之政，苟非其民，法不虛行。及世運之進也，民日以文明矣；昧者欲殉區區數千人之成勢私利，執其束縛虜使之法，抶天祖之重，出死力保持，求與之終古，勢且橫潰盪決，不可復收，而其羣以散。此爲治之家所爲必消息於二者之間，以行其窮變通久之術，則法可因民而日修，而民亦因法而日化。夫而後法與民交進，上理之治，庶幾可成，而所謂富強之效，抑其末已！

所以一種好的法制的創立，一方面要適合那個社會的舊文化，一方面要適合當前的環境。做到了這兩點，才可以算是適應治化的政制。所以他又說：

日本帝國憲法者，非明治維新之衆之所能爲也，日本通國之人實爲之。又非日本通國之人之所能爲也，日本所席之舊治，與所遭之時世實爲之。蓋一果之成，固必有其無數因者，合而使之，必出於此。使見者而曰是某與某之業也，其於言治蕩矣！

四　法度的更張

政制的改革

這種緩進的變法論，使他對於政制的革新，已不再昌言設議院了。他覺得中國的民智實在還够不上設議院，議院不能和治化相適應。在原富部丙篇三裏他說：

今日中國言變法者，徒見其能而不知其所由能，動欲國家之立議院，此無論吾民之智不足以與之也，就令能之，而議院由國家立者，未見其爲眞議院也。徒多盈庭之莠言，於國事究何裨乎？然則彼日本何以能之？曰：彼日本之君，固新自無權而爲有權者也。權孰與之？曰：民與之，其民之得議，不亦宜乎？雖然，彼日本之議院，至今猶未爲便國之制也，繼今以往，漸爲善制，則未可知耳。

議院既不易設，新政又不能不開，那末將怎樣選擇一個折衷辦法呢？那就是他的建立地方自治的基礎說了。它的辦法就是在一鄉一邑裏設立鄉局，使公民推舉代表來幫助官吏辦理政事。這樣一來，使民衆大家關心國事，養成他們處理政治的能力。這兩個目的要是漸漸成功，那末每一個百姓自然知道對國家有應盡的義務，自然生出愛國心來，那末一切新政的措施也自易推行，國家的進步也比較容易了。在法意第十七卷第三章裏他說：

求國羣之自由，非合通國之羣策羣力不可。欲合羣策羣力，又非人人愛國，人人於

國家皆有一部份之義務不能。欲人人皆有一部份之義務，因以生其愛國之心，非誘之使與聞國事，教之使洞達外情，又不可得也。然則地方自治之制，乃刻不容緩者矣。竊計中國即今變法，雖不必遽開議院，然一鄉一邑之間，設爲鄉局，使及格之民，推擧代表，以與國之守宰相助爲理，則地方自治之基礎矣。使爲之得其術，則民氣不必緣此而遂囂，而於國家綱擧目張之治，豈曰小補。上無曰民愚不足任此事也，今之爲此，正以愈愚。但使人人留意於種之強弱，國之存亡，將不久其智力自進，而有以維其國於泰山之安。且各知尊主隆民，爲人人之義務，則加賦保邦之事，必皆樂於自將。設其不然，將一賦之增，民皆以爲厲己，人心既去，事寧有可爲者哉？

其次是民主制度的不易行和不宜行。因爲民主是以平等爲基礎，平等並不僅僅是指法律上的平等。因爲社會上要是貧富的相差太遠，那末智愚也必然的相差很遠，因爲極貧困的人，他們當然沒有力量去接受現代的知識。這樣政權，當然不是無知識的貧人所能過問，於是勢必給一班有錢人占據了去。他們所制定的法律，當然不是平等的法律，那末貧人雖享受法律上的平等，無如那法律已不平等，又那裏談得上眞正的平等。就是退一步說，法律是眞正的平等的，但極度貧困的人卻不免於飢寒凍餒以死，而有錢的人卻是「朱門酒肉臭」那樣的糜費，那末一個法律的空平等有何用處，這兩者間還不是極度的不平等麼？所以嚴復認平等一定要從民的智德力三者着手，三者能夠使它達到水平線以上，那末才可以講民主了。否則民主制度不但不易行，並且也不宜行。在法意第八卷第二章裏他說：

> 民主者，治制之極盛也。雖然，其制有至難用者。何則？斯民之智德力，常不逮此制也。夫民主之所以爲民主者，以平等。故邊沁之言曰：「人人得一，亦不過一。」此平等之的義也。顧平等必有所以爲平者，非可強而平之也。必其力平，必其智平，必其德平，使是三者平，則郅治之民主至矣。不然，使未至而強平之，是不肖者不服乎賢，愚者不令於智，而弱者不役於強也。夫有道之君主，其富者非徒富也，以勤業而富，以知趣時而富，以節欲而富。其貴者亦非徒貴也，以有德而貴，以有功勞而貴，以多才能而貴。乃強爲平者曰：是皆不道，吾必剗之以與吾平。夫如是，則無富貴矣，而并亡其所以爲富貴者矣。夫國無富貴者可也，無所以爲富貴者不可也。無所以爲富貴者之民，而立於五洲異種之中，則安

能不爲其至貧，又安得不爲其至賤者乎！

經濟的掙扎

對於經濟問題，他不再像從前那樣樂觀，認自由貿易是有利無弊的了。他認爲一國經濟枯竭，人口過剩，那末工庸的價錢一定日降，小民大受其害了。但是一國的生產過剩，貨物銷不開去，那末母財日虧，最先受害的就是小資產階級了。歐美各國因爲生產過剩，所以要分割中國做他們的市場。於是中國的市場上充滿了外貨，那無疑的對於中國過剩的人工微薄的工庸再加一重打擊。因爲維持微薄的工庸的工商業，受了外貨的排擠，當然更現出不振的氣象來。所以他要喊出「謀人國家者所以不可不知計學」了。在原富部甲篇九裏他說：

現在之盈溢（按指人为過剩）爲過庶，前積之饒衍（按指生產過剩）爲過富。過庶者母財不足以養工，而庸率日減；過富者業場不足以周財，而贏率日微。庸率日減，則小民彫弊，戶口蕭條；贏率日微，則中產耗虧，閭閻愁嘆。前之效病國民，後之效損國力：而其爲窮蹙之象則均也。如今日西國之患，恆坐過富，母財歲進而業場不增，故其謀國者以推廣業場爲第一要義。德意志幷力於山左，法蘭西注意於南陲，而吳楚之間則爲英人之禁臠。凡皆爲此一事而已！此其所以爲爭之情，與戰國諸雄與前代苦中國之戎虜大有異處。謀人國家者，所以不可不知計學也。

在這裏他既提出歐美的生產過剩，和列強劃分中國市場的情勢，不是明顯地說明中國市場已被列強所壟斷。所謂自由貿易的不干涉主義的不能爲中國福，已不是昭然若揭了嗎？

他這時已經不再認外國人肯眞心拿精巧的機器來供給我們了，也認爲外人在嫉忌我們了。所以他要說各國相忌，互訂條約，不把機器的巧來讓我們學去了。在又部乙篇五裏他說：

中國出貨甚多，而工場皆在外國，民業不進，殆亦由此。各國相忌，立條約，不許外人設製造所於是邦。一切機器之用，工作之巧，愈無由見而習之矣。

他這時對於中外通商，已不像從前那樣樂觀，不像從前那樣認外人是在深深地期望我國經濟的繁榮，認外人所祈求的不過是得到通商之利而已。像在擬上皇帝萬言書裏所說：

東事（按指甲午之戰）以還，外人之於中國，觀聽之深，十倍於曩者。何則？望之深，故察之審也。然而以彼爲有愛於中國者，則又非也。不愛則何爲而深望之？曰：懼中國之終於不振，致啓戎心，破各國平權之局，兵事大起而生民塗炭也。使中國一旦自強，與各國有以比權量力，則彼將隱消其侮奪覬覦之心，而所求於我者，不過通商之利而已，不必利我之土地人民也。

轉說中國雖爲弱國而終爲外人所嚴憚了。所以中國的不進步，正是他們禱祀以求的。倘然他日中國眞正的改進了，那末他們必定要出死力與我爲難了。在原富部丁篇八裏他說：

夫中國雖於今爲弱國，而終爲外人所嚴憚，而恐爲其子孫憂者，有二事焉：一曰土地廣大，物產浩博也；一曰民庶而勤，作苦治生也。以是二者爲之資，設他日有能者導其先路，以言通商，則轉物材以爲熟貨，其本輕價廉以奪彼歐人之市有餘；以言兵戰，則堅忍耐戰，人懷怒心，決非連雞爲棲者所可及。而是二者之中，其前一尤爲歐人之忌。故吾今者之故步自封，雖笑譏鄙夷，而實則彼之所禱祀以求者也。設一旦吾之民智日進，天誘其衷，幡然改之，吾知彼方奮其沮力，以與我爭一旦之命，其必不坐視以聽我之精進，又灼然可知者矣。嗟乎！二三十年以往，假炎黃種族猶足以自存，則吾之所以與彼力爭者方熾。立後來之基址不難，去當前之阻力難；去當前之阻力難矣，而救前人之失計乃尤難也。

再看他對於鼓民力、開民智、新民德三個根本的策畫有沒有變動，那就是他的具體的教育方案了。

五　教育方案

這時期他的教育方案，可以說是保存中學而吸收西學。但在這兩者之間，依舊偏重西學。這也是當然的結果。因爲他既要折衷於富強，又要求政制的體合，對於舊制度的改革雖取緩進的手段，但對於後起的人才自不得不期望其前進；中學雖有當保存的地方，但西學自更有吸收的必要。保存中學是主要在維繫社會，吸收西學是主要在改進不合理的地方，使他能和外緣體合。並且兩者交融而治化益進，舊學得新學的磨勵而愈益光明，那末吸收西學正所以發揮光大中學了。嚴璩侯官嚴先生年譜曾記：在一九〇二年時，吳汝綸正做京師大學堂總教習，和嚴復過從很密。吳汝綸深知中國的不可不謀革新，而每憂舊學消滅。嚴復對他說：

新學愈進，則舊學愈益昌明，蓋他山之石，可以攻玉也

他又在普通百科大辭典序裏推闡新舊學術的交融，足以創建更新的學術，因以揮發光大舊學道：

自歐美科學東漸亞陸，其所揚摧而舉似者，不獨名物異古而已，即其理想，往往爲古人之所無。將欲廢之乎？則於今日之事，必有所之。將欲倡之乎？則其勢且將以蔑古。使古而蔑，將吾國之有存者幾何？雖然，古不能以徒存也，使古而徒存，則其效將至於不存。韓愈氏之原道也，其言曰：堯舜禹湯文武周公孔子之道，黃老於漢，佛於魏晉氏之間矣。黃老猶吾物也，雖見乘不爲患。而佛則非吾物也，其入吾土也，起漢魏以迄於今，所爲力嘗大矣，然而卒不足以奪吾古者，非僅辭而闢之者之功也亦在用吾以翕收之以成吾大。此古之道所爲變動而彌光明，而傳譯傅會之功爲不可沒也。

他於是提出教育方案，在入中學以前以中學爲主，在入中學以後以西學爲主而以中學爲旁及。這樣，就是做到他的不廢中學而偏重西學。在與外交報主人論教育書裏他說：

今日國家詔設之學堂，乃以求其所本無，非以急其所舊有。中國所本無者，西學也，則西學爲當務之急明矣。若夫吾舊有之經籍典章，未嘗廢也。學者自入中學堂，以至升高等，攻專門，中間約十餘年耳，是十餘年之前後，理其舊業，爲時方長，矧在學堂，其所謂中學者又未盡廢，特力有專注，於法宜差輕耳。

他的學校教育方案分做三等級，即小學、中學、高等學堂。又因當時師資的缺乏，所以他主張先設師範學堂於各省會，造就中學和小學的師資人材，然後才好建立起完備的中小學來。他這種學校教育的三級制，林耀華在嚴復社會思想裏稱做：「雖爲一時辦法，然近世三段系統之教育，無非歸根於此。」並又拿它來和現代教育系統做比較，列爲一表，現在附錄於下：

嚴復的教育方案和現代的教育系統比較表

學校等級 系統	嚴氏教育系統	現代教育系統
學校	小學	初等教育
1 學校年限		初高小學共六年
2 學生年齡	十六七歲以前	六至十二
3 課本	舊學十之九	分社會自然算術等科
4 教員	中學教習	中文教員
5 教法	減記誦益講解	先講解後記誦
學校	中學	中等教育
1 學校年限	四至五年	初高中學共六年
2 學生年齡	十六至二十	十二至十八
3 課本	中文十之三西文十之七	分科外加外國語
4 教員	中西學教習兼有	中外教員兼有
學校	高等學堂	高等教育
1 學校年限	預備科專門科三至四年	四至八年（內包專門學校大學本科大學院）
2 學生年齡	二十以後	十八至二十六
3 課本	全西文（經史文辭諸學列於專科）	大學分文理法各科
4 教員	西學教習華人補教	中外教授兼有

嚴復的教育方案，在林耀華的表裏還有未備的和有待說明的：像小學裏當授最淺最實

的西學。對於中學當由教員另編課本。中學校裏的西學一律要用西文，開始教西文的當用中國人。對於高等學堂，則中文有考校，無功課，無講習，聽學者以餘力及之。至於師範學堂，可令各縣選年在二十歲的高才生，給以廩膳膏火費，教以中學的教授法。又於舊學有根柢而有志的三十左右的人，亦可加以訓練。不過時過而學，要想望他大成，祗有使他們學三年外國語，再資送出洋，那才有望。至於西學，尤以科學人材的造就爲重要。這些都見於他的與外交報主人論教育書裏。

在這裏因爲他沒有詳細的提出課程的分配，所以我們不能明白看出他對於體育和德育的具體的見解。但我們看到他旣一向以這三者相提並論，那末智育和體育的分配一定都採諸西方的學制，決不會像中國舊日的書塾那樣不講體育的。至於德育，他的意見似乎不僅僅注意於課本的講解，並且還注意於人格的感化了。那是見於他的家庭教育的意見裏。他認爲要是做父親的專門做着不道德的事情，卻要望兒子的有道德，那是必不可能的事。在蒙養鏡序裏他說：

> 一切法莫大於因果，子弟之德，堂構之美，夫非偶然而至者，灼灼明矣。故謝安之婦，

嘗怪其夫之不敎子，安曰：「吾嘗身自敎之。」斯賓塞曰：「子孫者，汝身之蛻影也。」僞今之人，自爲乾沒無已而望其子以光明，日爲腆鮮不涓之事而望其子以高潔，汝以爲不汝知也耶？又大誤也。且私之甚者，其視所生亦草芥然，無幾微痛痒之相涉，涅伏（按指腦經）昏亂，喜怒變常。夫如是，乃默而祝曰：天地不偏覆載，吾黃人神明之子孫，宜日進而與一世抗也。此何異取奔蜂以化藿蜀，用越雞以伏鵠卵，一或有之，則一切天演之說，皆可焚也。

六　民族革命的否定

他因爲認新的政制的體合和民力民智民德三者有密切的關聯，所以他非常看重敎育。因爲三者不提高，新的改革不能和社會適應，不能和既變的外緣體合，因此他要主張緩進的變法論，並且反對革命了。所以當他在倫敦，孫中山跑去拜訪他時，他就說根本問題在敎育而不在革命了。在嚴璩的嚴譜裏說：

時孫中山博士適在英，聞先生之至，特來訪。談次，先生以中國民品之劣，民智之卑，即有改革，害之除於甲者將見之於乙，泯於丙者將發之於丁。爲今之計，惟急從敎育上入手，庶幾逐漸更新乎？博士曰：「俟河之清，人壽幾何？君爲思想家，鄙人乃執行家也。」

至於專以排滿爲目的的種族革命，那自然更在他反對之列了。他認褊狹的種族革命，祇是宗法社會裏的產物。要是一進到軍國社會，那末凡是一國的民衆，祇講人人自立，根本沒有種界的嚴格劃分，更不會有種族革命的事了。中國現在正要從宗法進入軍國的時候，那末宗法下所產生的排滿種族革命，他將使中國更陷於種族界的嚴格劃分，更不能調和種族，也就是更不能脫離宗法，所以種族革命實是無益而不能強吾種的事。在社會通詮國家的議制權分第十二裏他說：

是以今日黨派，雖有新舊之殊，至於民族主義，則不謀而皆合。今日言合羣，明日言排外，甚或言排滿。至於言軍國主義，期人人自立者，則幾無人焉。蓋民族主義，乃吾人種智之所固有者，而無待於外鑠，特遇事而顯耳。雖然，民族主義，遂將足以強吾種乎？愚有以決其必不能者矣。

所以蔡元培在五十年來之中國哲學裏要說：

又爲表示他不贊成漢人排滿的主張，譯了一部甄克思的社會通詮。

七　自由說的遺害

他又因中國民力民智民德的低下，所以不肯輕言自由，特地把自由論改做羣己權界論以行世。他這時對於婚姻，已不像前時那樣持自由的見解，而認自由結婚是非常可怕的事。因爲往往要盪決藩籬，自放於一往不可收拾的境地的。在法意第二十三卷第七章裏他說：

孟氏言舜娶妻不待瞽瞍之命，然則爲之主者蓋堯。夫堯固本其憂國之義而有二女之釐降者，非今世主自繇結婚者所得籍口也。西人言自繇結婚固矣，而男女之締合者，年必甚長。其未逾二十有一者，則在父權之下；卽令失怙，亦有保父代任其職，無所謂自繇者也。今中國沿早婚之弊俗，當其爲合，不特男不識所以爲夫與父，女不知所以爲婦與母也，甚且捨祖父餘蔭，食稅衣租而外，毫無能事。以此而曰自繇結婚，不待父母之命，庸有當乎？庸有當乎？

又第九章裏他從一切西人學說的都被中國人曲解，說到自由結婚的不當行於中國道：

十數載以還，西人之說，漸行於神州。年少者樂其去束縛而得自主也，遂往往盪決藩籬，自放於一往而不可收拾之域。揣其所爲，但凡與古舛馳而自出己意者，皆號爲西法。然考之事實，西人固無此，特汝曹自爲法耳。吾聞歐之常言曰：「女必貞，男必勇。」必守此二者而後自繇，庶有豸乎！

第三篇　反本復古時期

第一章　袁氏的興廢和籌安會的盜名

從清朝末年到民國五年間，中國政治舞臺上的重要人物自然要推袁世凱。辛亥革命的所以容易結束和所以終於失敗的，袁世凱也是其中重要的樞機。嚴復在與熊純如書札二十五裏說：

> 光宣之間，朝宁所爲，幾無一事不足亡國。而歸極於武昌失守，不殺端澂，撤回廕昌，起用袁氏。來書謂：「使馮軍當日乘勝渡江，則革黨讓步，君憲可成。」斯言固也。但袁氏胸中固已早有成竹。且袁令唐紹儀率領議和團赴鄂轉滬，其意亦欲藉此以觀衆議所歸。乃唐一與民黨伍廷芳開談，立刻造成共和之局，則袁氏初旨本不如是，而亦半爲唐氏所賣者也。至唐挾此款入寧，爲袁運動孫文之辭職，而以總統屬袁。繼斯以往，所謂怙過遂非，忍而成之，其勢非帝制自爲不止。

當辛亥革命的起來，在湖北省的軍事，清朝實在是占優勢。所以倘使袁世凱那時沒有野心，肯盡忠於清朝，那末革命也就不會那樣容易成功了。不過革命的成功既由於和袁世凱的實力派妥洽，那末自然造成實力派的擡頭，總統一個位置也不能不讓給袁世凱了。這樣，袁世凱既擁有北洋的武力，又掌着國家的政權，以一個有極端野心的人又給一班攀龍附鳳者的包圍，而處在這樣一個軍政大權在握的地位，那能不帝制自為呢？於是便產生了籌安會。

嚴復和袁世凱發生關係，遠在民國前。當庚子以後，袁世凱曾總制北洋，練北洋新軍六鎮。又得清朝的信任。他的聲勢煊赫，隱然有繼李鴻章而代之之勢。在這個時期中，他對於嚴復非常推重，曾經幾次邀聘。嚴復總以臭味不相投，不肯就。他因此有些恨嚴復，曾經說：「嚴復縱是聖人復生，我也不敢再用他了。」到後來清朝的滿洲親王互相傾軋，袁世凱也因而落職，那時詆毀他的蜂起，嚴復卻極力替他辨護，說：「世凱的才幹，一時沒有第二個人能夠及得到。」他因此又非常感激嚴復，所以等到他因緣時會做了大總統，馬上聘嚴復做京師大學堂監督。

嚴復監督京師大學堂做了一年，又被人齮齕辭職。後來袁世凱又聘他做總統府外交法律顧問，民國三年又被舉爲約法會議議員。袁世凱總算是他的晚年知己了但他對於袁世凱，卻依舊很不滿意。當民國二年的國民黨要人宋敎仁被刺，接着江西獨立，造成第二次革命。他慨然嘆息道：「中央短處，在乎自矜有使令貪詐之能，於古今成說，所謂忠信竺敬諸語，不甚相信，至於今而其弊見矣。」（學衡二十期與熊純如手札節鈔補錄五）到民國四年，日本向我國提出二十一條要求的時候，他又說：「大總統固爲一時之傑，然極其能事，不過舊日帝制時一方督撫耳。欲與列強君相抗衡，則太乏科哲學識，太無世界眼光，又過欲以人從己，不欲以己從人。其用人行政，使人不滿意處甚多。望其轉移風俗，奠固邦基，嗚呼！非其選爾！顧居今之日，平情而論，於新舊兩派之中，求當元首之任而勝項城者誰乎？此國事之所以重可嘆也。」（又第七期與熊純如書札節抄十二）他對於過去所極端崇信的自由民權等等學說，到這時候，也持反對的論調，做民約平議一文來反對盧梭的自由平等說。對於共和政體他也不抱樂觀，他說：「前之現象以民德爲之因，今之民德則猶是也，其因未變，則得果又烏從殊乎！」（又第六期節抄一）要之他一切都從民衆的程度着眼，認爲中國的民智不適於共和，這些議論自然要給熱心帝制派的人所利用了。

民國四年八月裏，當公府憲法顧問美博士古德諾(Goodnow)的共和與君主論——主張中國宜恢復君主制度——發表的第三天，參政院參政楊度到西城舊刑部街的屋裏去拜訪嚴復，大談他賭博的勝利。說：「近來和朋友打麻雀牌，拿一千元做底，加旺子一百元，和與翻無限制。一次我輪莊，牌做筒子清一色。檯面上已碰出八筒九筒，手裏還有一筒三枚，二筒五筒對碰等和。忽然旁家發出一枚一筒，照常情講，我沒有開槓的道理。但我要借此來卜卜我氣運的亨塞，便把手中牌七枚翻開來對大家說：『我一筒槓了，已經是自己宣布了自己手中的牌。倘我的運道好，所要的二五筒終當自己摸到的。天緣湊巧，或者可以槓上開花。』不想翻開槓頭的牌一看，果然是二筒，遂以清一色全對成和。做五檯牌計算，合旺子的數目，一次所贏已超過了一萬多塊錢了。我因此知道我的運道已走入亨通的境界，凡是意有所圖，一定能夠如願。近來計劃組織一個公司，許多朋友都想加股，希望託我的好運而分一些利潤。」嚴復聽了他這一翻話，弄得莫明其妙。

明天，楊度又來訪嚴復（此下參見侯毅洪憲舊聞籌安盜名記及學衡第八期與熊

（純如書札節鈔第十四又第十期節鈔第二十及錢基博現代中國文學史）

問：「看見古德諾的主張恢復君主論嗎？」

答：「看見的。」

問：「你看現在的政治比起前淸來怎麼樣？共和果眞足以使中國走到富強興盛的路上去嗎？」

答：「唉！這一時很難回答，當辛亥改革的時候，淸朝曾經頒布憲法十九信條，並且宣誓永不違背它。我在這時，主張定虛君制度。倘能如我的話，淸朝感到皇統將斷復續的恐懼，一定謹守十九信條而不敢違背。同時國家的威信還未喪失，人心還未盡去，國事的敗壞也不會弄到現在那樣的地步，或者能够像英國國君端拱無爲而政治都上軌道也說不定！」

「因此，所以我要和幾位同志計劃組織一個會，名叫『籌安。』專就吾國是否宜於共和還是宜於君主做一種學理的硏究。古德諾開一個頭，我們將竟其緒，國內的人士一向是『維公馬首是瞻，』請你做一個發起人好嗎？」

嚴復立刻喫驚地面色變了，答道：「剛才的話，不過追想過去，聊備一說國家一經改革，原不是一來就可以使政治上軌道的。君主制度所靠的就是君主的威嚴，現在君主的威嚴既掃地無餘，貿貿然恢復，徒然增加政治的紊亂。我一向持重，是大家所知道的。平常常說國家革故鼎新，做得太快，元氣的損壞往往非數十百年不易恢復。所以世俗的所謂革命，不問它的意在變民主或君主，凡是猝然全部推翻舊有的局面的，都為我所不贊成。國家大事豈可像下棋，一誤豈可再誤！至於吾國是應該有君主的輿論，這雖是三尺童子都知道的。所難的就是那一個人可做君主，這在現在，雖是聖人也不能決定的！這是鄙意所認為可怕的事！」

「你難道不聽見德皇威廉一再說：中國非君主不治，長此不變，為害一定累及世界，以公的明察，難道還不能見到此嗎？況且我們但事研究好了，至於君主應否恢復的議論一決定，我們的責任已經完畢。等到實行起來，自然別有措置，那時水到渠成，還有什麼疑懼？」

答：「那末要君主就君主好了，從來覬覦皇位的，祇是憑着所有的勢力做去，何嘗需要等到研究呀！」

楊度於是扳起面孔說：「政治的改革，沒有學術做基礎，那末在理論上不圓滿，即在情理上不順適。公的學識名望爲國人所仰慕，旣經知道共和國體的無補於救亡，卽不應該聽其演變下去！」又表現出非常懇摯的態度說：「況且這個會的宗旨止於討論國體的適宜不適宜，就是多數人反對君主立憲，也可以成爲表決的。」

「你旣然一定要組成籌安會，那末我入會做一會員，貢獻一得之愚，固未嘗不可，不過旣拿研究來做號召，想不能勉強人家的意見一定要從同的。……」

楊度不等他的話說完就起來告辭。又說：「新近相面先生說我鵬程萬里，方且扶搖上青天，我不是已經告訴你像打麻雀牌那種小事情，尙且那樣利市嗎？你倘能夠降心相從，又何必怕中途挫折呢！」

明天，楊度又備帖子來請他喫晚飯，那個帖子上署名的有孫毓筠劉師培李燮和胡瑛等人，都是楊度去邀結來的。他謝病不去。楊度又跑來請，他謝不見客。過了半夜，楊度忽差人送信來，信上說：

籌安會事，實告公，蓋承極峯（按指袁世凱）旨與公商榷。極峯諭：「非得公爲發起人不可！」固辭恐不便。事機少縱卽逝，發起啓事明日必見報。公達人，何可深拒。已代公署名，不及待覆矣。

他接到了這信，倉卒間不知怎樣好，請他的學生侯毅來商量應付，立誓說決不勉強附和。但終因年老力衰，哮喘時作，旣不能當夜逃避，又不能登報否認，商量的結果祗有讓他盜名，但始終不與聞這件事而已。

明天籌安會啓事登出，嚴復名列發起人第三。同時二位實彈荷槍的兵士已把守住他的住宅了。這樣過了六天，梁啓超反對帝制的異哉所謂國體問題者發表了，一時海內風靡。袁世凱認爲對於那篇文章的駁議非嚴復不能做，便簽了一張四萬金的支票，叫內史夏壽田拿來謁見嚴復請他做駁議。他謝卻了送來的支票，對夏壽田說：「吾倘然能夠做，那是分內應該做的事，倘然拿錢來買，那末怎樣能夠使天下人相信？也不是主座要叫我做的原意了！且等我考慮了再答覆你。」接着他就得到威脅的信二十多封，或者拿利害暗殺來引誘威脅，或者拿大義來責備，或者稱天下所屬望，都說他非有以駁倒梁啓超不可。他考慮了數天，於是去見壽田，拿收到的信給他看，說道：「梁啓超的議論，我誠然可以駁倒它的，不過我想主座的叫我做文章，目的在解除天下之惑而有益於事的。福建的俗語說：『有當讓新婦說話的時候，有阿婆當自己說話的時候。』時勢到現在，正當讓新婦去說，我雖不過顧問，終究是政府中人，說話出自我的口裏，縱極粲花的能事，人家看來終是阿婆自己的話，不但不足解天下人的惑，或者轉給人做藉口。至於外面拿生死來相恫嚇，實在非我所介意。我年過六十，病患相逼，甘心求解脫而不得，果眞能夠死我，我且百拜謝他了!」壽田拿這些話來轉達袁世凱，於是駁梁啓超文，就改命孫毓筠做了。

嚴復從此閉門謝客，不問外事。嘗對人說：「大總統宣誓就職以後，拿法律講，對約法有必守的義務。不獨自變君主不可法，並且應該反抗別人的變。堂堂正正，必等全國民意的要求。但民意在我國，乃頂難出現的一物，使不這樣，那末共和最高國體也無所謂不適宜了。」（又第八期與熊純如書札第十四）他的列名籌安旣是被盜，所以後來黎元洪段祺瑞主政，通緝籌安會禍首，嚴復的名字不在內了。

十二月裏袁世凱已由假造民意的推戴，定明年改帝號了。但同時梁啓超的學生蔡鍔走雲南起義討袁，稱護國軍。梁啓超走廣西說陸榮廷舉兵響應，接着各省繼起討袁，到明年三月，袁世凱因環境惡劣，下令撤消帝制，六月六日羞憤病歿。袁世凱死了以後，嚴復有很悲壯蒼涼的三首詩挽他：

近代求才傑，如公亦大難！六州悲鑄錯，末路困籌安。四海猶羣盜，彌天戢一棺。人間存信史，好爲辨賢奸！其一　霸氣中原歇，吾生百六丁。黨人爭約法，輿論惜精靈。雨灑蛟龍匣，風徵燕雀廳。蒼蒼嵩室暮，極眼望雲軿。其二　夙承推奬分，及我未衰時。積毁能銷骨，遺榮屢拂衣。持顚終有負，垂老欲疇依？化鶴歸來日，人民認是非。其三（見瘉壄堂詩集卷下）

第二章　思想轉變的重要因素

袁世凱的興廢，和嚴復的出處進退，有密切的關係。袁世凱雖不是他所崇仰的人，但是他眼光中覺得祇有袁世凱最有希望，並且也祇有袁世凱能够引用他，雖然也不能眞正的重用。所以袁世凱死後他要說：「持顚終有負，垂老欲瞻依」了，他也從此閉門不出了。不過要講到對於嚴復思想的影響，那便要推歐洲大戰和中國紊亂的政局了。

一　國外歐洲大戰的刺激

民國三年七月歐洲的大戰開始，他認爲它的影響之大實在不是歷史上的人所能夢見。所以他對於各國的勝敗進退非常留心，一天中大概有六小時專看西報和新出雜誌，每每摘要論述，送給公府參考。到了民國六年，德國用無限制潛水艇戰爭，美國勸中國和它絕交。當時秉政的人雖提抗議，還在首鼠兩端。他便在公言報著論，主張加入協約國。又學衡十三期與熊純如書札節抄第三十六裏他說：

歐洲戰事日烈，德自協約國拒其和議後，乃以潛水艇爲最後圖窮之匕首。事近恣兵，殆難爲濟。春夏間將必有最劇烈之戰事，屆時孰爲長雄，當較易決。但兵事一解之後，國土世局必將大異於前，而遠東諸國亦必大受影響。此時中國如有能者把舵，乘機利用，雖不稱霸，可以長存。假其時機坐失，則受人處分之後，能否成國，正未可知！不成國，則奧區地產，將必爲他人所利用，而長爲牛馬，望印度且不可得，況其餘乎！

又同上第三十七裏說：

夫中國於膠州一事，已授德國口實，今者又起抗議，故使德人而勝，即如此中止，其孰辭仇我，正與得罪到底者相等也。中道而止，又何濟乎？至於協商一面，更緣中止而開罪益深，轉不若前弗抗議之爲愈矣。甚矣闒懦之人眞不足與計事也！

歐戰對他的刺激，使他感到世界正在極度的變化中，所以一切學說法理都要被時間所淘汰而不適用。使他感到歐西文化的破產，使他「感到耐久無弊尙是孔子之書」（見同上第三十九）了。

二　國內政治紊亂的刺激

再講到國內政治的混亂，他既對袁世凱失望，同時又對反對袁世凱的感到同樣地

失望。當江西獨立二次革命起來的時候，他在又卷二十補錄五裏說

貴省李督（按指江西李烈鈞），不佞不悉其人，不敢妄下論斷。但如弟言，則與法蘭西初次革命時之但唐魯白斯斐爾等殆無以異。……且暗殺之風，誰實倡之，苟律以子輿氏「行一不義殺一不辜」之義，則革命黨人往所剸刃施轟者，豈皆悉合於天理？嗚呼！平陂往復，此佛氏之所以悲輪迴也！

同樣，他對參衆兩院的議員和主張帝制或共和這兩派人都不滿意。在又卷八節抄第十八裏說：

海上黨人聯合雲貴，函電旁午，皆以要求項城退位爲宗。顧退位矣，而用何等手續彈壓方面，使中國得以完全，則又毫無辦法。……夫中國自前清之帝制而革命，革命而共和，共和而一人政治，一人政治而帝制復萌，誰實爲之，至於此極！彼項城固不得爲無咎，而所以使項城日趨於此，馴至握此大權者，夫非辛壬黨人參衆兩院之擠亂靡所不爲，致國民寒心以爲寧設強硬中央，驅除洪猛，而後元元有息肩喘喙之地故耶？不幸項城不悟，以爲天下戴己，遂占亢龍，遽取大物，一著既差威信掃地。嗚呼！亦可爲大哀也已！

自從袁世凱死後，中國一時造成實力派割據的局面，政權益亂，兵禍愈烈，他慨嘆着說：

吾國革命之後，佔勢力者不過兩系：軍人一也，所謂民黨二也。時局至此，民黨則被罪於倪段（按指倪嗣冲段祺瑞）諸人；而北洋軍人則歸獄於萬惡之國會，互相抨擊，殆無休時。顧我輩平情論之，恐兩派均難逃責也。數千年文勝之國，所謂兵者，本如明允所言：「以不義之徒執殺人之器，」武人當令，則民不聊生，乃歷史上之事實。近數十年憤於對外之累敗，由是項城諸公得利用之，起而仿東西尚武之習。雖然，武則尚矣，而教育不先，風氣未改，所謂新式軍人，新於服制已耳！而其爲不義之徒操殺人之柄自若也。以此派而秉國成，淫佚驕奢，爭民施奪，國帑安得而不空虛，民生安得而不彫敝？由是浸淫成五季之局，斯爲幸耳！此軍人操權之究竟也。（又十八期第五十五）

這種刺激，更加強他對於中國民智不適於共和的信心。於是他主張先恢復中國先王的教化。對於軍閥的割據，他主張要有曹操劉裕那種人出來摧陷廓清，然後可以講法治了。

到民國十年秋九月，他已經六十九歲。他的肺病也和年齡同樣地增加。他自己知道不能長久活下去了，遂寫好了傳家的遺囑。

痡壂老人諭家人諸兒女知悉：吾自戊午（按指民國七年）以來，肺疾日甚。雖復帶病延年，而揆之人理，恐不能久。是以及今尚有精力，勉爲身後傳家遺囑如左。非曰無此，汝曹或致於爭。但有此一紙親筆書，他日有所率循而已。汝曹務知此意。吾畢生不貴苟得，故晚年積儲固亦無幾，然不可無分。今爲汝曹分俵。……嗟嗟！吾受生嚴氏，天秉至高。徒以中年悠忽，一誤再誤，致所成就，不過如此。其負天地父母生成之德至矣！耳順以後，生老病死倏然相隨而來。故本吾身閱歷，贈言汝等，其諦聽之！

一、須知中國不滅。舊法可損益，必不可叛。
一、須知人要樂生，以身體健康爲第一義。
一、須勤於所業，知光陰、時日、機會之不復更來。
一、須謹思而加以條理。
一、須學問增益知能。知做人分量不易圓滿。
一、事遇羣己對待之時，須念己輕羣重，更切毋造孽。

嗇能如是，自能安平度世。卽不富貴，亦當不貧賤。貧賤誠苦，吾亦不欲汝曹傲之也。

餘則嘉言懿行，載在典冊，可自擇之，吾亦不能覼縷爾。

到了這月二十七日，便病歿於福建郎官巷。他一生爲中國担憂，他始終在謀中國的復興。到後來他知道自己看不見中國的太平了，所以在元旦觀祖生（觀祖是他的孫兒名）那首詩裏吐出無可奈何中的祈望道：

震旦方沈陸，何年得解懸？太平如有象，莫忘告重泉！

這使人想起了南宋陸放翁的詩，「王師北定中原日，家祭無忘告乃翁。」再看看當前的國難，眞使人百感交集了！

第三章　文化的復古論

嚴復對於秦以前的學術本來並不否定。加以受到革命後的刺激，不但要想回復到清朝那樣的一統不可能，並且江河日下，造成軍閥割據的局面。這自然是加強他中國民來程度低下不適於共和的自信。西洋的政治制度既不能挽救沒落的中國，並且更增加中國的紛擾，那末自然還是回復到中國自己的文化裏去，來求中國的復興了。在學衡二十卷與熊純如書札節抄補錄一裏他說：

以不佞私見言之，天下仍須定於專制。不然，則秩序恢復之不能（按時正在袁世凱就任總統後，）尚何富強之可攸乎？舊清政府去如芻狗，不足重陳，而應運之才，不知生於何地，以云隱憂，直可憂耳！

既然中國還須定於專制，中國的一綫命脈還要靠古代文化的遺留，所以他要「保持吾國四五千載聖聖相傳之綱紀彝倫道德文章於不墜」（見又補錄一）了。在又十六期第四十九裏他說：

中國目前危難，全由人心之非。而異日一線命根，仍是數千年來先王教化之深。足下記吾此言，可待驗也。

又十三期第三十五裏自注道：

即他日中國果存，其所存亦恃數千年舊有之教化，決不在今日之新機。此言日後可印證也。

同時歐洲大戰把他從前信仰西方文化的心理打得粉碎，西方文化既不適於中國，就是能够在中國培植起來，結果也不過走到歐戰那樣可怕可痛的路上去。這使他對西方文化的失望，更加强他對古代文化的崇仰了。在又十三期第三十九裏他說：

世變正當法輪大轉之秋，凡古人百年數百年之經過，至今可以十年盡之。蓋時間無異空間，古之程途待數年而後達者，今人可以數日至也。故一切學說法理，今日視爲玉律金科，轉眼已爲蘧廬芻狗，成不可重陳之物。譬如平等、自由、民權諸主義，百年已往，真如第二福音。乃至於今，其弊日見。不變計者，且有亂亡之禍。試觀年來英法諸國政府之所爲（按見下頁二九五）可以見矣。乃昧者不知，轉師其已棄之法以爲至寶。若土耳其若中國若俄羅斯，號皆變法進步。然而土已敗矣，且將亡矣。中國則已趨敗軌，俄羅斯若果用共和，後禍亦將不免，敗弱特朝暮耳。

吾輩生於今日，所得用心以期得理者，不過古書（按此指前人之書，包括西哲的科哲諸學。）而古人陳義，又往往不堪再用如此。雖然，其中有歷古不變者焉，有因時利用者焉。使讀書者自具法眼，披沙見金，則新陳遞嬗之間，轉足為原則公例之鐵證。此易所謂見其會通，行其典禮者也。鄙人行年將近古稀，竊嘗究觀哲理，以為耐久無弊，尚是孔子之書。四書五經固是最富礦藏，惟須改用新式機器發掘淘鍊而已。

他要喊出「耐久無弊尚是孔子之書」了。又十八期第五十八裏他說：

西國文明，自今番歐戰，掃地遂盡。英國看護婦迦維勒當正命之頃，明告左右，謂：愛國道德為不足稱，何則？以其發源於私而不以天地之心為心故也。此等醒世名言，必傳於後，正如羅蘭夫人臨刑時，對自由神謂幾多罪惡假汝而行也。

往聞吾國腐儒議論，謂孔子之道必有大行人類之時，心竊以為妄語，乃今聽歐美通人議論，漸復同此。彼中研究中土文化之學者，亦日益加衆，學會書樓，不一而足。其實貴中國美術者，蟻聚蜂屯，價值千百往時。即此可知天下潮流之所趨矣。

他不但喊出西國文明掃地遂盡，孔子之道必當大行的話，並且喊出西方近三百年的進化，只做到「利己殺人寡廉鮮恥」八個字。孔孟的哲理，眞是量同天地，澤被寰區了。在又第五十九裏他說：

不佞垂老，親見支那七年之民國，與歐羅巴四年亙古未有之血戰。覺彼族三百年之進化，只做到「利己殺人寡廉鮮恥」八個字。迴觀孔孟之道，眞量同天地，澤被寰區。此不獨吾言爲然，即泰西有思想人，亦漸覺其爲如此矣。

總之，他這期的思想，以發揚光大中國儒家哲學的孔孟爲主。對於西方的文化幾乎完全否定，所留剩的，不過是西方的治學方法——邏輯——了。他所謂以新式機器發掘淘鍊，就是用邏輯的方法，加以整理研究的意思了。在名學淺說序裏他說：

不佞於辛丑壬寅（西元一九〇一——二）間，曾譯穆勒名學半部。思欲賡續其後半，乃人事卒卒，又老來精神苶短，憚用腦力。而穆勒書精深博大，非澄心渺慮，無以將事，所以尙未逮也。

到民國元年，他給熊純如書札（見學衡二十期墨蹟）裏說要想再譯完全它。並說：「能於此書讀有心得，眞是鳳毛麟角。於十九稘哲學，思過半矣。」到了民國七年，他又說「穆勒名學終必成之」（見又十八期與熊純如書札第五十八。）看了他對穆勒名學那樣推重和幾次三番要譯成它的熱誠，就可知道他晚年對於西洋治學方法的並不輕視並不否定了。

第四章　變法的復古論

一　民約論的駁議

嚴復初期的思想崇信西方文化。但推究到西方文化的所以優勝，完全歸功於西人的崇尚自由平等。對於自由平等的理論發揮得很透闢而影響最大的，要算盧梭的民約論了。嚴復在民國三年的庸言報第二十五六兩期合本上發表了一篇民約平議，完全和初期的思想反背，可說是對自由平等說的否定論了。

他說「自由」「平等」並不是像盧梭所說的是天賦與人人的。不過執政者要統治利害不同的百姓，不能不制定平等的法律，而人人得自由於法律以內，所以平等自由，都是法律所根據以爲實施的便利而已。離開了法律，那便要成爲放恣等惡道了。至於中國，現在正需要人人減損自由以利國善羣，所以自由並不需要。至於平等，就法律講，確是很重要的。平等的表現，尤其在出占投票來決定國家大事時最顯著，然這種國家有疑問取決多數的辦法，是否爲國家的福利，也要看民智的高下。往往一衆的專橫，它的危險壓

制更甚於專制。所以平等也不是民衆程度低下的國家所適用的。在民約平議裏他說

> 自由平等者，法律之所據以爲施，而非云民質之本如此也。夫言自由而日趨於放恣，言平等而在在反於事實之發生，此眞無益而智者之所不事也。夫盧梭之民約論出，以自由平等爲天下號。適會時世，民樂畔古。而盧梭文辭又偏悍發揚，語辨而意澤，能使聽者入其玄而不自知。顧所謂民居之而常自由平等者，盧梭亦自言其爲歷史之所無矣。夫指一社會，考諸前而無有，求諸後而不能，則安用此華胥烏託邦之政論而毒天下乎？況今吾國人之所急者，非自由也，而在人人減損自由而以利國善羣爲職志。至於平等，本法律而言之，誠爲平國要素，而見於出占投票之時。然須知國有疑問，以多數定其從違，要亦出於法之不得已。福利與否，必視公民之程度爲何如？往往一衆之專橫，其危險壓制，更甚於獨夫，而亦未必遂爲專者之利。是以其書名爲救世，於窮簷編戶，嫗煦噢咻，而其實則慘礉少恩，恣睢暴戾。

自由平等既因不適於當前的中國而被否定，於是基於自由平等的「於刑政則屈私以爲公，於學術則黜僞而崇眞」那種崇拜眞理，認眞理足以勝邁一切的信心，自然也

要被否定了——至少是對於當前的中國的適應上被否定。於是他要說世間一切祇有強權戰勝公理了。他的所以否定自由平等，也就是要全國人把各個的力量來貢獻國家，造成國家的權力。對內可以統一，然後有平等的法律可言；對外能夠抵抗，然後有法理可講了。在學衡八期與熊純如書札第十四裏他說：

自德國學者如尼采特斯基倡說以來，人知世間一切競爭不視理而視力，力平而後理伸。吾國今日之事，亦視力之何如耳！故問中華國體，自以君主為宜。吾儕小民為其中托庇之一分子，但願取此大物之家量力度德，於外則留神邦交，於內則通籌財力，使皆穩固，則權力所在，即將為謳歌所歸。

這樣的結論，自然要否定中國的共和政體了。

二　共和與君主政體的否定

對秉政者的譏彈

從中國國民程度的低下不適於共和這一個出發點，使他推論到共和的種種弊端，結果從事實證明他的推論而否定了共和政體。他認為要共和政體的穩固，先要民衆能够運用他們的權力，那末選舉當然是最重要的事情了。但是中國民衆對於選舉權，不是放棄便是販賣，祇讓少數的軍人政客操縱，這樣，共和的基礎尚且不能建立，那裏再談得到基礎上面的一切呢？在又二十期書札補錄五裏他說：

至於國命所關，其最足憂者，在用共和而不知擧權之重。放棄販賣，匪所不爲，根本受病，此樹不能久矣！

其次是共和以後的新進少年，大都看事太易，對於一切事情都要一蹴而幾，結果弄到一事都不成。在又六期第一裏他說：

國家欲爲根本計劃，其事前皆須有無限預備之手續。而今之人則欲一蹴而幾，又烏可得？少年人大抵狂於聲色貨利之際，即其中心地稍淨者，亦聞一偏之說，鄙薄古昔，而急欲一試，以謂必得至效。逮情見勢屈，始悟不然，此時即有次骨之悔，而所亡已多。今日之事，不如是耶？

又執政者依舊感情用事，不能完全尙法，這樣政治不能上軌道。這兩點雖不必由共和而產生，但少年的盲進則因共和而加甚。要之同爲中國民衆不適於共和的確證是一樣的。

又七期第八第九裏他說：

> 中國前途誠未可知，顧其大患在士習凡猥而上無循名責實之政。……凡爲強效，大抵皆任法者也，而中國乃以情勝，馴是不改，豈有豸乎？
>
> 今大總統（按指袁世凱）雄姿蓋世，國人殆無其儔。顧吾所心憾不足者，特其人忒多情，而不能以理法自勝耳！悲夫！

因爲不用法而用情，它的末流自然是以詭謀來謀私利了。這在袁世凱就是一個好例。他對於嫉視的或觸怒他的人，都用暗殺手段來對付，結果造成衆叛親離的局面而國家亦大受其害。在又十期第二十裏他說：

> 生性好用詭謀以剷異己。往者勿論，乃革命軍興再行出山至今，若吳祿貞，若宋教仁，若趙秉鈞，若應桂馨，最後若鄭汝成，若張恩仁，若黃遠庸，海宇譁然，皆以爲洹上之所主使。夫殺吳宋，雖公孫子陽而外之所不爲，然猶可爲說。至於趙秉鈞鄭汝成，皆平日所謂心腹股肱，徒以洩祕滅口之故，忍於出此，則羣下幾何其不能休乎！

其次是國家綱紀的敗壞。執政的人既不任法，又沒有高尚的道德來相互檢束，那末國家的綱紀又那得不敗壞？在又十三期第三十四裏他說：

前清諸勳臣，大抵皆曾胡兩公所陶鑄，故皆尙有典型。若近日北系諸將，大抵皆袁項城所成就，先已無所取法。又値紀綱敗壞之時，自由太過，此其所以易腐也。

綱紀敗壞的結果，便造成兩派的勢力：一是武人，一是民黨。就武人說，完全是造成藩鎭割據的局面，並且因割據而相互間的利害不一致，一定要造成內戰。內戰而餉械的接濟往往求之野心的外國，於是以中國的權利祕密讓人，造成賣國的可痛可悲的局面。在又十五期第四十六裏他說：

溯自項城懷抱野心，阻兵安忍，而吾國遂釀成武人世界。夫吾國武人，大抵皆下流社會之民。苟吾國欲挽積弱，變而尙武，自當先行從事於十年廿年之軍官敎育，而後遣之戎行。乃今反之，不揣其本而齊其末；於是以盜賊無賴之人，處崇大優厚之地，操殺伐驅除之柄。而且兵餉之權不分，精械美衣，費帑無藝，則由是窮奢極欲，豪暴恣睢，分土據權，寧肯相讓。況疆埸之事，一彼一此，借款輸械，動涉外交。於是密約陰謀，遂啓賣國。如今之某總長某次長，華洋各報，坦然攻之。他日事變所趨，眞令人不寒而慄耳！

又十二期第四十七裏他說：

歐戰未終，日本乃謀趁此時機，以我爲彼之埃及。而交通系與北洋軍派中促齪豎汁之徒，爲之作倀以圖自富，於是有統一軍械之僞畫，與揚子鐵礦歸日人專攬之密約。噫嘻！此約果成，天下事從此大定矣！

再就民黨看在黨中雖不乏清白乃心的人，但他總認爲是太激進，所以要爲人所乘了。在又十五期第四十二裏他說：

民黨分子，誠不乏清白乃心一意憂國之士，然於改革以還，兩番舉會，虛縻俗祿，於國事進行毫無裨補，則雖有儀秦之舌不能爲之置辭。而轉爲所反對之腐敗官僚陰猾進步之所藉口，則無他，坐少不更事，徒爲銳進，於國情民俗毫不加察故也。

至於當時秉政者對國家的錢巧偸豪奪，公行賄賂來邀權利，也是他所痛心疾首的。在又七期第九裏他說：

吾人學術既不能發達，而於公中之財，人人皆有巧偸豪奪之私，如是而增國民負担，誰復甘之？即使吾爲國家劃一奇策，可得萬萬之貲以爲擴張軍實之用，而亦不勝當事之貪情慾望，夫如是則又廢矣。

又十八期第五十八裏他說：

本秋選舉總統，競爭極烈，兩邊各出數百萬元運動。皖派與交系大抵意屬東海，而河間似有駑馬戀棧之意，聞皆競出多金，資遣舊國會議員南下。異日廣東選舉，首座果屬河間，則此戲正復好看也。舉國若狂，廉恥道喪，在中國必無可長。迷途非遙，其趨向正軌終當有日，吾輩靜以俟之可耳！

康梁的排擊

至於造成中國共和的局面，康有爲梁啓超這一派維新黨也負着重大的責任。所以共和後的種種罪惡，康梁也不能辭其咎了。康梁的大病，在乎看見了道的一偏而予智自雄，又輕於發言。但所持的理論又多害而少利，於是流入衆生識田，而天下遂以大亂了。又八期第十八裏他說：

嗟嗟！吾國自甲午戊戌以來，變故爲不少矣！而海內所奉爲導師以爲趨向標準者，首屈康梁師弟。顧衆人視之以爲福首，而自僕視之則以爲禍魁。何則？政治變革之事，蕃變至多，往往見其是矣，而其效或非；羣謂善矣，而收果轉惡。是故深識遠覽之士，愀然恆以爲難，不敢輕以掉之，而無予智之習。而彼康梁則何如？於道徒見其一偏，而出言甚易。南海高年，已成固性。至於任公妙才，下筆不能自休。自時務報發生以來，前後所主任雜誌，幾十餘種，而所持宗旨，則前後易觀者甚衆。然此猶有良知進行之說爲之護符。顧而至於主暗殺，主破壞，其筆端又有魔力足以動人。主暗殺，則人因之而僩然暗殺；主破壞，則人又羣然爭爲破壞矣。敢爲非常可喜之論，而不知其種禍無窮。往者唐伯虎有詩云：「閒來寫得青山賣，不使人間造孽錢。」以僕觀之，梁任公所得於雜誌者，大抵皆造孽錢耳！

要之康梁都主張陸王良知的學說，一切議論都憑着自己良心所認的是非去說話，而不詳考其利害得失，與夫給與中國民衆影響的利弊，所以是非常危險的。等到後來懊悔從前議論的不當，在梁啓超便說：「不惜以今日之我與昔日之我戰，」但是已經流入衆生識田的議論，又那裏能够挽救呢？在又十二期第二十六裏他說：

康梁生長粵東，爲中國沾染歐風最早之地。粵人赴美者多，赴歐者少。其所捆載而歸者，大抵皆十七八世紀革命獨立之舊義。其中如洛克米勒登盧梭諸公學說，驟然觀之，而不細勘以東西歷史人羣結合開化之事實，則未有不薰醉顛冥，以其說爲人道惟一共遵之途徑，倣而行之，有百利而無一害者也。而孰意大謬不然乎！任公文筆原自暢達，其自甲午以後，於報章文字，成績爲多。一紙風行，海內觀聽爲之一聳。當上海時務報之初出也，復嘗寓書戒之，勸其無易由言，致成他日之悔。聞當日得書，頗爲意動，而轉念乃云，吾將遷隨時之良知行之。由是所言皆偏宕之談，驚奇可喜之論。至學識稍增，自知過當，則曰吾不惜與自己前言宣戰。然而革命、暗殺、破壞諸主張，並不爲悔艾者留餘地也。

其次他認爲梁啓超的議論是出風頭的意思多，總離不開感情意氣的用事。等到筆頭攪得社會亂了，卻又無辦法來應付。所以維新黨的人終是實心救國的意少，而結果免不了禍國殃民。又十二期第二十五裏他說：

大抵任公操筆爲文時，其實心救國之意淺，而俗諺所謂出風頭之意多。莊生謂蒯聵知人之過而不知其所以過。法文豪虎哥（Victor Hugo）謂革命風潮起時，人人愛走直線，當者立靡。德文豪哥德（Goethe）戲曲中有鮑斯特者（Faust），無學不窺，最後學符咒神祕術，一夜召地球神，而地球神至，陰森獰惡，六種震動，問欲何爲？鮑大恐屈伏，然而無術退之。嗟乎！任公既以筆端攪動社會至如此矣，然惜無術再使吾國社會淸明，則於救亡本旨，又何濟耶！任公不亦曰共和則必亡國乎？然今日最難問題，即在何術脫離共和。不佞垂老，百思羌無一術。

又第二十八他批評梁啓超蔡鍔護國之役的無辦法，陷中國於紊亂道：

任公松坡與唐伍輩，倡議西南，以責洹上之背約，名正言順，雖聖人無以非之。所不解者，袁氏自亡之後，不急出以把持國柄，除苛解繞，以建議共和不傾之國體。爾乃陁然隤然一聽元二亂黨所欲爲，以成此痲痺不能進行之政局。然則當日起事，固未嘗原始要終，自詭作如何之收束；而秖以感情意氣，或有所不便於己而反抗之。名爲首義，實禍天下。嗟乎！若今日之政局，眞詩所謂譬彼舟流，不知所屆者矣！

其次他認梁啓超不是一個實行家而是空論者，他的學問是紙頭上的，而不可以應用到實際上去。在又十三期第三十五裏他說：

（任公）好爲可喜新說，嘗自詭可爲內閣總理，然在前清時不論，其入民國，一長司法，再任幣制，皆不能本坐言以爲起行。至爲鳳凰（按指熊希齡）。草大政方針，種種皆成紙上談兵，於時事毫無裨補，侘傺去位。此雖洹上在位，志不得行，然使出身謀國，上不知元首之非其人，下不知國民程度之不及，則其人之非實行家，而畢生學問皆爲紙的，不灼灼彰明較著也哉？

其次他認康梁都是直接間接造成共和的罪惡，動搖中國政治的安定，覆亡清朝而使君主立憲不能實現，陷溺中國於紊亂的地位的罪魁禍首。在又八期第十八裏他說：

今夫亡有清二百六十年社稷者非他，康梁也。何以言之？德宗固有意向之人君。向使無康梁，其母子未必生釁。西太后天年易盡，俟其百年，政權獨攬，徐起更張，此不獨祖宗之所式憑，而亦四百兆人民之洪福。而康乃踵商君之故智，卒然得君，不察其所處之地位爲何如，所當之阻力爲何等，鹵莽滅裂，輕易猖狂，馴至於幽其君而殺其友，己則逍遙海外，立名目以斂人財，恬然不以爲恥！夫曰「保皇，」試問其所保今安在耶？欲謂其有意誤君，固爲太過；而狂謬妄發，自許太過，禍人家國而不自知非，則雖百儀秦不能爲南海作辨護也。

至於任公，則自竄身海外以來，常以摧剝征伐政府為惟一之能事。清議新民國風，進而彌厲。至於其極，詆之為窮凶極惡，意若不共戴天。以一己之新學略有所知，遂若舊制一無可恕，其辭具在，我豈誣哉！一夫作難，九廟遂墮。而天下洶洶，莫誰適主，蓋至辛亥壬子之交，天良未昧，任公悔心稍萌見矣。由是薰穴求君，思及朱明之恪孫及曲阜之聖裔。乃語人曰：「吾往日議論，祇攻政府，不詆皇室。」夫任公不識中國之制與西洋殊，皇室政府必不可分而為二者，亦可謂枉讀一世之中西書矣！其友徐佛蘇曰：「革命則必共和，共和則必亡國。」此其妖言，殆不可讖。而追原禍始，誰實為之。今夫中國立基四千餘年，含育四五百兆，是故天下重器不可妄動，動則積屍成山，流血為渠；古聖賢所以嚴分義而威亂賊者以此，伊尹之三就桀者以此，周發之初會孟津而復散歸者以此，操懿之久而後篡者以此。英人摩理有言：「政治為物，嘗擇於兩過之間」（原注：見文集第五卷。）法哲韋陀虎哥有言：「革命時代最險惡物，莫如直線」（原注：見所著書名九十三年者。）任公理想中人，欲以無過律一切政法，而一往不回，常行於最險直線者也。

故其立言多可悔，追悔而天下之災已不可救矣。今夫投鼠忌器，常智猶能與之。彼有清多罪，至於末造之親貴用事，其用人行政尤背法理，誰不知之。然使任公爲文痛詈之時，稍存忠厚，少斂筆鋒，不至天下僨興，流氓萑駮盡可與之爲難，則留一姓之傳，以內閣責任漢人，爲立憲君主之政府，何嘗不可做到。然則統其全而觀之，吾國所全，顧不大耶！而無如其一毀而無餘何也。

至於今日，事已往矣，師弟翩然返國，復覩鄉枌。強健長存，仍享大名，一辭一令，依然左右羣倫。而有清之祉則已屋矣，中國已革命而共和矣，徐佛蘇之妖言，大慮終無可懺。黃台瓜辭曰：「種瓜黃台下，瓜熟子離離。一摘使瓜好，再摘使瓜稀，三摘猶自可，摘盡抱蔓歸！」康梁之於中國，已再摘而三摘矣，耿耿隱憂，願其愼勿四摘耳！

又十二期第二十五同樣說梁啓超的竭力攻擊滿清，使崇尙新政的人都起來革命，因之清亡而國家所維繫的隄防也都決潰了。

溯自甲午東事敗衄之後，梁所主任之時務報，戊戌政變後之清議報新民叢報及最後之國風報，何一非與清政府爲難者乎？指爲窮凶極惡，不可復容存立。於是頭腦簡單之少年，醉心民約之洋學生，至於自命時髦之舊官僚，乃羣起而為湯武順天應人之事，迨萬弩齊發，隄防盡隳，大風起而悔心萌，即在任公，豈不知誤？由是則曰：「吾所極惡痛絕者政府，至於皇室，則向所保護者也。」嗟嗟！任公生為中國人，讀書破萬卷，尚不知吾國之制，皇室政府不得岐而二之。於其體誠欲保全，於其用不得不稍留餘地，則其誤於新學，可謂深矣！

綜上面這些看來，那末中國共和以後參預政治的三大派，軍人、民黨和梁啓超領導下的進步黨，都認為不足以挽救中國而給以否定。那末也就是共和政體的在中國，無疑地給以全盤的否定了。所以他對於國民大會的召集等都認為空話。又二十期第七十三裏他說：

> 自靳閣成立，報端日說之事，不是南北統一，便是國民大會廢督裁兵各等語。其實細而觀之，皆成戲論，徒供政客及不用功學生騰口叫囂而已！所謂蒸沙成飯，救飢無日者也。來教謂：「國民大會理由未嘗不充足，惜於產出代表不能想出妥善之法。」嗟乎！此說何止於一端而為然！……

總之，鄙人自始洎終，終不以共和爲中華宜采之治體。嘗以主張其制者爲四萬萬衆之罪人，九幽十八重不足容其魂魄。然今之所苦，在雖欲不爲共和民主而不可能，則亦惟有坐視遷流，任其所之而已！

帝制和復辟的否定

共和政體的在中國，既不適於百姓的程度，又沒有一派人能够使它安定國家，結果免不了使他痛哭流淚的全盤否定，那末中國再回到君主怎樣呢？這他早已說過「前清政府棄如芻狗，不足重陳，而應運之才，不知生於何地。」那末復辟既不可能，而此外又沒有第二個人可以當君主之任。在袁世凱煊赫一時的時代，他尚且認爲「而所難者孰爲之君，此在今日，雖爲聖者，莫知所從。」那末袁世凱以下的人物，在當時連要號令全國的魄力都沒有，當然更談不到了。況且從共和變到君主，一定要「堂堂正正，俟全國民意之要求，」但「民意之於吾國，乃至難出現之一事，」所以君主政體不特無適當的人，並且無適當的辦法使它實現。倘然仍舊出於革命，從共和變到君主，那末國家「元氣之損，往往非數十百年不易復。」所以對於革命，無論是君主的革命或民主的革命，凡盡「覆巳然之局者，」都是他所反對。況且「君主之制所賴以維繫者，厥維人主之威嚴。今日人君威嚴已成覆水，貿然復舊，徒益亂耳！」又嚴譜上說：

> 項城袁氏有稱帝之意，屢遣人來示意。府君告之曰：「吾固知中國民智卑卑，號爲民主，而專制之政不得不陰行其中。但政體改變已四年矣，袁公既有其實，何必再居其名。且此時欲復舊制，直同三峽之水，滔滔流爲荊揚之江，今欲挽之使之在山，爲事實上所不可能。必欲爲之，徒滋糾紛，實非國家之福，不特於袁氏有大不利也。」

這樣說起來，帝制的恢復又不可能，同樣須給以全盤的否定。

帝制既不可能，那末復辟的否定也自在意中了。復辟的不能成功，大約有三端：第一是復辟後沒有組織政府的人才。第二是反對的人一定多。第三是十幾歲的溥儀究竟不適於做立憲君主。又十三期第三十六裏他說：

> 但此時復辟，固不無冒險之處。蓋第一是無內閣。第二是革黨慮失地盤飯盌者，反抗必多。第三，立憲君主雖云恭己，畢竟須年歲及丁人做好也。

第一講到復辟的人才缺乏，這又可分開來看。大抵多數主張復辟的人，都是獨善其身的消極者，缺少担當一切的積極精神，所以終沒有成功的希望。又十二冊第二十六裏他說：

　來書更謂此輩人數雖衆，大都富於消極之道德，乏於積極之勇氣，尤爲洞見癥結之談，令人欣歎無已。何其言之與復持論壘矩重規至如此也。

至於少數主張激進的人，又是魯莽滅裂，不能深察當前的情勢，善爲處置，所以也是不能有所成就的。又十五期第四十二裏他說：

　復辟時機固未成熟，而人事又著著鹵莽如彼，不成自意中事。昨聞陳師傅言李木齋嘗爲奉新（按指張勳）劃策，請於明年大選舉競爭後，看事如何，乃行發動。果爾自是勝算。惜諸倡議者急於攫權，不能用也。劉幼雲是正派人，然甚愚而愎，七月一號後諭旨多出其手。（原注：或云陳仁先）與定武幕中之萬繩栻相得益彰，遂誤大事。嗟乎！此類人生平讀數卷書，遂有天下事數著可了之概，以此謀人家國，安得不覆亡相繼乎？至於張康（按指張勳康有爲）二公，身敗名隳，要是爲人所誤。……至於南海（按指康有爲）所可譏者，以不早悟定武與劉萬輩之決不能用其言，而貿然與之共比重大之事，以僥倖於一試。

第二講到反對的人，就是除了民黨以外，其他的武人割據一方不受節制，也足以制復辟政府的死命的。在又十五期第四十六裏他說：

前者復辟之事，一現而滅。然細思大勢，使其時即無段氏之反對，而羣帥割據，豈與以督撫舊號，遂俯首帖耳以聽新朝之指揮，此又不待再計而決其必不能者矣。

第三講到滿人，當時的聲威已是掃地，況又處在武人擁兵時代，要想叫十幾歲的童子做君主，那是一定辦不好的又二十期第六十九裏他說：

君主之治必須出於自力，其次亦須輔佐。況當武人擁兵時代，非聰明神武，豈能戡禍亂而奠安。此時中國已患無才，至於滿人更不消說。此正合一姓不再興公例。而辮帥遺老，尚渴望其死灰復然，忠貞固自可嘉，而無如不足救億兆塗炭。且使滿人清室根荄滅絕，名爲愛之，適以害之。須知清室若可再興，則辛亥必不失國。當時天子聲靈尚自赫濯，故家遺老猶有存者，手握雷霆萬鈞之勢，乃親貴等顚倒錯亂，令乳臭夷奴成此革命！而謂今日憑藉鴟張亂政之夫，可以光復舊業，必不然矣！

第五章 政制復古的步驟和徵驗

一 統一

中國自從袁世凱帝制失敗後，遂造成軍閥割據四分五裂的局面。當時曾有人提倡中國採取聯邦制來解決當前的禍亂。但嚴復認為那不過是造成軍閥的合縱連橫，對於解決中國的政治實在還談不到。又十六期第五十二裏他說：

舊日帝黨謀燃復辟之灰，而不利復辟如熊鳳凰諸公，則一變而為聯邦之說，以謂惟此可以救敗免亡。雖然，聯邦有德制美制之殊，德制上有共主，下有封建，吾國無是之基礎也。美制則原本民權，如華盛頓之十三州，而吾國又無是之基礎也。吾國所有，乃羣督之擁兵，如五代之藩鎮。藩鎮連邦，實不過連橫合縱已耳！其不足巳亂，殆可決也。

所以中國當前的危機就是國土的四分五裂，要挽救危亡，第一步須求國家的統一。但是看看當前的軍閥和其他實力派都是勢力差不多，沒有一方面具有能夠統一全國的魄力，這是很可悲的事。所以他認為總要有一派人起來統一中國，然後才談得到政治。又第四十九裏他說：

此時天下洶洶，而一切操持權勢者皆是奴才，所謂「地醜德齊莫能相尙。」必求平定，自當先出曹孟德劉德輿輩以收摧毀廓清之功，而後乃可徐及法治之事。

又十五期第四十五裏他說：

除非豪傑特起，摧陷廓清，總無統一之望。統一不能，則所謂法令格而不行，所設治理人自爲政。長此終古，其魚爛而亡，殆可決也。

又十三期第三十二裏他說：

夫國亂如此，北系經一番酣豢之後，既成暮氣而無能爲。則使有政黨焉，以其魄力盤據把持，出而爲一切之治，誅鋤異己，號令出於一門。人曰此暴民專制也，而吾則曰猶有賴焉。而乃主張悖謬，貪酷無厭。假令一旦異己者亡，而彼族之中，又乖離分張，芽蘖萌動而爭雄長矣。夫盜賊匪人，豈有久合之道，欲其利國，不亦遠乎？此吾國前途所爲可痛哭也。

二　法治

統一了以後的第二步就是法治。所謂法治祇要是循名責實，採用申不害韓非的方法，使能外抗強權，內安民命就得了。至於道德等可暫置爲緩圖。又七期第八裏他說：

中國前途誠未可知，顧其大患在士習凡猥，而上無循名責實之政。齊之強以管仲，秦之起以商君，其他若申不害趙奢李悝吳起，降而諸葛武侯王景略，唐之姚崇，明之張太岳：凡爲強效，大抵皆任法者也。

又第九裏他說：

是故居今而言救亡，學惟申韓可用。除卻綜名覈實，豈有他途可行？

又十二期第二十五裏他說：

自吾觀之，則今日中國須有秦政魏武管仲商君及類乎此之政治家，庶幾有濟。不然，雖季札子臧，吾輩亦相率爲虜。總之，今日政治惟一要義，其對外能強，其對內能治，所用方法，則皆其次。

又第二十八裏他說.

吾國際陽九百六之運，當人欲相肆之秋，黎段（按指黎元洪段祺瑞）兩公，實皆不足撐此政局。可知邦基杌隉，其能闕濟艱難，撥亂世而反之正者，決非僅僅守正高尙，如今人所謂道德者有以集事。當是之際，能得漢光武唐太宗，上之上者也。即不然，曹操劉裕桓宣武趙匡胤，亦所歡迎。蓋當國運漂搖，干犯名義是一事，而功成治定，能以芟夷頑梗，使大多數蒼生環堵有一日之安，又是一事。此語若對衆宣揚，必爲人人所唾罵，然仔細思量，更證諸歷史之前事，未有不爽然自失者也。

三　英國政制改革的徵驗

中國古代的政制不但在中國不可廢，並且在西方各國也都無形中蛻化到和它暗合，這更足以證明它的不可廢了。在歐洲有的國家政制合於申韓法家的精神，因以國富兵強的，就是德國。至於英國因受歐戰的影響，廢除一黨秉政而採取各黨的人才組織內閣，那是合於我國過去的反對政黨的理論。英國又設戰內閣五人專秉戰爭的大權，其他各部長不得與聞，這就是中國中書、樞密的制度了。這些他都認爲是中國古代政制應該保存的徵驗。又十三期第三十九裏他說：

德之政法，原較各國爲長。其所厲行，乃盡吾國申商之長而去其短。日本竊其緒餘，故能於三十年之中，超爲一等之強國。

又第三十五號他說：

英國自十四年軍興以來，內閣實用人材，不拘黨系。足徵政黨吾國歷史所垂戒者，至於風雨漂搖之際，決不可行，一也。最後則設立戰內閣五人，各部長不得列席，此卽前世中書樞密兩府之制，與夫前清之軍機處矣，二也。英人動機之後，法俄意諸協商國靡然從之。夫人方日趨蛻化，以吾制爲最便。而吾國則效顰學步，取其所唾棄之芻狗而陳之，此不亦大異也耶？

第六章　教育的復古論

一　學術流變說

嚴復對於教育，始終看重，認爲富國強種的根本。一切政治上的設施，也一定要教育來做基礎，政治才辦得好。學衡第八期與熊純如書札節鈔第十四裏他說：

至於存種救民，自是另爲一事，因果所呈，不應專求於上，四百兆之民質實共爲之。因立果從，莫之爲而爲，無可避也。

那末中國究應采取那一種的教育呢？對於這，他提出了一個學術的流變說。那就是說無論那一種學說都不免被時間所淘汰，在過去被人崇拜的學說，到現在看起來都要不得了，像平等、自由、博愛、民權等等也都要給時間淘汰去。所以談理一入死法，固執着那一種學說一定是好的，便無是處。一切學術都應該讓時間淘汰而淘汰去，那末被淘汰的學說，自然不宜做教育的方針。而教育所採的方針也應該隨時流變而不可入死法了。在又十二期第二十六裏他說：

> 平生於莊子累讀不厭，因其說理語語打破後壁，往往至今不能出其範圍。其言曰：「名，公器也，不可以多取。仁義，先王之蘧廬也，止可以一宿而不可以久處。」莊生在古則言仁義，使生今日，則當言平等、自由、博愛、民權諸學說矣。莊生言「儒以詩書發冢。」而羅蘭夫人亦云「自由！自由！幾多罪惡假汝而行。」甚至愛國二字，其於今世最爲神聖矣，然英儒約翰孫有言：「愛國二字有時爲窮凶極惡之鐵砲臺！」可知談理論一入死法，便無是處。是故孔子絕四。而釋迦亦云：「如筏喻者，法尚應舍，何況非法！」

一切學說既都以時代遷流而有所淘汰，那末教育方針自也跟着變動。所以祇要辨明當前的學說是那一種最好，也就可決定教育所應採的方針了。於是他辨別的結果，認西洋近三百年的進步，只做到利己殺人寡廉鮮恥八字，耐久無弊，尚是孔子之書。他看到歐洲的文化結果祇釀成人類浩劫的大戰，於是嘆息，「文明科學終效，其於人類如此！故不佞今日回觀吾國聖哲教化，未必不早見及此，乃所尚與彼族不同耳！」（又第二十四）再看看歐美的學者也都在研究中國文化，中國文化漸有擡頭的希望。這使他「迴觀孔孟之道，眞量同天地，澤被寰區」了。因此中國的教育應以孔孟之道來做方針，自無疑義丁。

二 古代文化的保存和實踐

在大學裏設立專科研討躬行

他的復古的教育最重要的目的就在「保持吾國四五千載聖聖相傳之綱紀彝倫道德文章於不墜。」因爲這些是爲四萬萬的中國人所托命的，所以不得不竭力保存。而且並不是研究辭章訓詁那樣的所謂保存，應該身體力行的謀保存。在又二十期補錄二裏他說：

比者欲將經文兩科合併爲一，以爲完全講治舊學之區，用以保持吾國四五千載聖聖相傳之綱紀彝倫道德文章於不墜。且又悟向所謂合一鑪而冶之者，徒虛言耳。爲之不已，其終且至於兩亡。故今立斯科，竊欲盡從吾舊而勿雜以新，且必爲其眞而勿循其僞。此眞吾國古先聖賢之有所待，而四百兆黃人之所託命也。更有進者，古聖賢人所講學而有至效者，其大命所在，在實體而躬行。今日號治舊學者，特訓詁文章之士已耳！故學雖成，其於社會人羣無裨益也這是他在做京師大學堂監督時的主張，可說是對於最高學府裏讀經的主張。

在中小學裏讀經

至於小學中學裏他也主張讀經，但是聖聖相傳的哲理不是中小學生所能領略，那末讀經有什麼用處呢？他說這是由宗法社會蛻變到軍國時所必經的途程，養成他們嚴古尊聖的心理，使國家的改進可以由漸而不激進。所以讀經並不在使他們理解，至於小學裏讀經也是硏練記性，到年長學問深時再行理解也是一樣的。在又六期第四裏他說：

吾弟在贛主持敎育，所論以師範爲重，誠爲知本之談。讀經自應別立一科，而所占時間不宜過多，寧可少讀，不宜刪節，亦不必悉求領悟。至於嘉言懿行，可另列修身課本之中，與讀經不妨分爲兩事。蓋前者所以嚴古尊聖，而後者所以達用適時。宗法之入軍國社會，當循途漸進，任天演之自然，不宜以人力強爲遷變也。

又二十期第六十三裏他說：

鄙家子女，少時皆在家塾先治中文，經傳古文亦無不讀。非不知辭奧義深，非小學生所能了解，然如祖父容顏，總須令其見過。至其人之性情學識，自然須俟年長乃能相喻。四子五經亦然，以皆上流人不可不讀之書，此時不妨先敎諷誦，能解者解，不能解置之，俟年長學問深時再行理會，何有不可？且幼年諷誦亦是研練記性，研練記性亦敎育中最要事也。（原注：若少時不肯盲讀一過，則終身與之枘鑿，徐而理之，殆無其事！）

第七章　新文化運動的反對

一　學生干政運動的譏彈

他既主張教育復古，並且要把中國的舊道德見諸身體力行，那末對於學生的干政運動自然要反對了。當民國八年五四運動開始以後，各地響應學生罷課，上海的學生運動尤其激烈。但在他看來實在無補於事，尤其是上海的學生運動，徒然給歐美利用來排斥日本的勢力而已。又二十期第六十一、六十二裏他說：

> 從古學生干預國政，自東漢太學，南宋陳東，皆無良好效果，況今日耶！
>
> 咄咄學生，救國良苦！願中國之可救與否不可知，而他日決非此種學生所能濟事者，則可決也。聞此番京津罷市，乃馮華甫居中煽動，用以推倒徐段。者番上海罷市，非得歐美人默許，自無其事。而所以默許之者，亦因歐戰以還，日本勢力在遠東過於膨脹，抵制日貨，將以收回舊有商場，而暗中慫恿，以學生康攡渡等爲傀儡耳！日本維新以還，所步趨者德國。歐戰開場，羣以德人爲必勝，故外與協商聯盟而內與德人密約。去年德敗，

石破天驚，而近日其密約又爲英美人所唾棄。故其處勢最難！而自大正繼統之後，國中革命之說，暗長潛滋，統用武力彈壓。……

二　文學革命的退化觀

文學革命的先驅者

這時候北京大學陳獨秀胡適輩提倡文學革命，對於文體方面他們主張用白話文來代替文言。這種主張其實並不始於陳胡，當章士釗的第一次甲寅雜誌風行的時候，黃遠庸就寫信給他，提出新文學的口號來，說：

> 居今論政，不知從何說起。遠意當從提倡新文學入手。總之，當使我輩思潮如何能與現代思潮相接觸而促其猛省；而其要義，須與一般之人生出交涉；法須以淺近文藝，普遍四周。

可惜後來黃遠庸就被袁世凱所暗殺，不能夠實現他文學革命的旨趣。

文界革命的反響

先乎黃遠庸而提出同樣的意見的有梁啓超。梁啓超在新民叢報和嚴復討論原富的翻譯，說他對於文字的結習未除所以還喜用高深的文辭來翻譯，希望他要把文辭通俗化，提出一個文界革命來。當時他就不贊成這種主張，他從演化論的立場說，中國的文化以先秦爲最盛，而文體的進化又是和文明程度作正比例，那末先秦的文化最高，也就是先秦時的文體最好了。倘然徒爲近俗之辭以取便鄉里中不學的人，那祇是文學的退化，那裏是革命呢？況且精微的道理不是粗陋的俗語所能夠達得出來，合理的情感不是鄙倍的俗語所能夠表達的。所以他在天演論譯例言裏說：

> 實則精理微言，用漢以前字法句法，則爲達易；用近世利俗文字則求達難。往往抑義就詞，毫釐千里。審擇於斯二者之間，夫固有所不得已也，豈釣奇哉！不佞此譯，頗貽艱深文陋之譏，實則刻意求顯，不過如是。

所以他的反對利俗文字已在很早的時候，具體的意見如上所述，見於他的與梁任公論所譯原富書。

> 竊以謂文辭者，載理想之羽翼，而以達情感之音聲也。是故理之精者，不能載以粗獷之詞；而情之正者，不可達以鄙倍之氣。中國文之美者，莫若司馬遷韓愈，而遷之言曰：

「其志潔者，其稱物芳。」愈之言曰：「文無難易惟其是。」僕之於文，非務淵雅也，務其是耳！且執事既知文體變化，與時代之文明程度爲比例矣；而其論中國學術也，又謂戰國隋唐爲達於全盛而放大光明之世矣，則宜用之文體，舍二代其又誰屬焉？且文界復何革命之與有？持歐洲輓近世之文章，以與其古者較，其所進者在理想耳，在學術耳，其情感之高妙，且不能比肩乎古人；至於律令體制，直謂之無幾微之異可也。

若夫翻譯之文體，其在中國，則誠有異於古所云者矣。佛氏之書是已。然必先爲之律令名義而後可以喻人。設今之譯人，未爲律令名義，闊然循西文之法而爲之，讀其書者乃悉解乎，殆不然矣。若徒爲近俗之辭，以取便市井鄉僻之不學，此於文界，乃所謂陵遲，非革命也。且不佞之所從事者，學理邃賾之書也，非以餉學僮而望其受益也。吾譯正以待多讀中國古書之人。使其目未覩中國之古書，而欲稗販吾譯者，此其過在讀者，而譯者不任受責也。夫著譯之業，何一非以播文明思想於國民；第其爲之也，功候有淺深，境地有等差，不可混而一之也。慕藏山不朽之名譽，所不必也。苟然爲之，言龐意纖，使其文之行於時，若蜉蝣旦暮之已化，此報館之文章，亦大雅之所諱也。故曰聲之眇者不可同於衆人之耳，形之美者不可混於世俗之目，辭之衍者不可同於庸夫之聽；非不欲其喻諸人人也，勢不可耳。

名詞的韞蓄以古文勝

到了五四運動的時候，文學革命的呼聲更高。這對於要保存歷古相傳的道德文章的他，自然是要持反對論了。不過他這時已是六十七歲的老年，又患着很嚴重的肺病，他的精力不允許他再看一切主張文學革命的議論，所以他不過是得之道聽塗說知道有那麼一回事而已。因此他所持反論的議論也和從前一樣，沒有更新的更有力的見解。在學衡二十期與熊純如書札節抄第六十四裏他說：

北京大學陳胡諸教授主張言文合一，在京久已聞之。彼之爲此，意謂西國然也。不知西國爲此，乃以語言合之文字；而彼則反是，以文字合之語言。今夫文字語言之所以爲優美者，以其名辭富有，著之手口，有以導達奧妙精深之理想，狀寫奇異美麗之物態耳。如劉勰云：「情在詞外曰隱，狀溢目前曰秀。」梅聖俞云：「含不盡之意見於言外，狀難寫之景如在目前。」又沈隱侯云：「相如工爲形似之言，二班長於情理之說。」今試問欲爲此者，將於文言求之乎？抑於白話求之乎？詩之善述情者，無若杜子美之北征；能狀物者，無若韓吏部之南山。設用白話，則高者不過水滸紅樓，下者將同戲曲中簧皮之腳本。就令以此敎育，易於普及，而遺棄周鼎，寶此康瓠，正無如退化何耳！須知此事全屬天演。革命時代學說萬千，然而施之人間，優者自存，劣者自敗，雖千陳獨秀萬胡適錢玄同，豈能刦持其柄！則亦如春鳥秋蟲，聽其自鳴自止可耳。林琴南輩與之較論，亦可笑也。

在這裏他提出一個「名詞」在文言和白話裏的優劣問題。他認爲祇有文言裏有豐富的名詞，可以達奧妙精深的理想和狀奇異美麗的物態，但在白話裏卻沒有這些豐富的名詞以供應用。所以他要否定白話了。

三　古文辭是鵠而非術

他同時對於古文辭的見解恰恰和這些成一個反背，他認爲古文辭——就是正宗的文言——是決不會亡的。因爲一樣東西的存亡，完全繫於那東西的本身。要是它的本身自有保存的價值，那便不是外力所能摧毀。所謂東西本身的有沒有保存的價值，全看那個東西對於人類是一種工具呢，還是一種超乎工具的目的。要是那樣東西不過是人們用來達到某種目的的工具，那末目的達到了，工具也就被人拋棄了。倘使那樣東西是人們追求的目的物，得到了它自然會產生很大的興趣。要是這種興趣越開發便越濃厚，那末它就不會亡掉的。像古文辭那樣的包含豐富，可以使人在那裏認識古代人的各種不同的境遇和不同的人格，在那裏使人走到另外一個天地，並且可以把一己的悒鬱借它來發洩，所以它實在是人們所追求的目的而不是工具，所以它也不會亡的。這些意見見於他的涵芬樓古今文鈔序：

物之存亡，係其精氣，咸所自已，莫或致之。方其亡也，雖務存而猶亡；及其存也，若幾亡而仍存。非人之能為存也，乃人之不能為不存也。且客以今之時為亡古文辭者，無亦以向之時為存古文辭者乎？果如所云，則又大謬。夫帖括講章，向之家咿唔而戶揣摩者，其於亡古文辭乃尤亟耳！然而自宋歷明以至於今，彼古文辭未嘗亡也。以向之未嘗亡，則後之必有存，固可決也。

蓋學之事萬途，而大異存乎術鵠。鵠者何？以得之為至娛而無暇外慕，是為己者也，相欣無窮者也。術者何？假其途以有求，求得則輒棄，是為人者也，本非所貴者也。為帖括，爲院體書，浸假而爲漢人學，爲詩歌，爲韓歐蘇氏之文，樊然不同，而其弋聲稱罔利祿也一。凡皆我所謂術，而非所謂鵠也。苟術而非鵠，適皆亡吾學。功令之變，幾十年矣，而海內學子之所鶩趨，亦日以是新術，於吾之舊鵠最便。其於客之前所稱，舍以弋聲稱罔利祿，又無愛也。夫如是，而客以其向背爲吾古文辭之所係以存亡也，不亦甚遠甚遠矣乎？

若夫古之治文辭而遂至於其極者，可以見已。豈非意有所憤懣，以爲必待是而有以自通者歟？非與古爲徒，冥然獨往，而不關世之所向背者歟？非神來會辭，卓若有立，雖無所得，乃以爲至得者歟？

四　自由婚姻的否定

他既要保持吾國的綱紀彝倫於不墜，那末有些反綱紀的新說自然在反對之列了。講到綱紀彝倫，在中國「是君子之道，造端夫婦，」婚姻問題和孝養問題是占着很重要的地位。所以他反對自由結婚，認爲它的結果祗是造成愛情肉慾二種目的，轉不若舊法的有利了。又十六期第五十裏他說：

今日一知半解之年少，莫不以遲婚爲主義，看似於舊法有所改良。顧細察情形，乃

> 不盡爾。蓋少年得此，可以抵抗父母，奪其舊有之權，一也。心醉歐風，於配偶求先接洽旣察姿容之美惡，復測性情之淺深，以爲自由結婚之地，二也。復次，凡今略講新學少年，莫不以軍國民自居。於古人娶婦所以養親之義，本已棄如涕唾。至兒女似續，尤所不重。則方致力求進之頃，以爲娶妻適以自累。則何若不娶單居，他日學成，幸而月有百金以上之入，吾方挾此遨遊，脫然無累。羣雌粥粥，皆爲肉慾之資，孰與挾一伉儷而啼寒號飢，日受開門七件事之累乎？此其三也。用是三因，於是今之少年，其趨於極端者，不但崇尚晚婚，亦多傫然不娶。又覩東西之俗，通侻逾閑，由是怨曠旣多，而夫婦之道亦苦。不知中國數千年敬重女貞，男子娶妻，於舊法有至重之名義；乃所以承祭祀，事二親而延似續。而用今人之義，則捨愛情肉慾而外，羌無目的之存。今試問二者之中，何法爲近於禽獸，則將悚然而知古禮之不可輕議矣。

要之，他認爲一切法不問新舊都有利弊。普通人祇見舊法的弊端，認爲一從夫新就可以無弊，那裏知道它的弊更甚於舊。所以歸根結底，一切都要以民智民德做根基，要是民德民智進步，那末新者固好，就是舊法也未必遂病。這是他始終抱持的教育爲一切的根本的學說。又第五十二裏他說：

大抵吾人通病，在覩舊法之弊，以爲一從夫新如西人所爲，即可以得無弊之法，而孰意不然！專制末流固爲可痛，則以爲共和當佳，而孰知其害乃過於專制！婚嫁舊法，至以子女爲禽犢，言之傷心。而新法自由，男女幸福乃以益薄。始知世間一切法舉皆有弊，而福利多寡乃以民德民智高下爲歸。使其德智果高，將不徒新法可行，即舊者亦何嘗遂病？

第四篇 三期思想的批判

第一章 批判的態度

批判的態度，大約可以分做主觀的和客觀的兩種。拿現社會所產生的權威學理，用來指斥古人的疏漏錯誤；或者拿一己所抱持的門戶之見，用來指斥人家和我立足點不同的學說，這些都可稱做主觀的批判。拿古代社會的現實環境來判斷古人持論的價值，拿人家所抱持的方法論來批判人家的學說的疏密，那才是客觀的。不過處在同一的社會裏，各人所憑藉的可靠的智識和可利用的工具是同樣的，而仍有不同的理論，那末各訴之於現實社會的實在的教訓和科學的公例，來決定誰是誰非，也可算是客觀的。因為所憑藉的現實社會和科學公例，都是客觀的存在着，並不是由主觀所派生出來的。

嚴復告訴我們世變正在法輪大轉的時候，在過去所認為天經地義的東西，轉瞬間已成為芻狗那樣不可重陳，社會原是在劇烈地演化（頁二六八及二九七。）那末我們在現在批判一位接受十九世紀學術思想的，和處在宗法社會崩潰中的嚴復，倘用現代的思潮來衡量他的得失，豈是公平而合理的嗎？在法意第二十卷第二十三章裏他曾觸及這個問題道：

吾輩居此學（按此學指經濟學）大明之今日，而斥指百餘年前之作者，此何異當鐵軌盛行之日，電郵四達之秋，而笑古人傳置之未精，方行之已隘乎？此不獨讀西書爲然，即披中籍，尤不可無此意也。

用前人所處的現實社會來批判前人學說的價值，不把現社會的學理來指斥前人的學說，這當是嚴復所贊成的批判態度，也就是這裏所採取的批判態度。可惜嚴復雖有這種見解，但自己卻不能實行。闢韓就是拿演化論來反對韓愈的聖人創造文化說，拿當時的民主政治來反對韓愈的君主政制說，這不是自己陷於以今斥古的不當嗎？不過那篇文章他是別有用意，目的在矯正當時社會的一種錯誤觀念，並不是客觀的批判，我們在這裏自是無取於這種態度。

第二章　三期思想的哲學體系

在上面的敍述裏，按着嚴復思想的演變而把他分做三期。又按着他對於社會上各方面的見解而有所劃分。但這些思想都有它的哲學體系在，所以現在再來加以檢討。這種體系的認識，對於批判的工作是很有幫助的，故先敍在此。

一　實證論

在十九世紀科學的實驗精神蓬勃的時候，哲學便帶着濃厚的實證的色彩。實證論是認經驗支配一切。這種經驗又是富於科學的實驗精神的經驗。祇要和科學相符合的就是眞理，超越了這種經驗以求眞實是迷妄，這是孔德的實證論。不過這種學說到了斯賓塞爾·的手裏就被改變了。他分知識爲可知論和不可知論二類：前者是現象的對待的，後者是不可以感覺不是對待的。嚴復的哲學思想也充滿這二者的分別。在陽明先生集要三種序裏他說：

知者，人心之所同具也。理者，必物對待而後形焉者也。是故吾心之所覺，必證諸物之見象而後得其符。火之必然，理歟？顧使王子生於燧人氏之前，將烏燔烹飪之宜，未必求諸其一心而遂得。王子嘗謂吾心卽理，而天下無心外之物矣。又喻之曰：「若事父，非於父而得孝之理也；如事君，非於君而得忠之理也。」是言也，蓋用孟子「萬物皆備」之說而過，不自知其言之有蔽也。今夫水湍石礙，而砰訇作焉。求其聲於水與石者，皆無當也。觀於二者之衝擊，而聲之所以然得矣。故論理者，以對待而後形者也。使六合曠然，無一物以接於吾心，當此之時，心且不可見，安得所謂理者哉！

這是說一切的知識都要靠現象的對待裏經驗得來。沒有對待就沒有經驗，沒有經驗智識也就不可能了。所以純粹唯心的王學，排斥現象的對待的經驗，謂可以求諸一心的，自然要被他所反對了。

講到對待的現象的被經驗，這裏就有兩個問題：一是能經驗的我到底是不是實在？二是被經驗的對象，到底是眞是幻，是不是實在？關於前者，像赫胥黎等都主張實在的，那是引用笛卡兒的學說。關於後者，大都認爲是不可知的，和笛卡兒的意見就不同了。嚴復對於我的實在也和赫胥黎一樣接受笛卡兒的學說。不過對於物的實在，雖同樣主張不可知，但認爲並不是絕對的不可知，像赫胥黎那種態度。而認爲是達到理論的最高峯，也就是經驗的最高境界的不可思議。在天演論眞幻裏他引笛卡兒的「我思故我在」道：

> 吾生之中，果何事焉，必無可疑，而可據爲實乎？原始要終，是實非幻者，惟意而已。何言乎惟意爲實乎？蓋意有是非而無眞妄，疑意爲妄者，疑復是意。若曰無意，則亦無疑。故曰惟意無幻。積意成我，意自在，故我自在。

再解釋一切物的顏色、溫度、重量、堅脆等知覺上的性質，都是人們附加上去的，不是物的本性道：

> 設有圓赤石子一枚於此，持示來人，皆云見其赤色，與其圓形，其質甚堅，其數只一。圓、赤、堅、一，合成此物，備具四德，不可暫離。假如今云：此四德者，在汝意中，初不關物。來當大怪，以爲妄言。雖然，試思此赤色者從何而覺？乃由太陽，照成光浪，速率不同，射及石子。餘浪皆入，獨一浪者，不入反射而入眼中。導向眼簾，引達入腦，腦中感變，而知赤色。假使於今石子不變，而是諸緣，如光浪、速率、目晶、眼簾有一異者，斯人所見，不成爲赤，將見他色。所謂圓形，亦不屬物。假使人眼外晶，變其珠形而爲圓柱，則諸圓物皆當變形。至於堅

脆之差，乃由筋力。假使人身筋力增一百倍，今所謂堅，將皆成脆。所謂一數，則亦由覺。是名一者，起於二事：一由目見，一由觸知。今手石子，努力作對眼觀之，則在觸爲一，在見成二。又以常法觀之，而將中指交於食指，置石交指之間，則又在見爲獨，在觸成雙。

既然一切可感覺到的物的堅脆、顏色、溫度、重量等都不是物的本質，那末物的本質在經驗裏是不可知的了。所以赫胥黎說：

是以人之知識，止於意驗相符，如是所謂，已足生事。更騖高遠，眞無當也。

但是嚴復既不贊成笛卡兒的認物的本質是「佔空間性」，這個本質和精神的本質對立。又不贊成赫胥黎的「眞無當也」的否定去探求物的本質。也不像斯賓塞那樣認爲是絕對的超人類的智識而不可知的。他認爲那祇是知識發展到頂點的不可思議。

二　不可思議

什麼叫做「不可思議」呢？他在天演論佛法裏說：

夫「不可思議」之云，與云「不可名言」「不可言喩」者迥別，亦與云「不能思議」者大異。假如人言見奇境怪物，此謂不可名言。又如深喜極悲，如當身所覺，如得心應手之巧；此謂「不可言喻。」又如居熱地人生未見冰，忽聞水上可行，茫然而疑，此謂「不能思議。」至於「不可思議」之物，則如云：世間有圓形之方，有無生而死，有不質之力，一物同時能在兩地諸語，方爲不可思議。此在日常用語中，與所謂謬妄違反者，殆無別也。然而談理見極時，乃必至不可思議之一境。

他認不可思議是一切原理的推求到最高點時，所發生的一種知識。這種知識因爲達到了最高點，所以往往和常識相違背，不易被人所了解。講到不可思議的事情到底有些什麼？他說：

> 佛所稱涅槃，卽其不可思議之一。他如理學（按指哲學）中不可思議之理，亦多有之。如天地元始，造化眞宰，萬物本體是已。至於物理之不可思議，則如宇如宙。宇者太虛也，宙者時也。他如萬物質點，動靜眞殊，力之本始，神思起訖之倫，雖在聖智，皆不能言。此皆眞實，不可思議者。

些「不可思議」的事情是否可以領悟呢？這當然是可以的，否則不是和赫胥黎斯賓一樣成爲絕對不可知論了嗎？因此他就擧涅槃來做一例。

> 今欲敷其旨，則過於奥博宂長，姑舉其凡，爲涅槃起例而已。涅槃者，蓋佛以謂三界諸有爲相，無論自創創他，皆暫時訢合成觀，終於消亡。而人身之有，則以想愛同結，聚幻成身。世界如空華，羯摩如空果。世世生生，相續不絕，人天地獄，各隨所修。是以貪欲一捐，諸幻都滅，無生旣證，則與生俱生者，隨之而盡。此涅槃最淺義諦也。然自世尊宣揚正教以來，其中聖賢，於泥洹皆不著文字言說，以爲不二法門，超諸理解，豈曰無辨，辨所不能言也。然而津逮之功，非言不顯，苟不得已而有云，則其體用固可得以微指也。
>
> 一是涅槃爲物，無形體，無方相，無一切有爲法。舉其大意言之，固與寂滅眞無者無以異也。二是涅槃寂不眞寂，滅不眞滅。假其眞無，則無上正偏知之名，烏從起乎？此釋迦牟尼所以譯爲空寂而兼能仁也。三是涅槃湛然妙明，永脫苦趣，福慧兩足，萬累都捐，斷非未證斯果者所及知所得喻。正如方勞苦人，終無由悉息肩時情況。故世人不知，以謂佛道若究竟滅絕空無，則亦有何足慕？而智者則知，由無常以入長存，由煩惱而歸極樂，所得至爲不可言喻。故如渴馬奔泉，久客思返，眞人之慕，誠非凡夫所與知也。

這裏的大意是說：佛家所說涅槃境界表面上看起來和滅亡沒有一樣，但卻又是佛家修行的最高境界，所以並不眞的滅亡眞的沒有。這種境界，一定要身歷的人才能夠懂得，好比卸脫了繁重工作時那種身心輕鬆的情況，決不是繁重工作壓在肩頭的人所能懂得一樣。所以不可思議並不是絕對的不可知。他又說：

第其所以稱不可思議者，非必謂其理之幽渺難知也。其不可思議，即在寂不眞寂，滅不眞滅二語。世界何物，乃爲非「有」非「非有」耶？此非天下之違反，而至難著思者耶？故曰不可思議也。此不徒佛道爲然，理見極時，莫不如是。蓋天下事理，如木之分條，水之分派，求解則追溯本原。故理之可解者，在通衆異爲一同。更進則此所謂同，又成爲異，而與他異通於大同。當其可通，皆爲可解。如是漸進，至於諸理會歸最上之一理，孤立無對，既無不冒，自無與通。無與通則不可解。不可解者，不可思議也。

在這裏他再說明「不可思議」所以造成的原因。他認爲要解釋天下的物理，就在從不同中求出一個同來，科學家正是做這種工夫。但是這許許多多求得的同——譬如科學的各條公例，又不是一樣的。於是再類聚這些不一樣的公例來求同，這樣越推越上，推到了沒有差異而祇有一個同，那就沒有東西和它相對待。沒有對待的東西就成了不可解，這個最高原理就成爲不可思議了。

三 不可思議和中國的道

嚴復的實證論走到了不可思議論，就和西方學者分手，這一種分手使他和西方的實證論顯出很大的差異來。西方的實證論祇重經驗，把不可知論抛開不談，這樣就極力向實驗的科學去做工夫，要想拿科學來解決社會上的種種問題。嚴復因爲相信不可思議論，於是他一面同樣要科學，一面卻認科學以外還有最高原理不可思議。於是老莊的學說是有不可思議的最高原理蘊蓄着，佛家也是這樣，孔孟也是這樣。所以他的評點老子第一章說：

常道常名無對待故，無有文字言說故，不可思議故。

又第五章裏說：

太史公六家要旨注重道家，意正如是（指按多言數窮，不如守中。）今夫儒、墨、名、法所以窮者，欲以多言求不窮也，乃不知其終窮。何則，患常出於所慮之外也，惟守中可以不窮。莊子所謂：「得其環中，以應無窮」也。夫中者何？道要而已。

又六章裏說：

以其虛故曰谷，以其因應無窮故稱神，以其不屈愈出故曰不死。三者皆道之德也。然此猶是可名之物，故不爲根。乃若其所從出者，則眞不二法門也。

像這類的話，都是指中國古代哲學裏的不可思議。不二法門就是不可思議的異稱，道也是這樣。

中國的哲學裏旣保藏着最高原理的不二法門，那自然不好輕言否定；所以他的變法論便認法當變而道不可變。幸而這種道是沒有對待的，而他所提出的全盤西化的變法都是有對待的，所以無妨於他第一期的全盤西化。不過這種思想的盤據，使他在感到全盤西化行不通時，立刻覺得中國的一切也不是都可否定了。因爲中國的文化，有許多還是從最高原理的道裏所遺留蛻化下來的，這樣就變成中西折衷了。到了歐戰爆發，他認爲實驗的科學破產了，於是最高原理的道更加擡起頭來，他認爲「孔孟之道，眞量同天地，澤被寰區」（頁二七〇）了，老莊的道能够見到，歐洲文明的破產了。

四　演化論

演化論和實證論同樣是建築在科學實驗的精神上，所以兩者是相互關聯的。主張演化論的達爾文也是以科學實驗的精神支配一切的實證論者，主張實證論的孔德也是以社會爲進化的演化論者，不過各有偏重罷了。所以這兩者有時稱爲經驗的實證論和演化的實證論。

嚴復的哲學雖有實證論的色彩，但是演化論的色彩比起來更要濃厚。他的立論，自始至終都喜歡引用天演的原理，不過同是演化論，赫胥黎的和斯賓塞的又不同。斯賓塞認社會的演化總是向善的方面進化的，但赫胥黎卻認爲善固然本着演化的原則而進化，惡也同樣在進化。對於這兩者的差異，他是贊成斯賓塞而否定赫胥黎。在天演論演惡裏他說：

通觀前後論十七篇，此爲最下。蓋意求勝斯賓塞，遂未嘗深考斯賓氏之所據耳！夫斯賓塞所謂民羣任天演之自然，則必日進善，不日趨惡，而郅治必有時而臻者，其豎義至堅，殆難破也。何以言之？一則自生理而推羣理。羣者生之聚也，今者合地體、植物、動物三學觀之，天演之事，皆使生品日進。動物自孑孓蠉蠕至成人身，皆有繩跡可以追溯。夫羣者生之聚也，故用生學之理以談羣學，造端比事，粲若列眉矣。然於物競、天擇二義之外，最重體合。體合者，物自致於宜也。而所謂物競、天擇、體合三者，其在羣亦與在生無以異。故曰任天演自然，則郅治自至也。雖然，曰任自然者，非無所事事之謂也，道在無擾而持公道。其爲公之界說曰：各得自由而以他人之自由爲域。其立保種三大例：曰一民未成丁，功食爲反比例率。二民已成丁，功食爲正比例率。三羣己幷重，則舍己爲羣。至謂善惡皆由演成，斯賓塞固亦謂爾，然民既成羣之後，苟能無擾而公，行其三例，則惡將無從而演。惡無從演，善自日臻。

其次是斯賓塞的主張任天和赫胥黎的主張人擇的不同。斯賓塞認人類的進步都是順着自然，好比應該喫飯的時候自然覺得肚餓，用不到人爲的規定的（見天演論互爭。）但赫胥黎便不這樣。認演化祇是物競，祇是適宜於環境的就生存。不過這種適宜於環境的東西，不一定是有利於人類，好比蓬蒿那樣適宜於生長一樣。反轉來說，有利於人類的東西，不一定適宜於環境而能够生長，這好比嘉穀那樣不易生長。所以一定要用人擇的功夫，擇有利於人類的扶助它，否則除掉它。但是人類也就是順着天演而進化來的，所以這種人擇的功夫也是演化所必經的階段。（見天演論互爭人擇）對於這兩者的差異，嚴復似主張赫胥黎的人擇，拿人力來奪天工，來制止物競。我們看他稱嘆於達爾文的人擇工夫，拿人工來用在樹藝牧畜上，像把不同的樹相接，把不同的牝牡相構，能夠得到更好更佳的種（見又人擇），就可知道他的蘄嚮了。

五　物競天擇說的修正

再講到「物競」「天擇，」他和赫胥黎的見解稍有不同。赫胥黎說：「物不假人力而自生，便爲其地最宜之種。」認自然滋長的東西，就是和它的環境頂適宜的。嚴復認爲這句話得加以修正。所謂不用人力而自然生長的東西，那祇能說在和它同時競爭的東西中，比較頂適宜於所處的環境。但是在和它競爭的東西以外的東西，或許要比它更適宜於那個環境，也在不可知之數。在天演論人爲裏他說：

赫胥黎氏於此所指爲最宜者，僅就本土所前有諸種中，標其最宜耳。如是而言，其說自不可易。何則？非最宜不能獨存獨盛故也。然使是種與未經前有之新種角，則其勝負之數，其尙能爲最宜與否，舉不可知矣。大抵四達之地，接壤綿遙，則新種易通，其爲物競，歷時較久，聚種亦多。至如島國孤懸，或其國在內地，而有雪嶺流沙之限，則其中見種，物競較狹，暫爲最宜。外種闖入，新競更起，往往年月以後，舊種漸湮，新種迭盛。此自舟車大通之後，所特見屢見而不一見者也。

譬如美洲從古無馬，自西班牙人載與俱入之後，今則不獨家有是畜，且落荒山林，轉成野種，聚族蕃生。俄羅斯蟋蟀，舊種長大，自安息小蟋蟀入境，刬滅舊種，今轉難得。蘇格蘭舊有畫眉最善鳴，後忽有斑畫眉，不悉何來，不善鳴而蕃生，刬善鳴者日以益希。澳洲土蜂無針，自窩蜂有針者入境，無針者不數年滅。南美之番百合，本地中海東岸物，一經移種，今南美拉百拉達往往蔓生，數十百里，彌望無他草木焉。

在這裏他引了許多的實例，來證明在一地方所繁榮滋長的一切，不就是最適宜於那個地方的一切。這就在暗暗警告中國人，不要認爲我們有四百多兆的人民，就是最適宜於我們的環境的天演。須知過去我們並不曾和西方人競爭過，到底能否免於淘汰還得看一己的努力——人擇，不要專以人滿爲足恃。所以他又說：

夫物有遷地而良如此，誰謂必本土固有者而後稱最宜哉？嗟乎！豈惟是動植而已！

使必土著最宜，則彼美洲之紅人，澳洲之黑種，何由自交通以來，歲有耗減。而伯林海之甘穆斯噶加，前土民數十萬，晚近乃僅數萬，存者不及十一。此俄人親為余言。且謂過是恐益少也。物競既興，負者日耗，區區人滿，烏足恃也哉！烏足恃也哉！

這些演化論的見解，使他相信西方是比中國進化，那就是西方的演化比中國進一步，所以中國的一切都不及它了。所以他說中國是還未離宗法社會，而西方卻已進入軍國了。並且演化既是演善而不是演惡；所以他認西方的治是一治而不可再亂的。既然社會的進化可用人擇，那末中國人自當努力改進而不應聽其自然，這就是他的全盤西化的變法論了。並且人口的繁盛既不可靠，那末可靠自然是前進的人擇了。

六　演化論的矛盾

我們在實證論裏不是指出他的不可思議論嗎？演化論的矛盾就在這裏發展了。他既認有一個最高的原理的不可思議，那末這個原理已達到無對待的言語道斷的境界，自然沒有什麼進化可言了。中國的社會既是宗法，中國的聖人和他的言議思惟既是適應於宗法社會的產物，那末自然要給天演的淘汰和揚棄，那裏有什麼超天演的不可思議呢？倘認中國的聖哲的言議思惟有許多都是超天演的不可思議，那末演化的原則根本不能成立了。何況他既認演化是向前進的，那末所謂秦以前的學術爲中國最進步的學術，豈不是中國的學術的演化變成了退化嗎？這確是一個很大的矛盾，要是沒法解決，他的演化論豈不根本不能成立，否則不可思議論根本要推翻。

對於這種矛盾，他認爲並不重要，因爲他認「天演之事以萬期爲須臾」的。演化本是很慢很慢的，一定要就幾萬年幾十萬年的歷史來看才容易明白，幾千年幾百年算得什麼。幾千年幾百年當中的學術，或高或低，或進或退，拿演化論的眼光來看，原是很短很短的時期，所以就認先秦學術在中國最高也不能推翻演化論的。況且演化的遲速，全靠外界的壓迫，外界的壓迫愈利害，那末演化也愈快；反之外界的壓迫愈少，那末演化的變動也愈慢了。至於他的最高原理雖一時無對，那能說永遠無對呢？要是人類的進化再發見一個原理和它相對，那末不可思議也就變成可思議了。那時再得把這可思議的相對推出一個絕對來，這樣最高原理也未嘗不可以進步。於是演化論的矛盾在他心頭就不成爲矛盾了。在天演論進微裏他說：

天演之學，肇端於地學之殭石古獸，故其計數，動逾億年。區區數千年數百年之間，固不足以見其用事也。曩拿破崙第一入埃及時，法人治生學者，多挾其數千年骨董歸而驗之，覺古今人物，無異可指。造化模範物形，極漸至微，斯可見矣。雖然，物形之變，要皆與外境爲對待。使外境未嘗變，則宇內諸形，至今如其朔焉可也。惟外境既遷，形處其中，受其逼拶，乃不能不去故以即新。故變之疾徐，常視逼拶者之緩急，不可謂古之變率極漸，後之變率遂常如此而不能速也。

七　世運說

最高原理既可以在演化論裏立腳，於是他就有一種不可思議的世運說出來了。什麼叫做世運呢？就是在某一個時期裏，全地球各不相通的地方卻有同一的蓬勃的現象：或者是學術，或者是宗教，或者是政治軍事的人才。爲什麼會同在一個時期裏發生出來呢？那它一定有一種緣故，這就是他的所謂世運說了。他在天演論教源裏說：

世運之說，豈不然哉！合全地而論之，民智之開，莫盛於春秋戰國之際。中土則孔墨老莊孟荀以及戰國諸子，尚論者或謂其皆有聖人之才。而泰西則有希臘諸智者，印度則有佛。嘗謂西人之於學也，貴獨獲創知，而述古循轍者不甚重。獨有周上下三百八十年之間，創知作者，迭出相雄長。其持論思理範圍後世，至於今二千年不衰。而當其時一經兩海，崇山大漠，舟車不通，則又不可以尋常風氣論也。嗚呼！豈偶然哉！世有能言其故者，雖在萬里，不佞將裹糧挾贄從之矣。

又原富部戊篇一裏他說：

> 羅馬與加達幾凡三戰而加達幾亡。其第二役，與中國之劉項為同時。加達幾大將名韓尼伯爾最善戰，彷彿項羽之鋒銳。而羅馬卒勝加達幾之將名西辟阿，其深算能柔亦猶漢高。僕嘗謂東西二洲，其應運生才多暗合者：中國有秦政，則歐洲有亞烈山大。東有劉項，則西有韓西二子。希臘之國祚猶秦短，而羅馬之基祀如漢長。不獨名理諸學，地有生才也。嗚呼！斯已奇已！

他既認有最高原理的不可思議，於是對大家所不成問題的偶然的事情認做世運，要想求出一個必然的道理來了。

他既認有世運，那末自然也要承認有劫運了。東西偶合的事情是世運，那末東西極慘酷的事情也就是劫運了在學衡二十期與熊純如書札第六十八裏他說：

歐東過激黨，殘虐暴厲，報中所言，令人不忍卒讀。此如中國明季政窳而有闖獻，俄羅斯專制末流而結此果，眞兩間劫運之所假手！

這種把偶然的事情認做必然，於是到了他的晚年，更是陷入這方面去了。他要和家人喫素求雨，認偶然的下雨爲天的感應了。在瘉野堂詩集卷下裏有一首喜雨詩，他序道：

仲春以還，北方苦旱，首夏炎歊，殆同三伏。乃率家人齋三日求雨。發願之晨，曉雨霢霂。次日，雨稍大。其三日雷雨沛然，詩以紀之。

又在民國六年的歐戰正烈時，忽然天上現一新星，他認爲這和歐戰或者有關係，或有救世主的降臨也不可知。又題何嗣五赴歐觀戰紀念冊：

牛女中間出大星，天公如喚世人醒。三千萬衆膏原野，可是耶和欲現形？

他又說「此自晚近星學家言之，固若無與於人事也。而其所可異者，獨見於此時而已。」把歐戰和大星發現的偶然在一個時期裏，要求一個必然的道理，便成爲「抑救世主有復臨之機」了。

到了這時，他的不可思議論似乎已陷入有神論了。要從偶然的事裏求一個必然，那祇有神知道，於是他也相信扶乩了。在又「陽崎尙書廟扶乩，有羅眞人者降示余，以丹藥療疾，賦呈四絕」裏，他相信那些扶乩的羅眞人了。這些文字，要是不收在瘉壄堂詩集裏，那我們無論如何不會相信是嚴復的作品。一位演化的實證論者會陷溺到如此，眞令人萬想不到！這兩者是隔着一個多麼的距離呀！但是推究起來，通這兩者的橋梁，不能不使人要歸罪於不可思議論了。這和他過去的認宗敎不過是人民還沒有開化時候用來維持社會的東西，一到人民程度提高，就得讓道德來取宗敎而代之的，（見法意第二十四卷第八章）又是多麼的相差呀！

八 功利論

實證論認經驗所得到的法則支配一切這和功利論的主張人類苦樂，也和物理現象一樣要受普遍法則所支配的是相同的。所以穆勒是實證論者，同時也是功利論者。嚴復也是這樣。他認人道的善惡就是苦樂，凡是苦的都是惡的，善的都是樂的。在天演論新反裏他說：

有叩於復者曰：人道以苦樂爲究竟乎？以善惡爲究竟乎？應之曰：以苦樂爲究竟，而善惡則以苦樂之廣狹爲分。樂者爲善，苦者爲惡，苦樂者，所視以定善惡者也。使苦樂同體，則善惡之界混矣，又烏所謂究竟者乎？曰：然則禹墨之胼胝非，而桀跖之恣橫是矣。曰論人道務通其全而觀之，不得以一曲論也。人度量相越遠，所謂苦樂，至爲不齊。故人或終身汲汲於封殖，或早夜遑遑於利濟，當其得之，皆足自樂，此其一也。且夫爲人之士，摩頂放踵以利天下，亦謂苦者吾身，而天下緣此而樂者衆也。使無樂者，則摩放之爲，無謂甚矣。慈母之於子也，劬勞顧恤，若忘其身，母苦而子樂也。至得其所求，母且即苦以爲樂，不見苦也。即如婆羅舊教苦行熏修，亦謂大苦之餘，償我極樂，而後從之。然則人道所爲，皆背苦而趨樂。必有所樂，始名爲善，彰彰明矣。故曰：善惡以苦樂之廣狹分也。然宜知一羣之中，必彼苦而後此樂，抑己苦而後人樂者，皆非極盛之世。極盛之世，人量各足，無取挹注。於斯之時，樂即爲善，苦即爲惡，故曰善惡視苦樂也。

所以有許多情形表面上看起來很苦，但是做的人卻覺得很樂，或者做的人要借此來求更大的樂，所以人類所做，總是背苦向樂的。不過樂愈大則善也愈大，苦愈大則惡也愈大。

苦樂既是善惡的標準，而人類又是力求向樂，那也就是努力向善了。所以人人爲自己謀幸福也是最好的事。爲什麼呢？因爲要謀一己的眞正幸福，那末片刻的快樂當然不及永久的快樂；要謀永久的快樂，一定要顧到人人的快樂。祇有人人都幸福而後一己的幸福才圓滿。否則一己的幸福總有多少缺陷。這在原富裏用經濟學證明祇有自由通商的共利的事才於己有利，少數人壟斷把持於人固有害，於己也遭受很大的損失。所以功利和道義完全相符。求眞正的功利，也就合乎一切道義。

這種思想表現在經濟學上，就是自由貿易；表現在政治上，就是提倡自由平等的民主政治；表現在人生觀上，那就是盡其力的所能及，以謀人類社會的幸福。在當前的中國，自然以謀富强爲第一義諦。所以他的開始高唱自由平等者爲此，後來的要保存中國舊文化反對自由平等者爲此。換言之，都是在替全中國的福利着想。不過到了後來，他不再提倡功利了。他要保存中國聖聖相傳的道理，這些道理又是「明其道不謀其利，正其誼不計其功」的。他要認西方的文化只做到「利己殺人，寡廉鮮恥。」那末這些豈不是他的反功利論呢？

對於這，我們可以這樣解釋：功利主義的最大目的就是謀最大多數的最大幸福，所以他的開始提倡功利主義，提倡經濟學，提倡變法，都是在謀中國的最大幸福。後來他看到功利主義的名詞，在中國不過是給「爭民施奪」的軍閥，「剝割氓黎」的新進，做他們侵權奪利的護符，在世界不過增加帝國主義侵略的野心，都違反了謀人類最大多數的最大幸福。所以他不再言功利，並且要提倡反功利的孔孟之道來糾正一般人的錯誤。這種作爲，他的目的依舊在謀人類的幸福，所以依舊是合於功利論的。況且他始終在謀中國的富強，而不着眼於中國的仁義，這豈不是一個功利論的極好證據？

綜觀嚴復哲學的體系，實證論和演化論可說是他的本體論對於宇宙的解釋。功利論可說是人生論，對於做人的指針。至於方法論，那就是邏輯了。他有一篇西學通門徑功用說就是講治學方法。其他有翻譯的耶芳斯的名學淺說和半部穆勒名學，這些都表示他對於邏輯的看重，也就因邏輯是他的方法論的緣故。

對於嚴復的思想前後所以矛盾，那在前面三期裏已經指出它的外界的因素，在這裏又指出它的內在的因素，現在將進而評判它的價值了。

第三章　民族主義的爭議

蔡元培在五十年來之中國哲學裏，說：「嚴復又爲表示他不贊成漢人排滿的主張，譯了一部社會通詮。」這句話是可信的。在上面我們已經講過他的反對民族主義，他按着社會通詮的理論認中國是宗法居其七而軍國居其三，所以中國當務之急就是謀怎樣的脫離宗法而走入軍國，民族主義不過是宗法社會的產物，提倡民族主義足以使中國停滯於宗法而不進，所以應該反對。

這種民族主義的否定論，要是一班主張民族革命的人無以自解，那末民族革命即於理未融，於情不順，那能叫全國人信從呢？於是章炳麟就來一個反對嚴復說的社會通詮商兌。他先把社會通詮裏所定的宗法不同於軍國的四種差異，拿來和中國的歷史以及當前的中國情狀相對照，見兩者的不是同物。因此證明中國的社會不同於社會通詮的所謂宗法。

甄克思在社會通詮所定的宗法和軍國的四種差異：一是重民而不地著。就是在宗法社會裏祇問是不是同種族，是同種族的那就是社會裏的主人；不是同種族的，卽使他在那個社會裏長期居住，爲那個社會服勞，依舊是客而非主。二是排外而鋤非種。在宗法社會裏認外族是寇盜，外教是異端，都是侵害他們的。所以宗法社會所有的外族，大都是奴隸。三是統於所尊。宗法社會裏民統於其家，家統於其族，族統於其宗，不是以一民的小己做本位的。四是不爲物競。宗法社會裏一切主張保守，要是改變了祖宗的成法，違背了社會的習俗，一定被人們看做毒蛇猛獸那樣排斥。

章炳麟根據了這四條來看中國的社會：第一條在中國是沒有的。在中國，甲國的百姓跑到了乙國，就可占籍成爲乙國的百姓，乙國的人也不會排斥他的。像春秋時的狐突舅犯都是大戎的種族，但卻成爲晉人。趙盾嘗說，要是他不回到晉國來，那就成爲狄了。可見就是晉國人，要是住在狄人那裏，就成了狄人。所以第一條和中國情形不合。第二條在中國也是不合的。就像狐突舅犯等都是外人，不聞晉國排斥他們。佛教的入中國，中國民衆也奉爲導師而不加排斥。至於一二文人的詆毀，那不足以代表民意。講到晚近的教案，那因爲景教挾外力以俱來，是壓迫我民的自然反動。這，祇要看明朝時景教的不被排斥就可知道了。第三條和戰國以後的中國社會已不合。因為那時已「執政起於游說，宗子降為皁隸」了。至於第四條和中國的社會也不合。古代的人對於職業的選擇並沒有嚴格限制的規定：像梓慶的作鐻，公輸的削木為鳶，墨翟的製造器械，都是變更舊法，不聞社會人士因此詆毀他們。照這樣看來，中國的社會既不是甄克思的所謂宗法社會，更與民族主義無關。

甄克思說：宗法社會是以民族主義來做合羣的。嚴復因此就把民族主義的合羣結合於宗法。在章炳麟的意見宗法社會固以民族主義做合羣，但是圖騰社會軍國社會也未嘗不可以民族主義來做合羣。中國的社會既不同於甄克思的所謂宗法，中國的民族主義也不同於宗法的合羣。所謂排滿，就為的他們「覆我國家，攘我主權。」要是他們退回東三省，那末我們將視他們為友邦而不加排擯。要是他們肯來歸化，那更是歡迎。這種民族主義，豈是宗法社會所能產生的呢？民族主義不但不同於宗法，並且足以促進宗法因為民族主義一定要合全民族的力量，不再分別各家族的氏姓世系。這種團結足以打破宗法裏的重氏姓世系的風氣。所以民族主義足以促進宗法，而不是使中國社會陷於宗法而不能自拔的。

第四章　民約平議的異議

嚴復晚年否定自由平等說的民約平議，激起了反響的，就要算章士釗的讀嚴幾道民約平議了。他認爲嚴復的平議全出於赫胥黎的人類自然等差因爲赫胥黎對於民約論的攻擊有些立論未審的地方，嚴復採取了他，便犯了同一的毛病。

嚴復反對民約的產生道：

草昧之民，其神明既爲迷信之所深拘，其形骸又爲陰陽之所困厄。憂疑好殺，家相爲仇，是故初民號爲最苦。盧梭之所謂民約，吾不知約於何世也。

其實盧梭早已自己說過了。

自然之境，人求自存。久之而接觸日多，隨處而見障礙。且障礙之爲力，足以直襲其求存之性，使之處於自然，無計自保。苟非別求生存之法，則人類將無孑遺。

原始的人類是很苦的。正因爲原始人類有這種生存的障礙，才求一個生存之法以期共守，這就是所謂民約的開始了。

至於盧梭的天賦人權說，認「民生而自由，於其羣爲平等而皆善。處於自然，人口不增，爭存不烈，則常如此。是故自由平等而樂善者，其天賦之權利也。」這不過是指生民的開始，有這一種境界而已。生民的競爭是起於所欲的不足，那末在人口稀少，資生的東西繁殖而沒有不足的時候，這種境界也並不是不可能的。赫胥黎反對「人生而自由」的學說道：

吾爲醫，所見新生之孩爲不少矣；纍然塊肉，非有保赤之勤，爲之時其寒飢，歷十二時辜不死者。是呱呱者，安得有自由之能力乎？

其實盧梭的意思是指「自由之性出於天生，不出人造。」不是指「生育之生。」赫胥黎把天生的生和生育的生混爲一談，所以不合。

至赫胥黎的論平等，以爲人有智愚強弱貴賤貧富的不同，自然而然，無法強齊的。其實盧梭對於這點並不是無所見，所以他說：

民之初約，在不違反天然平等之性，而以道德法律之平等，取體質之不平等而代之。以體質之不平等，乃造物以加於人，無可解免者也。由是民力民智縱或不齊，而以有約之故其在法律乃享同等之權利，以言平等，其愼勿以爲若權若富，吾人皆當保持同等之量。斯語之所謂，不外有權者不當使之爲暴。其行權也，務準乎位，依於法。富者不當使之足以買人。反之，貧不當使人不足自存至於自鬻，如斯而已。

那末所謂平等，本是指法律上的平等。

至於盧梭說「人處於自然而善。」赫胥黎拿腦漿不結意影，無善不善可言來駁他。其實盧梭所謂善，不過是指爭存以前的一個境界，猶我們所講的渾渾噩噩，並不是至善的善。

嚴復既反對天賦人權說，所以說：「自由平等者，法律之所據以爲施，而非民質之本如是也。」自由平等既不是天賦，那末法律怎樣去根據它？它到底從何而來？倘然說自由平等是政府所造，那不啻說政府既以法律來造出自由平等，又以法律來根據自由平等，這話當然不能成立的。況且徵之於斯賓塞的話，一切法律的制定皆順乎人民自然的要求，違反了這種自然決不能實施的。那末天賦人權的學說也不可輕議了。

嚴復排斥平等，他認取決多數的辦法也未必好。要是百姓的程度不高，那末多數的專橫或更甚於獨夫。卽如嚴復所說民智不够，那也祇要嚴定限制好了。倘因此而「疑國會議政之不可行，則愚敢言：公民程度至此，立憲不能，專制亦將莫可」了。

以上是章士釗對於嚴復的種種反駁。除了這兩章的批判外，就要進而着眼到整個學說的批判了。

第五章　第一期思想的批判

在上面三期思想的敍述裏，雖沒有加以批判，但是這種用分期的敍述，來顯示嚴復思想的怎樣矛盾的發展。在他活動的敍述裏，顯現出外在的環境；在他哲學的體系裏，把握住內在的核心，這些不就是隱寓着批評的意見在內了嗎？現在再略爲加以概括的說明。

嚴復第一期思想的核心就是全盤西化。他提出「力今勝古，世日進也」（見頁二十五），用來矯正中國崇古的錯誤觀念。因此他提出中國治化的淺，學術和政教混而未分（頁六十二）。又提出中國的名學不發達，祇重演繹而不重實測的歸納，所以多心成之說（頁五十八）。不但九流的學術靠不住，就是儒家所標榜的重仁義和反功利的見解也不合眞理的，那祇是率天下而禍仁義（頁六十一）。這種話在當時的確是很前進的。不過他一方面卻又相信孔老的教訓裏含有不變的道（頁七十九），又說中國的古書裏包藏着許多眞理，連力學、演化論、歸納、演繹等都有，這些轉在讀外國書裏認識得來

（頁二〇九）。這不是一個大矛盾嗎？既以古不如今，古的一切都要給時間所淘汰，那末根本不應該有什麼不變的道被韞藏着。倘眞的有不變的道給古人所發明，那末我們祇要依着這個道做去就好了。況且這種道都被後人所湮沒，轉要從外國書裏去求識古之用，這不是證明中國的歷史是退化的嗎？古人會發明不變的道，後人連保存它都不會，不是退化還是什麼？

再就不變的道說，中國古代的人既會發明，那末當然不是心成之說了。這和他認古學的不合名學，不又是一種矛盾嗎？再和他所譏中國學術和宗教混的治化之淺，不又是一個矛盾嗎？何況他認中國社會是宗法十之七，中國的聖人是宗法社會的聖人，他們的言議思惟都是合於宗法的（頁七二）。這樣說來，中國的聖人的道不過是適合於宗法社會的道，宗法社會既是要被淘汰，那末宗法社會的聖人和學說，也自然必須淘汰是無可疑的，爲什麼又有超時間的道出現呢？這就是他的實證論裏含有不可思議的成分，便造成了這種矛盾。不過這時他正在力謀把西洋文化來啓發中國，對於古代學術不太偏重，所以實際上這種矛盾還不甚顯著。

再就政治上經濟上看，他認爲中國祇要擴充自由平等，主張自由貿易那末民智自會提高，政治自會進步，經濟也自會繁榮的。因爲外人已經深明互利之爲眞利，所以他們也在深望我們的富強（頁一五六）。但他卻又說，各國用過剩的生產來分割中國市場，中國的經濟命脈將完全操在外人手裏而不能自拔了（頁二四一）。這種議論同見於他的原富按語裏，不是很大的矛盾嗎？他又說中國的自強爲外人所嚴憚，中國一切的改進，外人必出死力與之爲難了。那末中國在政治上經濟上因該先打破列強的束縛才能有爲，這如僅僅在國內的主張自由平等和對國外的主張自由貿易，不又是矛盾嗎？因爲照後者的說法，中國不打破列強的束縛，就沒有眞正的自由平等。在列強的經濟侵略下提倡自由貿易，那更是使國內的農工商業陷於慘敗而不能自存，替外人加強經濟的侵略了。

再就君主制度說，他認爲中國一切的罪惡都可歸獄君主。那末君主制度和中國一切的罪惡都應同樣排斥，這是很合乎邏輯的了。那知他又反對排斥君主制。他所持反對的理由，就是民衆還不能自治，更其是「明刑」「治兵」二大事不可廢。其實既認君主制度造成一切的罪惡，而一切的罪惡既在所必除，那末君主制度自然也應排斥了。倘恐百姓不能自治，不妨施行訓政。至於「明刑」「治兵」二大事可由政府來辦，排斥了君主制不就是排斥政府，既有政府，這兩事就不必愁無法進行了。

倘就這期思想的價值說，那末他的對西洋文化批判的接受，和中國文化批判的否定，都足以矯正當時人的錯誤的思想，領導他們到一個前進的路上去。對於義理、考據、詞章、八股的排擊，對於自由平等的大聲疾呼，確是對舊思想有摧陷廓清的功勞。更其是他的對於西方思想的介紹，科學方法的提倡，不僅僅做了一點對舊思想破壞的功夫，並且還建立了一種新思想。不過對於當時的情勢，他的全盤西化終是陷於無辦法。爲什麼呢？因爲他既不贊成革命，那末這種西化的工作叫誰去做呢？還是守舊黨的大本營的清政府能夠勝任呢？還是百姓能夠自己去做呢？嚴復既自認爲中國數千年的敎化養成「止足」「泯爭」的百姓，要他們自己改變是不可能的，那末像清政府的守舊自私，又那裏可以提倡民權，實行立憲呢？他的所謂全盤西化，還不是一句空話嗎？

至於章炳麟對嚴復所提出的駁議，誠然足以糾正嚴復的錯誤。不過就當前的情勢看，這種單純的民族主義也不大對。因爲當時中國的危機就在外患，沒有法子排除外患，那末就是排去了一個滿族又有何補？況且照章炳麟的主張，一個民族成爲一國，各各保持它們的主權而不應侵犯，認爲就是回族要脫離中國而獨立也應該的。這不是幫列強造成中國的分裂嗎？中國方合全力來謀興復尚恐不及，那裏可以再造成民族的分裂呢？況且滿族早已給中國所同化，已成爲中國民族之一，那末所謂民族主義正應合滿族來抵抗列強，那裏可以排斥滿族呢？倘認滿族爲侵犯我國的主權，那末凡是君主的國家，那一個不是侵犯大多數國民的主權的。革命的目的應該在推倒君主制度，不應該在排滿了。所以說章炳麟單純的民族主義也不適宜於當時的情勢。

第六章　後兩期思想的批判

這兩期思想要是把它們分成獨立的兩個階段看，那倒不像上期裏有許多矛盾。不過把它們混合起來和上期的思想相比較，那就矛盾得非常了。現在就約略說之。

像在第一期裏他認爲社會是前進的，是後勝於前的。但在這兩期裏他卻要崇古了，他要認孔孟之道最爲耐久無弊，他要主張復古了。這不是一個矛盾嗎？在第一期裏他認爲中國「止足」「泯爭」之教，爲散民之力、渙民之智、賊民之德的，一定要不得，但這時他卻認爲中國的舊道德彝倫都得保存了。認西方的講功利，講爭競，結果會造成人類的大屠殺。中國聖人的提倡「止足」「泯爭」，或者是早見及此的緣故。這又是一個矛盾了。他在前認西方的科學和民治的根本精神就是自由平等，所以他大聲疾呼地提倡自由平等（頁二六），但到後來他卻要否定自由平等了。認中國民衆應該犧牲各人的自由以貢獻給國家，認大衆的專橫有時比獨夫更爲利害，所以平等在中國也要不得了。這不是又一矛盾？在前面他說西方的政制，無論有法無法都勝過我。他們的所以日勝，就因為相互競爭的緣故。但後來他卻說，西方的政制卻都在走我國從前的老路。至於爭競所造成大罪惡，歐戰就是一個好例。這樣認中國古代的政制是勝於歐洲各國了，豈不又是一個矛盾。在前面他曾列舉了許多專制的罪惡：像專制是君主超於法律以外，可以任意破壞法律，所以等於無法。專制的官吏都是君主的爪牙，不是由民意的選舉出來的，所以不能夠眞正為民衆辦理政事。專制的虐民如奴虜，所以民衆也不為所用（頁三七）。即就教育說，專制的目的在造就一班供驅使的鷹犬，並不是眞心在謀全社會的幸福。所以教育也祇重在做官的人的造就，其他百藝便不注意了。這就阻止了社會的進化。但到後來他卻主張中國終當回到專制了，這不是又一矛盾。在前面他認為倘中國封建的局面不破壞，那末「國小而治易周，民分而事相勝，」則相互爭競的結果，較之統一後的腐敗豈不更勝（頁四〇）。但在後來他卻以聯邦說為不對，主張先統一中國才好行法治了（頁二九一），這不又是一矛盾。在前面他慨嘆於中國變法的沒有成效，就為的是「盜西法之虛聲，而沿中土之實弊。」但到後來他卻贊成袁世凱的盜共和之名行專制之實，這豈不又一矛盾。在前面他說中國人信仰孔教，孔教贊美復仇，所以中國人對於仇恨往往歷世不解。故他以爲不如景教的主張博愛，因爲歷世不解的仇恨，足以妨礙中國的團結。但到後來他又力主孔教，認爲保存中國一線命根所在。但同時又主張合羣力以謀國。這樣以主復仇的孔教來做合羣的工夫，豈不又一矛盾。在前面他痛心於中國人的有離心力而無向心力（頁六四）。如政治上的革新，它的開始不過由一二人的託諸空言，後來信奉的日多，成爲大衆的要求，便變做了事實。但在中國要是有人這樣提出了新的改革，便被人目爲病狂。就爲了這種離心力，所以中國沒有進步。但到後來他看見少年人大都喜歡標榜新的政治改革案，用來號召一世。對於這種他卻又非常反對，認爲足以擾亂社會而無補於事，那不是他自己在做離心力工作嗎？在前面他認一切治亂興亡都是運會所造成的。運會好比時代潮流，順乎時代潮流的便是治便是興，否則便是亂便是亡。運會既已造成，便是聖人也無能爲力，祇有順着它走（頁七七）。但到後來他就大大地指斥康梁，認他們爲滅亡滿清的罪人。其實照他前面的話，那末滿清的滅亡正爲了它的反時代潮流，康梁要想把它挽到時代潮流裏去，因力量的薄弱而沒有做成。所以照他前面的話，康梁正是想挽救滿清末運的人，那裏是亡滿清的人呢？況且他既說聖人也不能轉移運會那末康梁的有力亡清豈不比聖人還要有力量嗎？再像他在前面講變法的自然性，變亦變不變也要變，但後來卻主張復古了。在前面反對讀古書（頁九九），在後面卻主張讀古書了（頁二九九）。在前面主張民權可以制止專制的橫暴和危險（頁一三○），但在後面卻說民權的專橫有時更勝獨夫，要反對民權了。前面反對早婚，提出自由結婚（頁一四二），後來卻反對自由結婚和遲婚了。像這樣矛盾，眞是不可以更僕數了。

這許多矛盾到底是怎樣產生的呢？我們在前面早已解決，用不着再討論。現在略爲看一看它的價值到底怎樣。

我們覺得在這兩期裏，他的思想愈趨愈接近現實。他看到中國國民程度的不足，不再講民治了他看到急進的無當，不再喊否定中國的一切了。他看到西方文化的弱點，不再唱全盤接受論了。他要求中國的統一，他要求中國的法治，他主張根本在敎育，這些都更適合於中國當前的急迫要求。所以說他的思想愈接近現實了。

不過他這種看法還有許多和當時情勢不合的地方，像他看到中國國民程度的不適於共和，於是他就反對自由平等而主張回到專制。這誠如章士釗所說的。

以參政言，亦不得藉口於公民程度之低，而廢多數取決之制。吾人亦嚴定限制，使人民不得濫有選舉之權耳。此而尙疑國會議政之不可行，則愚敢言，公民程度至此，立憲不能，專制亦將莫可。（讀嚴幾道民約平議）

我們對於人民程度的不够，或者加以限制，或者加以訓練，並不是無法提高的，所以嚴復的這種否定共和，實是錯誤的。

至於他主張保存中國固有文化，用科學方法來淘鍊，那是很對的。即就是見於他在折衷論裏所提出的數點理由，也是很充足的，對於當時中國的情勢也是很適合的。不過他後來主張小學裏讀經，如祖父容顏務必令其子孫見過，那就不對了。因爲既要講用科學方法淘鍊，那末在未淘鍊以前，一定有許多滓渣在內，怎麼可以叫人盲目接受。況且敎小學生讀，字句既不會了解，哲理更不易明白，徒然束縛他腦筋的聰明，究有何用處。倘然要人尊崇古代聖人，那也別有方法，何必一定要叫小孩子讀經書呢？至於他擧歐戰英國的政治改革，認爲和中國過去的政治制度和精神相合，以爲復古的徵驗。不知英國是在戰時，非常時期的一切自不同於平時。國家到了危急存亡的時候，百姓自然應該給政府以全權，在政府的領導下行動。這是權宜的制度，並不能拿來算做復古的徵驗。

至於他的否定西方文明也是錯誤的。因爲歐戰的罪惡是帝國主義必然的結果，並不是科學的罪惡，也不是民主政治的罪惡。誠然，西方科學的進步是造成戰爭慘酷的一因。生產率猛進，相互爭奪市場和原料地，又是機械生產的結果。各各競勝而不知足，終不免於火併，又是西方民族精神的表現，但這些都不是無法挽救的。生產率使它和消費額相抵，那就不用爭奪市場。科學用來謀人類的幸福，不以毀滅人類。前進的思想用來謀人類福利的開展，也未嘗不可。所以這些都不是歐戰的主因。主因就在利用科學、利用機械、利用民族的爭競心的帝國主義。嚴復不推求它的緣故，一筆抹殺西方文化，這是和當時的事實不符的。

再講到他對於當時政治的見解，他屢屢說總要出一個曹操或劉裕的人物，起來統一中國，才好行法治以圖強。照這樣說法，他的所謂統一就是武力統一了。誠然，在剷除軍閥那種工作上，我們並不否認武力。不過武力的所以需要就在破壞後的建設，用武力來剷平了一種惡勢力以後，就要建立起一個健全的政治基礎。武力的所以要運用，就爲的要建立那個健全的政治基礎。倘專主武力統一而沒有健全的政治基礎，那種統一是不能長久的。倘一定要等到統一了以後再行法治，那末不但全國統一難成，即未統一前的各地也將更陷分裂。因沒有健全的政治基礎做維繫，就是地方政府也何能免於分崩離析呢？所以這一個觀念也有修正的必要。

末了再來看一看章士釗對嚴復的批評。他的指正嚴復的地方大都很合理，不過也有可商的地方。譬如盧梭的天賦人權說，認人生而自由。赫胥黎駁他說新生的小孩不過櫐然塊肉，那裏有所謂自由的能力？章士釗認赫胥黎把天生的生和生育的生并做一談是不對的。其實所謂天生也者，一定要不煩人力自然而然的才算。譬如小孩生下來的會啼、會喫奶會看、會聽等等，不用人力而自然會的才可說天生。除此以外，就不是天生了。所以赫胥黎的駁難並不錯誤，嚴復的攻擊也不是沒有理由的。

關於嚴復的批判就此為止。祇舉他的犖犖大者來一說，不再毛舉件論。實在因為篇幅太多了，不能不從簡略。好在我在敍述之中已含批判之意，其詳細節目看了全編以後，一定能自得之，也用不到覼縷了。

我的祖父

——「嚴復思想述評」重印跋後

嚴停雲

陽崎，福建林森縣的一個小村落山不高水不深；一灣溪流，十數人家。冬天，滿樹橘子好像紅燈籠；夏日圓的是龍眼，刺手的是荔枝；荔枝紅起來比橘子還好看。「來吧，小弟弟小妹妹，要吃多少你們儘管吃，要吃多少儘管往你們小口袋裡塞，不要客氣呀！」我望着哥哥，再看看姊姊；兩個弟弟已忙着向荔枝樹那邊跑。沒有一個果園主人不是天底下第一流的好人，我們的小肚皮裝滿了，甜的果汁變成苦味的；這才手拉手準備囘家。還聽見那些第一流好人在我們背後說話：「這幾個小傢伙，又陵伯的孫兒女，普賢（父親的小名）哥的兒女，家裡教得好，多麽懂事乖巧」。

龍頭山，老松臨風，極目荒涼；那兒，長眠着我的祖父。他的墳墓並不體面，青石墓碑破損了，學生們屢屢向他的墓地扔石頭，一面口裡謾罵：「哼，你這老傢伙，和伊藤博文（註）一同在英國留學你得第一名，伊藤博文囘日本爲國家做了多少事，你呢？你爲國家盡了什麽心力？！」多少次，母親撫摸着那殘缺的墓碑流眼淚，父親輕拍她的肩膀安慰着說：「不要難過，父親不會介意這些的」。

父親和母親結婚那年祖父六十六，老人家從北方囘閩，主持這樁喜事。婚禮在陽崎鄉舉行，婚後新夫婦隨祖父定居鄉間。外祖母住福州城內，每次母親歸寧後回夫家，坐着轎子在田埂上前路遙遙的搖晃；天黑了，轎子兩旁點亮上書「嚴」字的大燈籠，母親頰上掛着揩抹不乾的捨不得離開外祖母的眼淚。祖父喜歡鄉居，爲了顧念母親的孝思，遷移到福州。郎官巷租下一座房屋，和外祖母的住所陽橋巷相隔不過兩三丈。那年冬天祖父的宿疾氣喘病大作，母親衣不解帶的細心侍候。祖父病好，親友們驚訝他的書法比以前更好？老人家笑着說：「更好嗎？只怕我這一雙手和塵泥更加接近了」。

再一次祖父回閩，民國九年的時候；二姑母璆隨同歸來。第二年夏間一家人到鼓山避暑，母親在湧泉寺三寶殿中虔誠的拈香禱告。祖父問她：「你爲我祈禱希望我長命百歲嗎？我的病苦來時誰能替代我承受呢？」入秋祖父的氣喘毛病又大發作，病中關懷父親就業的事；打發父親到北平和大伯父商談。父親去後，祖父病更劇，他暗裡告訴一位前來探望他的老友說：「我的壽命只能以日計算了；請你不要讓我的媳婦和女兒知道」。正是那一年陰曆九月二十七日，老人家瞑目長逝，享年六十九。

祖父畢生憂國憂民，對兒子的訓示是「好男兒報國在今朝」。他以爲女子柔弱，特別憐愛四位姑母。不管當時人們如何注重「女子無才便是德」，四位姑母都曾受過完善的教育，和藝術方面的薰陶。老人家勤書信，常常把所見所感記錄下來。他的家書洋洋灑灑，娓娓細說：嚴師的規導，良友的傾談，天倫的摯愛。這兒，我抄錄下當年祖父寫給四姑母的詩：

滬江寓樓寄季女瑱

投老憐嬌小，眞同掌上珍，昨宵羈旅夢，見汝最長身。

已作歸山計，何因更遠遊，當年杜陵叟，月色愛鄜州。

筆底滄洲趣，人誇兩女兒（二女璆三女瓏皆能繪山水），何當習吟詠，冰雪試聰明。

別後勤相憶，能忘數寄書，莫將小年日，辛苦向虞初。

祖父離開人間已經四十三年，他的譯著接近絕跡，現在中華書局決定重印「嚴復思想述評」這一書，海軍總司令黎玉璽上將正致力於印行老人家手批的「老子」、「莊子」和「王荆公詩集」，中英文對照的「嚴譯八種」，以及他的詩文短札，一字一墨：並且在海軍指揮參謀大學建了一座「嚴復舘」，以爲紀念，這如果說是嚴氏子孫的一大福音，勿寧說是一項對勤勉上進的人們極有力量的鼓勵。凡人以國家民族的利益爲重者是屬於大衆的，卽使他屍寒骨冷，却仍舊活在每一個人的心中。

中華民國五十三年六月臺灣

（註）祖父在英國和伊籐博文見過面，但從未和他同學。

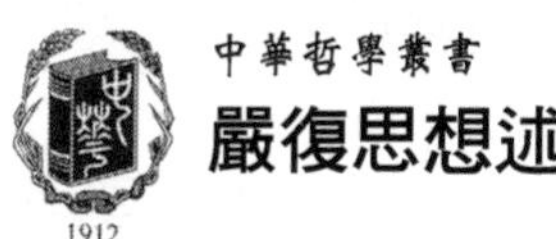

中華哲學叢書

嚴復思想述評

作　　者／周振甫　編
主　　編／劉郁君
美術編輯／中華書局編輯部

出 版 者／中華書局
發 行 人／張敏君
行銷經理／王新君
地　　址／11494 台北市內湖區舊宗路二段181巷8號5樓
客服專線／02-8797-8396　　傳　　真／02-8797-8909
網　　址／www.chunghwabook.com.tw
匯款帳號／兆豐國際商業銀行　東內湖分行
067-09-036932　中華書局股份有限公司

法律顧問／安侯法律事務所
印刷公司／維中科技有限公司　海瑞印刷品有限公司
版　　本／2015年7月台三版
版本備註／據1987年7月台二版復刻重製
定　　價／NTD 460

國家圖書館出版品預行編目（CIP）資料

嚴復思想述評 / 周振甫編. —台三版. — 台北市 : 中華書局, 2015.07
面 ; 公分. — (中華哲學叢書)
ISBN 978-957-43-2524-5(平裝)

1.嚴復 2.學術思想 3.現代哲學

128.2　　104009909

NO.B0010
ISBN 978-957-43-2524-5（平裝）